Das ultimative Buch über Point & Click-Adventures

Joerg Burbach

Das ultimative Buch über Point & Click-Adventures

Joerg Burbach
Game Design
IU Hochschule · Fernstudium
Köln, Nordrhein-Westfalen, Deutschland

ISBN 978-3-658-48727-0   ISBN 978-3-658-48728-7 (eBook)
https://doi.org/10.1007/978-3-658-48728-7

Die Deutsche Nationalbibliothek verzeichnet diese Publikation in der Deutschen Nationalbibliografie; detaillierte bibliografische Daten sind im Internet über https://portal.dnb.de abrufbar.

© Der/die Herausgeber bzw. der/die Autor(en), exklusiv lizenziert an Springer Fachmedien Wiesbaden GmbH, ein Teil von Springer Nature 2025

Das Werk einschließlich aller seiner Teile ist urheberrechtlich geschützt. Jede Verwertung, die nicht ausdrücklich vom Urheberrechtsgesetz zugelassen ist, bedarf der vorherigen Zustimmung des Verlags. Das gilt insbesondere für Vervielfältigungen, Bearbeitungen, Übersetzungen, Mikroverfilmungen und die Einspeicherung und Verarbeitung in elektronischen Systemen.
Die Wiedergabe von allgemein beschreibenden Bezeichnungen, Marken, Unternehmensnamen etc. in diesem Werk bedeutet nicht, dass diese frei durch jede Person benutzt werden dürfen. Die Berechtigung zur Benutzung unterliegt, auch ohne gesonderten Hinweis hierzu, den Regeln des Markenrechts. Die Rechte des/der jeweiligen Zeicheninhaber*in sind zu beachten.
Der Verlag, die Autor*innen und die Herausgeber*innen gehen davon aus, dass die Angaben und Informationen in diesem Werk zum Zeitpunkt der Veröffentlichung vollständig und korrekt sind. Weder der Verlag noch die Autor*innen oder die Herausgeber*innen übernehmen, ausdrücklich oder implizit, Gewähr für den Inhalt des Werkes, etwaige Fehler oder Äußerungen. Der Verlag bleibt im Hinblick auf geografische Zuordnungen und Gebietsbezeichnungen in veröffentlichten Karten und Institutionsadressen neutral.

Springer Vieweg ist ein Imprint der eingetragenen Gesellschaft Springer Fachmedien Wiesbaden GmbH und ist ein Teil von Springer Nature.
Die Anschrift der Gesellschaft ist: Abraham-Lincoln-Str. 46, 65189 Wiesbaden, Germany

Wenn Sie dieses Produkt entsorgen, geben Sie das Papier bitte zum Recycling.

Interessenkonflikt Der/die Autor*in hat keine für den Inhalt dieses Manuskripts relevanten Interessenkonflikte.

Inhaltsverzeichnis

1	**Einleitung**		1
	1.1	Warum Point & Click-Adventures?	2
		1.1.1 Medienkonvergenz und flexible narrative Strukturen	3
		1.1.2 Soziale Immersion und Kooperation	3
		1.1.3 Flow-Theorie: Das optimale Spielerlebnis	3
		1.1.4 Suchen, Finden und Sammeln	4
	1.2	Persönliche Anekdoten & Bedeutung des Genres	4
	1.3	Was sind Point & Click-Adventures? Eine Taxonomie	6
		1.3.1 Taxonomie von PCAs	6
	1.4	Kapitelübersicht	8
	Literatur		9
2	**Designprinzipien – Wie Point & Click-Adventures funktionieren**		11
	2.1	Zwischen Innovation und Nostalgie – Steuerungsexperimente im Wandel des Genres	12
		2.1.1 Monkey Island 2 – Ein Paradebeispiel für „Mondlogik"	14
		2.1.2 Gabriel Knight 2 – Der Ernst des Erzählens	15
		2.1.3 Beneath a Steel Sky – Dystopie im Pixelkleid	16
		2.1.4 Loom – Der musikalische Sonderweg	16
	2.2	Das Design von Point & Click-Adventures	18
		2.2.1 Text-Interface: Mystery House	18
		2.2.2 Grafik, Verben und Text-Inventar: Maniac Mansion	18
		2.2.3 Grafik und Text-Eingabe: Space Quest	19
		2.2.4 Grafik, Verben und Icon-Inventar: Monkey Island	21
		2.2.5 Vollbild mit Icons: The Dig	22
		2.2.6 Vollbild mit intelligentem Mauszeiger: Broken Sword	22
		2.2.7 Direkte Steuerung & cineastisches Interface: Grim Fandango	23

2.3		Dialoge und Narration	24
	2.3.1	Parser-basierte Eingaben: King's Quest	24
	2.3.2	Dialog-Bäume und Multiple-Choice mit Einfluss: Monkey Island	27
	2.3.3	Erzählgetriebene Dialoge mit Konsequenzen: Gabriel Knight	27
	2.3.4	Kontext-abhängige Konversation & Stimmungssysteme: The Longest Journey	28
	2.3.5	Wortlose und symbolische Kommunikation: Fire / Machinarium	28
	2.3.6	Nicht-lineare Gespräche, Lügen & Manipulation als Spielmechanik	29
2.4		Narration & Rätseldesign in Point & Click-Adventures	30
	2.4.1	Lineare, verzweigte und modulare Erzählstrukturen	31
	2.4.2	Umwelt als Erzähler: Environmental Storytelling	31
	2.4.3	Rückblenden, Tagebücher und Perspektivwechsel	31
	2.4.4	Rätseltypen: Von Logik bis Mondlogik	32
	2.4.5	Integrierte Rätsel vs. „Rätselinseln"	32
	2.4.6	Belohnungsmechaniken: Warum wir knobeln	32
	2.4.7	Rhythmus und Taktung von Rätseln	33
2.5		Komfortfunktionen & Zugänglichkeit	33
2.6		Die Meta-Ebene: Selbstreflexivität im Genre	33
2.7		Lerneffekte und Best Practices für ein modernes Point & Click-Adventure	34
Literatur			34

3	**Eine kurze Geschichte der Point & Click-Adventures**		**37**
3.1	1978–1982: Der Ursprung – Text als Abenteuer		39
3.2	1983–1987: Erste grafische Abenteuer & Hollywood entdeckt Spiele		41
3.3	1988–1992: Der goldene Aufstieg von LucasArts & Sierra		42
3.4	1993–1997: Jetzt neu, die CD-ROM		43
3.5	1998–2002: Das Genre stirbt... und überlebt dank Deutschland		44
3.6	2003–2007: Telltale Games und der Beginn der Indie-Renaissance		46
3.7	2008–2012: Kickstarter und das große Revival des Adventure-Genres		47
3.8	2013–2017: Experimente und das endgültige Ende von LucasArts		48

3.9		seit 2018: Nostalgie trifft Moderneseit 2018: Nostalgie trifft Moderne	49
	3.9.1	Retro-Remakes und die Renaissance alter Klassiker	50
3.10		Warum Pixel-Art-Adventures heute noch beliebt sind	51
3.11		Zitate	51
		Literatur	52

4 LucasArts vs. Sierra On-Line ... 55

4.1		Sierra erfindet das Adventure-Genre, Lucasfilm Games revolutioniert es	56
	4.1.1	King's Quest – Das erste Grafik-Adventure	56
4.2		Von Labyrinth zu Maniac Mansion – Der Weg zum PCA	57
	4.2.1	Sierra vs. Lucasfilm Games: Zwei Philosophien prallen aufeinander	58
4.3		Der Konkurrenzkampf – 1989 bis 1992	58
	4.3.1	1991–1992: Der Wettbewerb spitzt sich zu	60
	4.3.2	Der Höhepunkt der Rivalität	60
4.4		Das goldene Zeitalter (1993–1997)	61
	4.4.1	1993– Der Beginn des CD-ROM-Zeitalters	61
	4.4.2	1994–1995: Die größten Meisterwerke beider Studios	62
	4.4.3	1996–1997: Die letzten großen Sierra-LucasArts-Duelle	63
	4.4.4	LucasArts liefert das letzte große klassische Adventure ab	63
4.5		Die goldene Ära neigt sich dem Ende zu	63
	4.5.1	Das Erbe von LucasArts und Sierra	64
	4.5.2	Das bleibende Vermächtnis	64
	4.5.3	Ein Ende – oder ein Neubeginn?	65
		Literatur	65

5 Die Underdogs ... 69

5.1		Revolution Software: britischer Pionier des Genres	70
	5.1.1	Historischer Kontext und die Anfänge	71
	5.1.2	Narrative Prinzipien: interaktives Geschichtenerzählen	71
	5.1.3	Rätseldesign und Spielerführung	72
	5.1.4	Fazit: Das Erbe von Revolution Software	72
5.2		Daedalic Entertainment: Die deutsche Renaissance	72
	5.2.1	Gründung und Aufstieg: Wie Daedalic die Adventure-Szene prägte	73
	5.2.2	Narrative Konzepte: Zwischen Melancholie und Komik	73
	5.2.3	Wirtschaftliche Entwicklung: Übernahmen, Krisen und Neuausrichtungen	74
	5.2.4	Fazit: Das Erbe von Daedalic Entertainment	75

	5.3	Wadjet Eye Games: Die Renaissance des Indie-Adventures	75
		5.3.1 Historische Entwicklung: Die Gründung und frühe Projekte	75
		5.3.2 Narrative Besonderheiten: Zwischen Noir, Urban Fantasy und Charakterfokus	76
		5.3.3 Technische und spielmechanische Innovationen	76
		5.3.4 Einfluss auf die Indie-Szene	77
		5.3.5 Fazit: Das Erbe von Wadjet Eye Games	77
	5.4	Bedeutende Spiele der Underdogs	77
		5.4.1 Broken Sword: The Shadow of the Templars	77
		5.4.2 Deponia: Anarchisches Chaos voller Humor und Gesellschaftskritik	79
		5.4.3 Primordia: Cyberpunk, Sci-Fi und Narration	80
		5.4.4 Die Blackwell-Serie – Geisterhaft	81
	Literatur		82
6	**2D oder 3D – Warum das Genre (fast) starb**		83
	6.1	Ästhetik und Atmosphäre: Verlust handgezeichneter Magie	84
	6.2	Spielmechanische Veränderungen: Steuerung und Interaktionsdesign	85
	6.3	Technische Herausforderungen: Unreife 3D-Technologie	86
	6.4	Wirtschaftliche Faktoren: Marktveränderungen und der Niedergang des Genres	87
	6.5	Spieler- und Kritikerreaktionen: Der Bruch mit den Fans	87
	6.6	Zwischenfazit: Hätte 3D das Genre fast zerstört?	88
	6.7	Die Rückkehr: Ästhetik, Bedienung und Nostalgie von 2D	89
	6.8	Wir trotzen der narrativen Konkurrenz	89
	6.9	Fazit: Wiederbelebung durch Rückbesinnung	90
	Literatur		91
7	**Escape Room vs. PCAs**		93
	7.1	Was sind Escape Rooms und wie unterscheiden sie sich von PCAs?	94
	7.2	Games Studies und wissenschaftlicher Hintergrund	95
	7.3	Psychologie von Escape Rooms und Kooperation	96
	7.4	Ensemble-Dynamik: PCAs mit mehreren Charakteren vs. Escape Rooms	98
	7.5	Sind PCAs mit mehreren Charakteren automatisch ein Escape Room?	100
	Literatur		101

8	**Weibliche Protagonisten in Point & Click Adventures**	103
	8.1 Narrative Besonderheiten und Design	104
	8.2 Einfluss der Autorenschaft	105
	8.3 Unterschiede zwischen männlichen und weiblichen Hauptfiguren	107
	8.4 Simon the Sorcerer und The Legend of Kyrandia 2	109
	8.5 Broken Sword und Syberia	111
	8.6 Fazit: Gibt es umfangreiche Unterschiede?	114
	8.7 Übersicht: Spiele mit weiblichen Hauptfiguren	114
	Literatur	117
9	**Vorher / Nachher – Remakes von Point & Click-Adventures**	119
	9.1 Remakes von PCAs: Bereicherung oder Schaden?	120
	9.2 Potenzielle negative Auswirkungen von Remakes	121
	9.3 Alternativen zu Remakes: Emulation und Fan-Projekte	121
	9.4 Fallstudien zu Remakes im Detail	122
	9.4.1 Day of the Tentacle Remastered	122
	9.4.2 The Secret of Monkey Island I & II: Special Edition	124
	9.4.3 Space Quest I VGA Remake	125
	9.4.4 Broken Sword: Director's Cut & Broken Sword Reforged	127
	9.5 Erkenntnisse aus den Fallstudien	129
	9.5.1 Bewährte Konzepte und gelungene Modernisierungen	129
	Literatur	130
10	**Kurioses und Skurriles**	133
	10.1 Kurioses aus Spielen	134
	10.1.1 Das Gummihuhn mit Flaschenzug – Ein Running-Gag für die Ewigkeit	134
	10.1.2 Die Tentakel-Überraschung in Day of the Tentacle	134
	10.1.3 Gabriel Knight und die nicht ganz so gefährliche Schlange	135
	10.2 Anekdoten aus der Entwicklung	135
	10.2.1 Der Sierra-vs.-LucasArts-Kampf – Das Ende der unfairen Tode	135
	10.2.2 Larry Laffer war ein Platzhalter – und wurde zur Kultfigur	136
	10.2.3 Grim Fandango und das Problem mit der Festplatte	136
	10.3 Feelies & Sammlerausgaben – Abenteuer zum Anfassen	136
	10.4 Warum Adventures in manchen Ländern erfolgreicher sind	137
	10.4.1 Deutschland: Die Hochburg der Adventures	138
	10.4.2 Japan: Visual Novels statt klassischer Adventures	138

	10.4.3	Russland & Osteuropa: Die Quest-Tradition	138
	10.4.4	Spanien & Pendulo Studios – Eine unterschätzte Adventure-Nation	139
10.5	Easter Eggs & versteckte Insider-Witze		139
	10.5.1	LucasArts' Liebe zu versteckten Anspielungen	140
	10.5.2	Monkey Island 2: Das absurde Ende und der LucasFilm-Gag	140
	10.5.3	Entwickler verstecken sich selbst in Spielen	140
	10.5.4	Verrückte Rätsel	141
	10.5.5	Mondlogik: Der wahre Tod der PCAs?	142
Literatur			142

11 Die wichtigsten Point & Click-Adventures 145
- 11.1 LucasArts 146
- 11.2 Sierra On-Line 147
- 11.3 Revolution Software 154
- 11.4 Daedalic Entertainment 157
- 11.5 Wadjet Eye Games 159
- 11.6 Ausgewählte weitere Studios 162
- 11.7 Spiele, die zwischen 2020 und 2025 erschienen sind 168
- 11.8 Spiele, die kaum jemand kennt…? 169
- 11.9 Das Erbe von LucasArts und Sierra On-Line 171
- 11.10 Spiele mit weiblicher Hauptrolle 174
- 11.11 Weitere nennenswerte PCAs 177
- 11.12 Remakes von PCAs 179
- 11.13 Text-Adventures von Infocom 180

12 Zwischen Retro und Renaissance 183

Anhang A Glossar – Begriffe rund um Point & Click-Adventures 185

Einleitung

Inhaltsverzeichnis

1.1 Warum Point & Click-Adventures? 2
    1.1.1 Medienkonvergenz und flexible narrative Strukturen 3
    1.1.2 Soziale Immersion und Kooperation 3
    1.1.3 Flow-Theorie: Das optimale Spielerlebnis 3
    1.1.4 Suchen, Finden und Sammeln 4
1.2 Persönliche Anekdoten & Bedeutung des Genres 4
1.3 Was sind Point & Click-Adventures? Eine Taxonomie 6
    1.3.1 Taxonomie von PCAs 6
1.4 Kapitelübersicht.. 8
Literatur 9

> Mit Point & Click-Adventures verbinde ich zahllose Stunden des Rätselns und der Unterhaltung und immer wieder Kopfzerbrechen. Von der einfachen Grafik in *Maniac Mansion* über die erste Sprachausgabe in *Indiana Jones and the Fate of Atlantis* hin zu einem digitalisierten Christopher Lloyd in *Toonstruck*. Für mich als gerade frischer Teenie war das alles eigentlich eher ein Film.

Das vorliegende Buch speist sich aus mehreren unterschiedlichen Quellen. Zunächst sind da die Erinnerungen des Autors zu nennen – die können sicherlich aus Gründen der Nostalgie und Verklärung getrübt sein. Daher sind die wichtigsten Quellen, die im Verlaufe des Buchs nicht noch mehrfach genannt werden:

Burbach, J. (2016). Masterarbeit „The Future Perspectives of Point & Click-Adventures", TH-Köln, Cologne Game Lab. Autor des vorliegenden Buchs.
Carton, C. (2022). *The history of the adventure video game.* Pen & Sword Books
Deneschau, N. (2024). *The mysteries of Monkey Island: All aboard to take on the pirates!.* Third Editions.
Dyer, S. (2019). *The art of point & click adventures.* Bitmap Books
Kalata, K. (2011). *Hardcoregaming101.net presents: The guide to classic graphic adventures.* CreateSpace Independent Publishing Platform.
Mills, S. (2020). *The Sierra adventure: The story of Sierra On-Line.* Lulu.com
Reed, A. A. (2023). *50 years of text games: From Oregon Trail to AI Dungeon.* Self-published.
Smith, R. (2008). *Rogue leaders: The story of LucasArts.* Chronicle Books
Warriner, T. (2023). *Revolution: The quest for game development greatness.* Fusion Retro Books.
Williams, K. (2022). *Not all fairy tales have happy endings: The rise and fall of Sierra On-Line.* Sierra On-Line.

Die Lektüre dieser Bücher sei allen Lesern ans Herz gelegt. Sie ergänzt dieses Buch um weitere Details und Informationen sowie weitere Anekdoten. Und umgekehrt. Außerdem gibt es auf YouTube einige Dokumentationen über das Thema.

1.1 Warum Point & Click-Adventures?

Point & Click-Adventures (PCAs) begeistern durch ihr Zusammenspiel aus interaktivem Rätseldesign, Erzählkunst und intensiven Spielerlebnissen. Das Genre wirkt weit über den reinen Spielspaß hinaus, weil es narrative Elemente, visuelle Ästhetik und psychologische Faktoren verbindet, die den Spieler involvieren. PCAs und deren Vorläufer haben eine lange Entwicklung hinter sich – von den ersten textbasierten Abenteuern wie *Colossal Cave Adventure* (1976) bis hin zu modernen Indie-Renaissance-Spielen wie *Thimbleweed Park*. Diese Geschichte wird in Kap. 3 ausführlich behandelt.

Während PCAs für viele reine Unterhaltung sind, gibt es auch fundierte wissenschaftliche Ansätze, die ihre Faszination erklären. Diese werden im Folgenden kurz umrissen, um eine Basis zu legen. Weiterführende wissenschaftlichen Grundlagen hat der Autor z.B. in seinem Buch „Das Kreative Volumen" gelegt, weswegen sie hier nicht ausführlich beschrieben werden. Es gibt jedoch einige zentrale Konzepte, die maßgeblich zum Reiz der PCAs beitragen. Medienkonvergenz, soziale Immersion und Flow sowie die Begriffe Suchen, Finden und Sammeln werden im Folgenden kurz angerissen.

1.1 Warum Point & Click-Adventures?

1.1.1 Medienkonvergenz und flexible narrative Strukturen

Medienkonvergenz beschreibt nach Jenkins die Vereinigung verschiedener Medienformate (Jenkins, 2006, S. 2–3). PCAs verbinden Elemente aus Film, Literatur und anderen interaktiven Formaten zu einem ganzheitlichen Erzählkonzept (Murray, 1997, S. 68–70). Die visuell gestalteten Welten, dynamischen Dialoge und sorgfältig konzipierten Rätsel schaffen ein vielschichtiges narratives Geflecht, das den Spieler auf unterschiedlichen Ebenen anspricht (Ryan, 2001, S. 103–107). Durch diese Mischung entsteht ein flexibles Storytelling, das sowohl vertraute als auch überraschende Wendungen bietet. So wird das Genre zu einer Art interdisziplinärem Kunstwerk, das den Zuschauer auf eine emotionale und intellektuelle Reise mitnimmt

1.1.2 Soziale Immersion und Kooperation

Ein weiterer wesentlicher Aspekt der Faszination von PCAs liegt in der Schaffung von Immersion und Involviertheit – dem vollständigen Eintauchen in eine alternative, glaubwürdige Welt (Thon, 2007, S. 22–25). Nach Thon spielt dabei die Gestaltung der Charaktere und Umgebungen eine wichtige Rolle: Liebevoll gezeichnete Figuren und detailreiche Hintergründe ermöglichen es dem Spieler, sich emotional mit der Geschichte zu identifizieren (Thon, 2007, S. 41-45). Auch wenn PCAs traditionell als Einzelspieler-Erlebnisse konzipiert sind, vermitteln sie häufig ein Gefühl der Gemeinschaft und Nähe (Murray, 1997, S. 149–153). Durch Interaktionen mit Charakteren und die Möglichkeit, sie direkt zu steuern, übernehmen Spieler die Kontrolle. Und durch die Art und Weise, wie Rätsel in die Erzählstruktur eingebettet sind, können sie den Eindruck erwecken, als ob man Teil einer lebendigen, atmenden Welt ist. Bestandteil vieler Spiele ist daher auch die Kooperation mehrerer Charaktere, wie etwa in *Maniac Mansion,* in dem Spieler drei Protagonisten mit unterschiedlichen Fähigkeiten steuern.

1.1.3 Flow-Theorie: Das optimale Spielerlebnis

Das Konzept des Flow beschreibt einen Zustand tiefster Konzentration und völliger Versunkenheit in einer Tätigkeit – einen Zustand, in dem der Spieler das Gefühl hat, vollständig in der Spielwelt aufzugehen (Csikszentmihalyi, 1990, S. 53–57). Csikszentmihalyi bezieht diese nicht direkt auf PCAs, aber sie erreichen diesen Flow, indem sie Rätsel und narrative Herausforderungen so gestalten, dass sie genau das richtige Maß an Schwierigkeit und Belohnung bieten. Der Spieler wird kontinuierlich gefordert, ohne überfordert zu sein, und erlebt dadurch ein ständiges Gefühl des Fortschritts und der persönlichen Weiterentwicklung (Juul, 2005, S. 72–75). Dieses Gleichgewicht zwischen Herausforderung und Erfolgserlebnis sorgt dafür, dass PCAs nicht nur unterhalten, sondern auch eine nachhaltige emotionale Bindung erzeugen.

1.1.4 Suchen, Finden und Sammeln

In seinen Werken „Suchen und Finden" sowie „Sammeln" beschreibt Manfred Sommer die psychologischen und kognitiven Prozesse hinter der menschlichen Neigung, Gegenstände systematisch zu erfassen und verborgene Dinge aufzuspüren (Sommer, 2004, S. 9–12; Sommer, 2002, S. 15–18). Diese Mechanismen sind auch für das Design von PCAs von wichtiger Bedeutung, da das Erkunden und Finden von Objekten eine fundamentale Spielmechanik darstellt.

Das Konzept des Suchens als spielerisches Grundelement spiegelt sich insbesondere in der Interaktion mit der Umgebung wider: Spieler müssen akribisch Bildschirme nach „Hotspots" absuchen – Punkte mit Interaktionen -, Gegenstände entdecken und kombinieren. Diese Interaktionen erzeugen nicht nur ein Gefühl der Kontrolle über die Spielwelt, sondern verstärken auch das Belohnungssystem, da jeder gefundene Gegenstand als Fortschritt wahrgenommen wird (Sommer, 2004, S. 45–48, Adams, 2014, S. 201–204). Sommers Erkenntnisse über die psychologische Befriedigung durch Sammelprozesse lassen sich ebenso auf das Inventarmanagement in Adventures übertragen: Das Horten von Items und deren gezielte Nutzung in Rätseln fördern das Bedürfnis nach Ordnung und Vervollständigung, das viele Spieler antreibt (Sommer, 2002, 2004).

Wie genau sich diese Prinzipien im Game-Design von PCAs manifestieren, wird in Kap. 2 detailliert betrachtet. Dort wird auch untersucht, wie diese Mechaniken im Rätseldesign und der Spielerführung eine Rolle spielen.

Zusammenfassung

Die Faszination von PCAs liegt also in ihrer Fähigkeit, komplexe Erzählungen, interaktive Herausforderungen und intensive emotionale Erlebnisse in einem relativ kompakten Format zu vereinen – ein Erlebnis, das weit über nostalgische Erinnerungen hinausreicht und auch moderne Spielkonzepte nachhaltig inspiriert.

1.2 Persönliche Anekdoten & Bedeutung des Genres

Ich erinnere mich noch lebhaft an meine allererste Begegnung mit einem Point & Click-Adventure – es war *Maniac Mansion* auf dem C64. Damals, gerade einmal 11 Jahre alt, öffnete sich mir eine völlig andere, neue Welt, in der ich nicht nur ein passiver Beobachter, sondern der aktive Regisseur einer interaktiven Geschichte wurde. Obwohl die Steuerung per Joystick zunächst mühsam war und das Spielgeschehen verlangsamte, machte dieser Lernprozess Sinn: Das Langsame als Spielprinzip. Ich spürte schon früh, dass hier etwas Außergewöhnliches stattfand, denn ich war in der Lage, die Figuren direkt zu steuern und bekam das Gefühl, eine Verantwortung zu tragen – als ob ich selbst die Geschichte schriebe, während sie sich vor meinen Augen entfaltete. Ich nahm die soziale Immersion wahr und sah die Beziehungen zwischen den drei Protagonisten, die ich durch das Haus schickte. Nun, mit 30 Jahren Abstand.

Das Intro von *Maniac Mansion* war wie ein kleiner Film, der mich in seinen Bann zog. Trotz der technischen Einschränkungen des C64 – 16 Farben, minimale Auflösung und nur wenige Animationen – wirkte alles überaus cineastisch. Der charakteristische Sägezahnsound des C64-SIDs, das Grillenzirpen im Hintergrund, das ich gerade auch wieder im inneren Ohr höre, erzeugte eine Atmosphäre, die fast magisch war. Diese akustische Untermalung, die Grafik, die Geschichte machten für mich den Moment zur Offenbarung. Denkwürdig bleibt mir auch das erste Rätsel: Der Schlüssel zum Haus, der unter der Fußmatte versteckt war. In meiner kindlichen Vorstellung schien es fast selbstverständlich, dass solch eine Idee in einem amerikanischen Vorort funktionierte – macht dort bestimmt jeder. Dieses Rätsel war für mich im wahrsten Sinne ein Türöffner in spielbare Geschichten.

Mit der Zeit, und vor allem beim Übergang zu meinem zweiten Abenteuer, *Zak MacKracken*, wurde mir bewusst, dass auch in diesen scheinbar offenen Welten bestimmte Grenzen existieren. Es gab Momente, in denen ich realisierte, dass ich eigentlich einer vorgefertigten, geskripteten Geschichte folgte. Doch genau diese Erkenntnis verstärkte paradoxerweise den Reiz – denn sie zeigte mir, wie clever und durchdacht die Erzählstrukturen hinter diesen Spielen waren. Obwohl sie nicht so offen waren wie heutige Open-World-Spiele, lag in der scheinbaren Unbegrenztheit gerade ein besonderes Potenzial: Die Geschichten wirkten so intensiv und fesselnd, dass jede gelöste Herausforderung das Gefühl vermittelte, etwas erreicht zu haben.

Betritt man das Haus und geht durch die erste Tür in die Küche, steht dort die Dame des Hauses, Edna, am Kühlschrank. Wagte man sich zu nah an sie heran, verfolgte sie meine Spielfigur, Dave. Wurde man geschnappt, ging es in den Kerker. Flugs zu einer der anderen beiden Figuren gewechselt, ins Haus und den geheimnisvollen Gargoyle auf dem Treppengeländer bewegen – schon konnte man den Kerker wieder verlassen. Eigentlich brauchte ich einige Zeit, um die Geheimtür zu öffnen… Aber die Erfahrung mit dem Gargoyle lehrte mich, ab sofort beim Betreten einer neuen Szene den Bildschirm akribisch nach Hotspots abzusuchen. Ein Verhalten, das ich später unter dem Namen „Pixel-Hunting" wiederfand. Und bei drohender Gefahr schnellstmöglich zu verschwinden.

Diese intensive Suche nach kleinen, versteckten Details verlieh dem Spiel eine zusätzliche Dimension und machte jede noch so unscheinbare Szene zu einem Teil des großen Abenteuers. Ich erinnere mich noch, wie ich, frustriert und gleichzeitig fasziniert, die Hinweise in der Umgebung zusammensetzte. So ließ ich mich schließlich durch Hilfestellungen in der „Power Play" (Power Play, n. d.) oder der „ASM – Aktueller Softwaremarkt" (Aktueller Software Markt, n. d.) durch diese scheinbar unlösbare Situation leiten.

Heute blicke ich mit großer Faszination und Dankbarkeit auf jene ersten Abenteuer zurück, die den Grundstein für meine Leidenschaft für interaktive Geschichten legten.

Sie sind nicht nur nostalgische Erinnerungen an eine frühe Ära der Computerspiele, sondern auch inspirierende Beispiele dafür, wie technische Grenzen überwunden und durch kreative Erzählkunst zeitlose Erlebnisse geschaffen werden können. Diese Mischung aus Abenteuer, Herausforderung und emotionaler Tiefe ist es, was PCAs für mich – und für viele andere Fans – zu einem unvergleichlichen Genre macht.

1.3 Was sind Point & Click-Adventures? Eine Taxonomie

PCAs sind eine Untergruppe der Adventure-Spiele, die narrative Erzählung mit interaktiven Rätselmechaniken verbinden. Im Gameplay erlebt der Spieler eine vorstrukturierte, aber individuell beeinflussbare Geschichte – gesteuert über einfache Zeigegeräte wie Maus, Touchscreen oder Gamepad. Das Genre ermöglicht es, sich in eine interaktive Welt zu vertiefen, in der Erkundung, Dialoge und das Lösen von Rätseln den narrativen Fortschritt bestimmen.

1.3.1 Taxonomie von PCAs

Die hier dargestellte Taxonomie bildet die theoretische Grundlage zur systematischen Erfassung der Kernmechaniken. Diese Definition ist nicht nur Basis für die weitere Analyse in Kap. 2 (Designprinzipien), sondern hilft auch, PCAs von verwandten Genres abzugrenzen.

Definition und Kernmechaniken
Ein Point & Click-Adventure (PCA) ist ein Videospiel, bei dem Spieler durch Zeigen und Anklicken von Objekten, Charakteren und Umgebungen Aktionen auslösen – beispielsweise Gegenstände aufnehmen, sprechen oder kombinieren. Die ursprüngliche Definition laut Burbach:

> *"A Point & Click Adventure (PCA) is a video game, in which players use pointing devices to click items, objects, and characters to trigger actions like taking, talking, or using. On touch devices, the genre could be called Point & Tap Adventure (PTA)."* (Burbach, 2016)

Diese Definition muss hier um das Element „narrativ" erweitert werden, um den besonderen Fokus auf die erzählerische Gestaltung hervorzuheben. In der Erweiterung der Steuerung sollten PCAs für Touchgeräte zudem als Point & Touch-Adventures bezeichnet werden. Spiele mit Tastatur- oder Gamepad-Steuerung fungieren entsprechend als Point & Select-Adventures. Im Rahmen des Buchs wird jedoch trotzdem immer von PCAs geschrieben.

Typische Mechaniken in PCAs

PCAs basieren auf einem Zusammenspiel mehrerer interaktiver Systeme, die ein immersives Spielerlebnis erzeugen:

Bewegungs- und Navigationsmechaniken: Spieler bewegen ihre Spielfigur durch Klicken auf „Hotspots" oder grafisch markierte Bereiche. Diese Mechanik – von einfachen Richtungsangaben in frühen Titeln (z. B. *Maniac Mansion, The Secret of Monkey Island*) bis zu komplexeren, ikonbasierten Systemen – fördert das selbstständige Erkunden und Durchsuchen der Spielwelt.

Inventarsysteme und Interaktionen: Während klassische Adventures Inventare als Textlisten darstellten, nutzen moderne Vollbild-PCAs symbolbasierte Pop-over-Menüs. Gegenstände werden als Icons angezeigt und können per Drag & Drop kombiniert werden, um Rätsel zu lösen und die narrative Welt zu beeinflussen.

Rätseltypen und deren Gestaltung: Rätsel bilden das Herzstück des Genres. Sie reichen von streng logischen Aufgaben bis zu bewusst „mondlogischen" Herausforderungen, die Querdenken erfordern. Häufig werden Hinweise subtil in der Umgebung platziert, Das „Pixel-Hunting" wurde bereits erwähnt.

Dialogsysteme und Gesprächsmechaniken: Dialoge dienen nicht nur der Informationsvermittlung, sondern steuern auch den narrativen Fortschritt. Von textbasierten Parsern in frühen Spielen bis zu modernen Multiple-Choice-Dialogen tragen diese Systeme wesentlich zur Immersion bei.

Vergleich mit anderen Adventure-Genres

Die folgenden Vergleiche grenzen PCAs noch stärker von verwandten Genres ab und schließen damit die Taxonomie. Die folgende Auflistung ist alphabetisch sortiert.

Action-Adventures: Während Spiele wie *The Legend of Zelda* Echtzeit-Action mit Rätseln kombinieren, bevorzugen PCAs oft entschleunigte oder nicht-dynamische Interaktionen.

Escape Rooms: Beide Formate setzen auf Rätsellösen, unterscheiden sich jedoch darin, dass Escape Rooms auf Teamarbeit und Echtzeit-Interaktion bauen, während PCAs ein strukturiertes Einzelspieler-Erlebnis bieten. Ein Vergleich von Escape Rooms und PCAs führt Kap. 7 durch.

Graphic Adventures: Die ersten Teile der *King's Quest* und der *Space Quest*-Reihen setzten auf Tastatureingaben und komplexe Textbefehle ähnlich der Interactive Fiction, während PCAs durch einfache Maussteuerung und reduzierte Aktionslisten überzeugen. Charaktere wurde direkt durch Joystick oder die Cursortasten bewegt.

Interactive Fiction (Textadventures, kurz IF): Spiele wie *Zork* basieren auf reiner Texteingabe und bieten einen großen Interpretationsspielraum, während PCAs visuelle Umgebungen und direkte Interaktion bereitstellen.

Visual Novels: Diese legen den Fokus auf narrative Entscheidungsfreiheit, verzichten jedoch häufig auf die interaktive Rätselkomponente, die in PCAs zentral ist.

Walking Simulatoren: Spiele wie *Firewatch* fokussieren sich auf Erkundung und Storytelling, verzichten aber oft auf klassische Rätselmechaniken. Sie bedienen sich zudem meist einer anderen visuellen Darstellung.

Zusammenfassung und Ausblick
Die vorliegende Taxonomie zeigt, dass PCAs ihre Einzigartigkeit aus der Kombination von visueller Interaktivität und narrativer Gestaltung ziehen. Die klare Trennung von PCAs zu verwandten Genres – etwa Action-Adventures, Escape Rooms oder IF – macht deutlich, dass PCAs ein strukturiertes, aber zugleich immersives Einzelspieler-Erlebnis bieten.

1.4 Kapitelübersicht

Das Buch gliedert sich in eine Reihe von sorgfältig strukturierten Kapiteln, die den Leser systematisch in PCAs einführen und gleichzeitig einen umfassenden historischen, gestalterischen und kulturellen Überblick bieten. Im Folgenden wird der inhaltliche Aufbau daher kurz vorgestellt:

1. **Kap. 2: Designprinzipien – Wie Point & Click-Adventures funktionieren**
   Dieses Kapitel erklärt die Grundprinzipien gelungener PCAs und erläutert Aspekte wie Rätseldesign, Storytelling und Komfortmechaniken wie intelligente Mauszeiger anhand ausgewählter Spiele. Den Abschluss des Kapitels bildet eine Zusammenfassung der Best Practices für ein modernes PCA.
   Dieses Kapitel basiert auf der Masterarbeit des Autors und den in der Einführung genannten Büchern.
2. **Kap. 3: Eine kurze Geschichte der Point & Click-Adventure**
   Dieses Kapitel verfolgt die Geschichte des Genres von dessen Vorläufern, wie dem Text-Adventure *Zork* zu aktuelleren Spielen wie *Thimbleweed Park*.
3. **Kap. 4: LucasArts vs. Sierra On-Line**
   Dieses Kapitel stellt die humorvolle, narrativ fokussierte Philosophie von LucasArts den trial-and-error-orientierten, oft herausfordernden Konzepten von Sierra gegenüber. Ein Vergleich mit historischen Kontext, um den großen Einfluss der beiden Studios auf das Genre zu verdeutlichen.
4. **Kap. 5: Die Underdogs**
   Dieses Kapitel zeigt die vielleicht weniger bekannten, aber innovativen Entwickler wie Revolution Software *(Broken Sword)*, Wadjet Eye *(Blackwell-Serie)* oder Daedalic *(Deponia-Serie)* in den Fokus. Es zeigt, wie frische Ideen und moderne Ansätzen das Genre beeinflusst haben.
5. **Kap. 6: 2D oder 3D – Warum das Genre (fast) starb**
   Dieses Kapitel fokussiert auf den Übergang zu 3D und zeigt auf, warum der nicht funktioniert hat. Und es beschreibt, wie Finanzierungsmodelle wie Kickstarter und Vertriebsmöglichkeiten wie Streaming und Let's Plays den Fortbestand und die Erneuerung des Genres unterstützen.
6. **Kap. 7: Escape Room vs. PCAs**
   Dieses Kapitel beschreibt Escape Rooms und untersucht die These, dass sie eigentlich eine physische Version der PCAs sind.

7. **Kap. 8: Weibliche Protagonisten in Point & Click Adventures**
   Dieses Kapitel beschreibt, wie eine weibliche Autorin oder weibliche Hauptdarstellerin das Spiel und Spielgefühl beeinflussen und verändern. Es basiert auf einem Paper, das der Autor zusammen mit Prof. Nadine Trautzsch geschrieben hat.
8. **Kap. 9: Vorher / Nachher – Remakes von Point & Click-Adventures**
   Dieses Kapitel vergleicht die Originale mit ihren Remakes und untersucht damit den Einfluss von Neuauflagen auf das Spielgefühl.
9. **Kap. 10: Kurioses und Skurriles**
   Dieses Kapitel bietet eine Zusammenstellung besonderer Aspekte des Genres – von den schwierigsten Rätseln bis zu den skurrilsten Momenten.
10. **Kap. 11: Die wichtigsten Point & Click-Adventures**
    Dieses Kapitel feiert die Vielfalt der Spiele vieler großer und kleiner Studios und zeigt, wie auch einzelne Entwickler das Genre beeinflusst haben.

Literatur

Adams, E. (2014). *Fundamentals of game design* (3rd ed.). New Riders.
Aktueller Software Markt (versch. Jg.). ASM – Aktueller Software Markt: Das Computer- und Videospielemagazin. *Tronic-Verlag.*
Csikszentmihalyi, M. (1990). *Flow: The psychology of optimal experience.* Harper & Row.
Jenkins, H. (2006). *Convergence culture: Where old and new media collide.* New York University Press.
Juul, J. (2005). *Half-real: Video games between real rules and fictional worlds.* MIT Press.
Murray, J. H. (1997). *Hamlet on the holodeck: The future of narrative in cyberspace.* MIT Press.
Power Play (versch. Jg.). *Power Play: Magazin für Computer- und Videospiele.* Markt & Technik Verlag.
Ryan, M.-L. (2001). *Narrative as virtual reality: Immersion and interactivity in literature and electronic media.* Johns Hopkins University Press.
Sommer, M. (2002). *Sammeln: Ein philosophischer Versuch.* Suhrkamp.
Sommer, M. (2004). *Suchen und Finden: Über das Entdecken und Erkennen in Alltag und Wissenschaft.* Suhrkamp.
Thon, J.-N. (2007). *Immersion revisited: On the value of a contested concept.* In *DIGAREC Lectures.* Potsdam University Press.

Ludographie

Lucasfilm Games. (1987). *Maniac Mansion* [C64, NES, MS-DOS, Amiga]. Lucasfilm Games.
LucasArts. (1990). *Indiana Jones and the Last Crusade: The Graphic Adventure* [MS-DOS, Amiga, Atari ST]. LucasArts.
LucasArts. (1993). *Indiana Jones and the Fate of Atlantis* [MS-DOS, Amiga, Mac]. LucasArts.
Burst Studios. (1996). *Toonstruck* [MS-DOS]. Virgin Interactive.

Infocom. (1976). *Colossal Cave Adventure* [Mainframe]. Will Crowther & Don Woods.
LucasArts. (1997). *The Curse of Monkey Island* [Windows]. LucasArts.
LucasArts. (1990). *The Secret of Monkey Island* [MS-DOS, Amiga, Atari ST]. LucasArts.
LucasArts. (1991). *Monkey Island 2: LeChuck's Revenge* [MS-DOS, Amiga]. LucasArts.
Lucasfilm Games. (1988). *Zak McKracken and the Alien Mindbenders* [C64, MS-DOS, Amiga]. Lucasfilm Games.
Revolution Software. (1994). *Beneath a Steel Sky* [MS-DOS, Amiga]. Virgin Interactive.
Terrible Toybox. (2017). *Thimbleweed Park* [Windows, Mac, Linux, Switch, PS4, Xbox One]. Terrible Toybox.
Sierra On-Line. (1980). *Zork* [MS-DOS, Apple II, C64]. Infocom.
Sierra On-Line. (1984). *King's Quest* [MS-DOS, Apple II]. Sierra On-Line.
Sierra On-Line. (1986). *Space Quest* [MS-DOS, Amiga, Atari ST]. Sierra On-Line.
Revolution Software. (1996). *Broken Sword: The Shadow of the Templars* [Windows, PlayStation]. Virgin Interactive.
Wadjet Eye Games. (2006–2014). *The Blackwell Series* [Windows]. Wadjet Eye Games.
Daedalic Entertainment. (2012). *Deponia* [Windows, Mac, Linux]. Daedalic Entertainment.
Campo Santo. (2016). *Firewatch* [Windows, Mac, Linux, PS4, Xbox One, Switch]. Campo Santo.
Nintendo. (1986). *The Legend of Zelda* [NES]. Nintendo.

Designprinzipien – Wie Point & Click-Adventures funktionieren 2

Inhaltsverzeichnis

2.1	Zwischen Innovation und Nostalgie – Steuerungsexperimente im Wandel des Genres	12
	2.1.1 Monkey Island 2 – Ein Paradebeispiel für „Mondlogik"	14
	2.1.2 Gabriel Knight 2 – Der Ernst des Erzählens	15
	2.1.3 Beneath a Steel Sky – Dystopie im Pixelkleid	16
	2.1.4 Loom – Der musikalische Sonderweg	16
2.2	Das Design von Point & Click-Adventures	18
	2.2.1 Text-Interface: Mystery House	18
	2.2.2 Grafik, Verben und Text-Inventar: Maniac Mansion	18
	2.2.3 Grafik und Text-Eingabe: Space Quest	19
	2.2.4 Grafik, Verben und Icon-Inventar: Monkey Island	21
	2.2.5 Vollbild mit Icons: The Dig	22
	2.2.6 Vollbild mit intelligentem Mauszeiger: Broken Sword	22
	2.2.7 Direkte Steuerung & cineastisches Interface: Grim Fandango	23
2.3	Dialoge und Narration	24
	2.3.1 Parser-basierte Eingaben: King's Quest	24
	2.3.2 Dialog-Bäume und Multiple-Choice mit Einfluss: Monkey Island	27
	2.3.3 Erzählgetriebene Dialoge mit Konsequenzen: Gabriel Knight	27
	2.3.4 Kontext-abhängige Konversation & Stimmungssysteme: The Longest Journey	28
	2.3.5 Wortlose und symbolische Kommunikation: Fire / Machinarium	28
	2.3.6 Nicht-lineare Gespräche, Lügen & Manipulation als Spielmechanik	29
2.4	Narration & Rätseldesign in Point & Click-Adventures	30
	2.4.1 Lineare, verzweigte und modulare Erzählstrukturen	31
	2.4.2 Umwelt als Erzähler: Environmental Storytelling	31
	2.4.3 Rückblenden, Tagebücher und Perspektivwechsel	31
	2.4.4 Rätseltypen: Von Logik bis Mondlogik	32
	2.4.5 Integrierte Rätsel vs. „Rätselinseln"	32
	2.4.6 Belohnungsmechaniken: Warum wir knobeln	32
	2.4.7 Rhythmus und Taktung von Rätseln	33

2.5	Komfortfunktionen & Zugänglichkeit...	33
2.6	Die Meta-Ebene: Selbstreflexivität im Genre....................................	33
2.7	Lerneffekte und Best Practices für ein modernes Point & Click-Adventure	34
Literatur	....	34

> Point & Click-Adventures haben große Änderungen durchgemacht. Von Verben mit Text-Inventaren zu Vollbild-Spielen mit intelligentem Cursor ist es eine lange Reise gewesen. Während also die Verben einen Text-Parser ersetzen und zum Denken und Formulieren anregten, könnte man heute ein Spiel durch zufälliges Klicken gewinnen…

Hier folgt eine ausführliche Betrachtung der zentralen Mechaniken und gestalterischen Prinzipien von PCAs – von der Rätselgestaltung über das narrative Erzählen bis hin zu den Komfortmechaniken, die das Spielerlebnis strukturieren und zugänglich machen. Dabei stützen sich die Aussagen auf die Inhalte der Quellen aus Kap. 1, die im Literaturverzeichnis noch einmal zusammengestellt sind.

2.1 Zwischen Innovation und Nostalgie – Steuerungsexperimente im Wandel des Genres

Die Steuerung von PCAs war nie rein technisches Beiwerk, sondern stets ein zentraler Bestandteil der Spielerfahrung – ein Mittler zwischen Kopfkino und digitaler Realität. Während viele Spieler mit der ikonischen Verbleiste von *Monkey Island* oder der Parser-Eingabe aus *King's Quest* sozialisiert wurden, wagten einige Entwickler im Laufe der Jahre ganz andere Wege. Sie hinterfragten die etablierten Paradigmen, loteten neue Formen der Interaktion aus und brachten dabei nicht selten ebenso originelle wie polarisierende Steuerungskonzepte hervor. Dieser Abschnitt blickt auf jene Experimente, die das Genre bis heute prägen – und manchmal auch spalten.

Vom Text zum Ton: Die Auflösung klassischer Steuerungsschemata
Mit der Einführung der Maussteuerung in den späten 1980er Jahren schien die Frage der Bedienung zunächst gelöst: Klicken statt Tippen, Icons statt Worte. Doch was auf den ersten Blick wie ein Komfortgewinn wirkte, stellte sich bald als ein kreativer Spielraum heraus. Entwickler begannen, die Schnittstelle zwischen Spieler und Spielwelt aktiv mitzugestalten – mal reduziert, mal überbordend, mal musikalisch.

Ein besonders radikales Beispiel ist *Loom* (1990): Hier entfällt die klassische Befehlsstruktur vollständig. Stattdessen wird der Spieler zum Dirigenten, der durch das Spielen von Tonfolgen mit der Welt interagiert. Das Spiel übersetzt die Handlungssprache des Genres – also „Öffnen", „Verwandeln" oder „Verschieben" – in ein musikalisches Vokabular.

Die Notenfolge E-C-E-D etwa steht für „Öffnen", wobei die Reihenfolge je nach Kontext rückwärts gespielt werden kann, um etwa eine Tür wieder zu verschließen. Das Resultat ist nicht nur eine andere Art der Steuerung, sondern auch ein verändertes Spielgefühl: weniger sprachlich-analytisch, dafür künstlerisch-intuitiv. *Loom* ist bis heute einzigartig.

Minimalismus und filmische Inszenierung
Mit dem Übergang in die späten 1990er Jahre wurden auch andere Experimente gewagt. Spiele wie *Grim Fandango* (1998) oder *The Dig* (1995) verzichteten auf sichtbare Verbleisten oder komplexe Interfaces. Stattdessen setzten sie auf filmische Inszenierung, immersives Setting und reduzierte Eingabemethoden. Bei *Grim Fandango* wird das Inventar als 3D-Objekt in der Hand des Protagonisten Manny dargestellt. Statt mit der Maus steuert man hier Manny direkt per Cursortasten durch die Spielwelt.

The Dig wiederum setzte auf ein fast schon klinisch-sauberes Icon-Menü, in dem Gegenstände klar erkennbar sind. Sprachlich minimiert, visuell durchstrukturiert – das Spiel wurde zum experimentellen Hybrid zwischen Erkundung und filmischer Erfahrung. Die Steuerung wird zum Mittel der Atmosphäre: Wer den Cursor bewegt, spürt die Leere des Weltalls, nicht nur durch Grafik oder Musik, sondern auch durch das, was nicht gesagt wird – eine umfangreiche Leerstelle.

Experimente der Neuzeit: Trial & Error und visuelles Erzählen
Im Spiel *Fire – Ungh's Quest* (2015) wird Sprache nahezu vollständig ausgeblendet. Hier erfolgt die Steuerung rein visuell: Der Spieler wird eingeladen, durch Trial & Error herauszufinden, was mit einem Objekt möglich ist. Kommunikation erfolgt über Gesten, Geräusche und Animationen. Die Steuerung ist dabei kein erklärter Mechanismus mehr, sondern ein intuitiver Dialog mit der Spielwelt. Was wie ein Rückschritt anmuten mag – weg vom komplexen Interaktionsmenü – ist in Wirklichkeit ein Ausdruck der Reife: Diese Spiele trauen dem Spieler zu, Bedeutungen zu erschließen, statt sie vorzugeben.

Andere Titel wie *Blade Runner* (1997) wagten gar die Echtzeit-Dynamik: Charaktere bewegen sich unabhängig vom Spieler, Ereignisse verfallen, wenn man nicht rechtzeitig reagiert. Hier wurde das Point & Click-Prinzip um eine Zeitdimension erweitert – mit dem Risiko, dass der Spieler Inhalte verpasst. Auch das ist ein Statement: Die Steuerung ist nicht mehr allwissend, sondern subjektiv, beschränkt, beinahe menschlich.

Steuerung als kulturelles Gedächtnis
Diese Experimente zeigen: Steuerung ist nicht bloß Mittel zum Zweck, sondern Ausdruck einer Spielphilosophie. Sie entscheidet darüber, ob ein Spiel zum interaktiven Film, zum logischen Puzzle oder zur poetischen Erfahrung wird. Dabei offenbart sich auch ein Spannungsfeld zwischen Nostalgie und Innovation: Während viele Spieler das klassische Interface mit seinen klaren Icons und Hotspots als „richtig" empfinden, versuchen moderne Entwickler immer wieder, diese Komfortzone aufzubrechen.

Dass diese Vielfalt möglich ist, liegt auch daran, dass PCAs keine Reflexe verlangen. Ihre Langsamkeit erlaubt es, neue Ideen zu testen, ohne den Spielfluss zu zerstören. Gerade deshalb sind sie ein ideales Labor für Interface-Experimente – sei es mit Musik, mit Reduktion oder mit unvorhersehbarem Verhalten.

In den folgenden Abschnitten werden nun einige der bekanntesten Spiele dieser Ära besprochen: *Monkey Island 2 – LeChuck's Revenge, Gabriel Knight 2, Beneath a Steel Sky* und *Loom*. Alle vier haben ihre Eigenheiten und stehen exemplarisch für andere, ähnlich aufgebaute Spiele.

2.1.1 Monkey Island 2 – Ein Paradebeispiel für „Mondlogik"

Wenige Spiele stehen so sinnbildlich für das Point & Click-Genre wie *Monkey Island 2: LeChuck's Revenge*. LucasArts gelang hier nicht nur eine passende Fortsetzung des beliebten Vorgängers, sondern auch eine stilprägende Verdichtung des „lateral thinking", dem Querdenken – jener Form der Mondlogik, die das Genre berühmt und berüchtigt zugleich machte.

UI & Steuerung

Das Interface von *Monkey Island 2* basiert auf dem SCUMM-System, das bereits im Vorgänger etabliert wurde. Neu ist jedoch die deutlich reduzierte Verbleiste mit nur noch neun Verben – eine Verschlankung, die der Übersicht und dem Spielfluss zugutekommt. Gleichzeitig wurde ein Kontext-Feature eingeführt, bei dem durch Rechtsklick automatisch die wahrscheinlichste Aktion ausgewählt wird – ein Vorläufer kontextsensitiver Steuerungen heutiger Adventures. In Kombination mit dem textlich und visuell klar gegliederten Inventar entsteht ein Interface, das zwar noch alle klassischen Elemente bietet, aber dennoch intuitiv wirkt.

Rätseldesign und Mondlogik

Monkey Island 2 ist in dieser Hinsicht ein Paradebeispiel für kreative, aber bewusst absurde Lösungswege. Das legendäre „affenförmiger-Schraubenschlüssel"-Rätsel, bei dem ein lebendiger Affe als Werkzeug zweckentfremdet wird, gilt heute als Prototyp für Mondlogik. Aus Sicht der Spielwelt ist diese Lösung völlig logisch – in ihrer Absurdität ergibt sie sogar Sinn, heißt das Werkzeug im Englisch sogar „Monkey Wrench", zu Deutsch eigentlich Maulschlüssel. Doch aus der Perspektive klassischer Deduktion bleibt sie eine Herausforderung. Diese Art des Rätseldesigns lädt Spieler dazu ein, sich auf den Humor und die Denkweise der Entwickler einzulassen – ein Balanceakt zwischen Frustration und Faszination.

Humor als Spiellogik
Besonders hervorzuheben ist die enge Verzahnung von Humor und Spiellogik. Dialoge, Itembeschreibungen und Weltgestaltung sind durchzogen von Ironie, Meta-Humor und Parodie. Viele Rätsel wirken zunächst wie bloße Gags, entpuppen sich aber als relevante Handlungsschritte. Die Grenze zwischen Witz und Progression verschwimmt – wer lacht, lernt. Das Spiel belohnt experimentierfreudiges Verhalten nicht nur mit Fortschritt, sondern auch mit pointierten Dialogzeilen und liebevoll animierten Reaktionen.

2.1.2 Gabriel Knight 2 – Der Ernst des Erzählens

Wenn *Monkey Island 2* das Genre in Richtung Humor und Absurdität öffnete, dann zeigt *Gabriel Knight 2: The Beast Within* (Sierra, 1995) die andere Seite des Spektrums: ein düsteres, ernsthaftes Adventure mit realen Schauplätzen, FMV-Technologie und einem starken Fokus auf narrative Tiefe. Es ist ein Spiel, das mehr will als unterhalten – es will erzählen.

UI & Immersion
Gabriel Knight 2 ist ein Produkt seiner Zeit – und seiner Technik. Die Full-Motion-Video-Grafik war Mitte der 1990er Jahre ein technisches Novum, das Spiel wirkt dadurch wie ein interaktiver Krimi-Film. Das Interface ist funktional: Spieler klicken sich durch statische Szenen mit eingebetteten Videosequenzen. Das Inventar ist schlicht, dialogbasierte Interaktionen erfolgen über Multiple-Choice-Menüs mit starker Gewichtung auf investigativem Fortschritt. Die Steuerung tritt in den Hintergrund, um der Geschichte Raum zu geben – ein bewusst gewählter Verzicht auf Spieltiefe zugunsten von Erzählkraft.

Narrative Komplexität
Die Stärke von *Gabriel Knight 2* liegt in seiner dichten Atmosphäre und seinem literarisch anmutenden Aufbau. Basierend auf realen Schauplätzen in München und Bayern verbindet das Spiel historische Mythen, okkulte Themen und einen personalisierten Ermittlungsstrang zu einem psychologischen Thriller. Charaktere sind vielschichtig, die Dialoge getragen von Ambivalenz und moralischen Grautönen. Rätsel sind oft narrativ motiviert – etwa durch das Zusammenfügen von Indizien oder das Durchsuchen realer Archive.

Zwischen Linearität und Freiheit
Trotz des filmischen Charakters erlaubt das Spiel gelegentlich mehrere Lösungswege, insbesondere bei Recherchen oder Gesprächen. Es entsteht eine Pseudo-Freiheit: Der Spieler glaubt, Einfluss zu haben, bewegt sich jedoch auf einer präzise geschriebenen Dramaturgie. Diese Illusion von Kontrolle ist Teil der Immersion. Das Spiel „führt", ohne dass man es spürt – eine hohe Kunst im Spieldesign.

2.1.3 Beneath a Steel Sky – Dystopie im Pixelkleid

Beneath a Steel Sky (Revolution Software, 1994) ist das Ergebnis einer gelungenen Kooperation zwischen Erzähler, Künstler und Programmierer. Basierend auf einem Comic-Universum von Dave Gibbons erschafft das Spiel eine dystopische Cyberpunk-Welt, die bis heute als Meilenstein für visuelles Storytelling gilt – und das mit deutlich reduzierten Mitteln.

UI & Interaktion
Das Interface von *Beneath a Steel Sky* ist bewusst minimalistisch gehalten: Keine überladene Verbleiste, sondern eine kontextuelle Maussteuerung mit klarer Rückmeldung. Die Interaktion erfolgt fast ausschließlich durch Klicken auf Hotspots, während das Inventar über eine einfache Leiste zugänglich ist. Die visuelle Führung ist subtil, aber effizient: Licht, Farbgebung und Perspektive lenken den Blick – ein Trick, den moderne Spiele noch heute nutzen, da er sich bewährt hat.

Erzählerischer Rhythmus und Pacing
Was *Beneath a Steel Sky* besonders auszeichnet, ist das präzise erzählte Pacing. Zwischen atmosphärisch dichten Dialogen, pointierten gesellschaftskritischen Spitzen und logischen Rätseln entsteht ein Spielfluss, der weder überfordert noch unterfordert. Die Geschichte entfaltet sich nicht in Cutscenes, sondern durch die Welt selbst: Durch Gespräche mit Maschinen, Graffitis an den Wänden oder durch die Trostlosigkeit der Umgebungen. Das Spiel ist ein Beispiel für Environmental Storytelling lange bevor der Begriff populär wurde.

Rätseldesign zwischen Logik und Finesse
Die Rätsel selbst sind logisch, aber nie banal. Sie entstehen oft aus der Welt heraus, sind in Story und Setting eingebettet und fördern ein Verständnis für die Spielmechanik. Ein defekter Aufzug ist nicht nur ein Hindernis, sondern Teil der Erzählung über eine kaputte Gesellschaft. Der Humor bleibt dabei britisch-trocken und unaufdringlich – fast ein Gegenentwurf zu *Monkey Island*, aber nicht minder wirksam.

2.1.4 Loom – Der musikalische Sonderweg

Loom (LucasArts, 1990) ist ein Solitär im Kanon der klassischen Adventures, ein Spiel, das sich kaum in gängige Genre-Schubladen einordnen lässt. Während andere Titel auf Text, Icons oder Multiple-Choice-Dialoge setzen, ersetzt *Loom* die Sprache der Interaktion durch Musik. Was dabei entsteht, ist kein klassisches PCA im engeren Sinne, sondern ein meditativer, interaktiver Erzählraum – poetisch, eigenwillig und seiner Zeit weit voraus.

Ein Interface aus Noten

Statt einer Verbleiste oder eines Inventars sieht der Spieler in *Loom* eine Notenzeile – den sogenannten „Distaff" (magischen Webstab). Jede Interaktion erfolgt durch das Spielen von vier Noten, die bestimmten magischen Befehlen entsprechen: *Öffnen, Verwandeln, Unsichtbar machen*. Die Noten werden auf einem Pentagramm gespielt, wobei sich die Fähigkeiten der Spielfigur im Verlauf des Spiels erweitern. Wer mehr Töne lernt, kann komplexere Zauber „weben".

Dieses Interface ist nicht nur funktional, sondern konzeptionell – es ist eine metaphysische Metapher für Weltgestaltung durch Klang. Musik wird zur Sprache des Spiels, zum Schlüssel zur Welt. Der Spieler wird zum Komponisten, zum Interpreten – eine Erfahrung, die weit über klassische Mausklicks hinausgeht.

Rätseldesign ohne Sackgassen

Loom verzichtet bewusst auf klassische Adventure-Logik: Kein Inventar, keine Kombinationsrätsel, keine Sackgassen. Stattdessen folgt das Spiel einer linearen, aber emotional aufgeladenen Dramaturgie. Rätsel bestehen meist darin, die richtigen Tonfolgen zu erkennen, sie korrekt zu interpretieren und im passenden Moment einzusetzen. Das Spiel leitet behutsam, aber bestimmt – es bestraft nicht, sondern bestärkt.

Besonders bemerkenswert: Viele Rätsel erschließen sich nicht durch trial & error, sondern durch akustisches Gedächtnis. Die Tonfolgen sind keine arbiträren Codes, sondern motivisch eingebettet in die narrative Struktur. Dadurch entsteht ein Flow, der eher an ein musikalisches Werk als an ein Rätselspiel erinnert.

Storytelling durch Reduktion

Die Geschichte von *Loom* ist eine allegorische Fantasy-Parabel, die mit wenigen Mitteln große Themen verhandelt: Schöpfung, Identität, Schicksal. Die Welt ist fragmentiert, die Dialoge reduziert, die Atmosphäre getragen von Musik und Stille. Diese Zurückhaltung wirkt nicht leer, sondern kraftvoll. Der Spieler füllt die Lücken selbst – ein Prinzip, das an moderne „Environmental Storytelling"-Ansätze erinnert.

Im Zentrum steht Bobbin Threadbare, der letzte seiner Zunft, auf der Suche nach Wahrheit und Ursprung. Doch anders als in anderen Adventures steht nicht das „Was tun?" im Vordergrund, sondern das „Wie klingen?" – eine subtile, aber entscheidende Verschiebung der Spielerrolle.

Ein Kultspiel – aber kein Vorbild?

Trotz oder gerade wegen seiner Einzigartigkeit blieb *Loom* eine Ausnahmeerscheinung. Kaum ein Spiel hat das musikalische Interface übernommen, kaum ein Entwickler wagte ein derart radikales Redesign der Adventure-Metaphorik. Das macht das Spiel nicht weniger relevant – im Gegenteil: Es zeigt, dass das Genre fähig ist, sich selbst zu dekonstruieren, um neue Ausdrucksformen zu erschließen. Als Kunstwerk, als Spiel und als visionäres Experiment bleibt *Loom* ein Leuchtfeuer der Genregeschichte.

2.2 Das Design von Point & Click-Adventures

Der Aufbau des Bildschirms ist bei PCAs weit mehr als eine gestalterische Entscheidung – er ist funktional, atmosphärisch und narrativ wirksam. Das Interface vermittelt zwischen Spieler und Spielwelt, bestimmt das Tempo der Interaktion und beeinflusst, wie intuitiv das Lösen von Aufgaben wahrgenommen wird. Im Folgenden werden zentrale Evolutionsstufen dieses Designs anhand bedeutender Spiele vorgestellt.

2.2.1 Text-Interface: Mystery House

Mystery House gilt als eines der ersten grafischen Adventures überhaupt und steht exemplarisch für die Hybridform zwischen Text-Adventure und Bilddarstellung.

Bildschirmaufbau:
Der obere Bildschirmbereich zeigt eine einfache, schwarz-weiße Zeichnung des aktuellen Orts – oft nicht mehr als ein leerer Raum mit wenigen Linien. Der untere Teil besteht aus einer Textzeile zur Eingabe von Befehlen sowie einer laufenden Textausgabe der Spielbeschreibung.

Sinn und Zweck:
Die Grafik fungiert nicht als Interaktionsfläche, sondern als visuelle Orientierung. Gesteuert wird weiterhin ausschließlich über Texteingaben im Stil von „GO NORTH" oder „LOOK UNDER BED". Der Bildschirm ist strikt zweigeteilt: Oben Darstellung, unten Interaktion. Der Spieler muss sich das Geschehen weiterhin über Text vorstellen, erhält aber durch die Grafik eine vage Vorstellung von der Umgebung. Das Interface war revolutionär, weil es erstmals das visuelle Denken mit textbasierten Kommandostrukturen verknüpfte.

2.2.2 Grafik, Verben und Text-Inventar: Maniac Mansion

Mit *Maniac Mansion* führte Lucasfilm das SCUMM-System ein – ein Meilenstein der UI-Entwicklung (Abb. 2.1).

Bildschirmaufbau:
Das Interface ist in drei Zonen unterteilt: Oben befindet sich ein großer grafischer Darstellungsbereich mit der Spielszene sowie einem Bereich für zwei Zeilen Text für die Unterhaltungen zwischen Charakteren am oberen Bildschirmrand. Links unten zeigt das Spiel eine Liste mit 15 auswählbaren Verben (z. B. „Öffne", „Nimm", „Benutze") und rechts unten das Text-Inventar mit einer Objektliste. Aktionen werden durch Klicks auf Verb → Objekt → ggf. Zielobjekt kombiniert.

2.2 Das Design von Point & Click-Adventures

Abb. 2.1 Vorbild Maniac Mansion: Großer Grafikbereich, darunter Befehle und Inventar in Textform

Sinn und Zweck:
Das Interface erlaubt eine modulare Interaktion: Spieler „bauen" ihre Handlungen zusammen – etwa „Benutze Schlüssel mit Tür". Dadurch entsteht ein bewusstes, sprachlich reflektiertes Spielverhalten, das den Text-Parser von z. B. *Zork* ähnelt. Das UI zwingt zum Denken in Handlungslogik, fördert aber auch das Ausprobieren. Die grafische Szene selbst ist nicht interaktiv, sondern stellt nur dar und bietet Platz für Hotspots genannte Bereiche zum Anklicken. Die Bedienung wirkt zunächst komplex, ermöglicht aber ein umfassendes Verständnis für die Spielmechanik. Der Bildschirm wirkt dadurch wie ein Arbeitsfeld, rational, aber vollständig steuerbar.

2.2.3 Grafik und Text-Eingabe: Space Quest

Sierra setzte bis in die späten 1980er auf textbasierte Parser – auch in grafischen Spielen wie *Space Quest* (Abb. 2.2).

Abb. 2.2 Vorbild Space Quest: Großer Bildbereich mit Texteingabe im unteren Bereich

Bildschirmaufbau:
Auch hier ist der Bildschirm zweigeteilt: Oben befindet sich eine farbig dargestellte Spielszene, oft mit animierten Charakteren, die Spieler mit den Pfeiltasten bewegten. Drückten die Spieler eine Taste, erschien ein Textfenster zur Eingabe von Befehlen.

Sinn und Zweck:
Im Gegensatz zu *Mystery House* sind die Szenen hier wesentlich detaillierter – sie wirken wie handgezeichnete Comic-Panels. Doch die Steuerung bleibt rein textbasiert. Die Kombination aus freier Eingabe und fester Grafik sorgt für ein paradoxes Spielgefühl: Spieler sehen mehr, aber müssen präziser formulieren. Nur korrekt geschriebene Eingaben („PICK UP PAPER") werden erkannt – was zu Frust, aber auch zu kreativem Experimentieren führen kann. Die grafische Darstellung dient dabei fast wie ein „Bildrätsel", das auf verbale Lösung wartet.

2.2.4 Grafik, Verben und Icon-Inventar: Monkey Island

Der erste Höhepunkt des SCUMM-Systems war eine optimierte, nutzerfreundlichere Oberfläche, wie sie 1990 in *Monkey Island* und dem Nachfolger im Jahr 1991 Anwendung fand (Abb. 2.3).

Bildschirmaufbau:
Etwa 2/3 des Bildschirms waren für die großflächige Spielszene reserviert. Unten links waren nur noch 9 Verben dargestellt, gegenüber *Maniac Mansion* um drei reduziert. Unten rechts befand sich das Inventar mit grafischen Icons für Gegenstände.

Sinn und Zweck:
Die Reduktion der Verben (u. a. „Benutze", „Schaue", „Gib") sorgt für schnellere Interaktion. Durch Rechtsklick wählt das Spiel automatisch die logischste Aktion für ein Objekt – ein frühes Beispiel für kontextsensitives Design. Das Icon-basierte Inventar vereinfacht die Item-Nutzung und stärkt den visuellen Wiedererkennungswert. Insgesamt entsteht ein zugängliches, spielerisch leichtes Interface mit hohem Lesekomfort – ideal für humorvolle, absurde Spiele, bei denen der Fokus auf Ideenreichtum, nicht auf Eingabelogik liegt.

Abb. 2.3 Vorbild Monkey Island: Großer Bildbereich, Befehle in Textform, Inventar mit Icons

2.2.5 Vollbild mit Icons: The Dig

Mit *The Dig* verließ LucasArts 1993 das klassische SCUMM-Layout und entwickelte eine entschlackte, fast schon filmische Benutzeroberfläche.

Bildschirmaufbau:
Der Großteil des Bildschirms wird von der Spielszene eingenommen. Die klassische Verbleiste fehlt. Interaktionen werden durch Klicken auf Objekte ausgelöst, während das Inventar in einem Pop-up-Menü mit Icons organisiert ist. Gespräche werden über Icons geführt.

Sinn und Zweck:
Die Reduktion auf einen Vollbildmodus dient der Immersion. Der Bildschirm wirkt wie ein Filmstill: klare Bildkomposition, kein Interface-Rahmen, keine festen UI-Flächen. Nur bei Bedarf erscheint ein Menü oder das Inventar. Diese Unsichtbarkeit des Interfaces lenkt die Aufmerksamkeit vollständig auf die Story und die Atmosphäre – passend zum ernsten, fast spirituell angehauchten Ton des Spiels. Spieler werden visuell geführt, nicht durch Sprache oder Systeme – ein Schritt in Richtung cineastischer Narration.

2.2.6 Vollbild mit intelligentem Mauszeiger: Broken Sword

Broken Sword professionalisierte im Jahr 1996 den „Vollbild"-Ansatz und fügte ein dynamisches Mauszeiger-System hinzu (Abb. 2.4).

Bildschirmaufbau:
Der gesamte Bildschirm zeigt die aktuelle Szene, meist handgezeichnet in comicartigem Stil. Das Interface ist fast unsichtbar. Der Mauszeiger verändert sich je nach Kontext: Bei Gegenständen erscheint z. B. ein Lupensymbol für „Untersuchen", eine Hand für „Benutzen" oder ein Sprechsymbol bei NPCs. Das Inventar wird eingeblendet, wenn Spieler mit dem Mauszeiger an den unteren Bildschirmrand fahren. Am oberen Bildschirmrand konnte ein Menü eingeblendet werden.

Sinn und Zweck:
Das Spiel eliminiert klassische UI-Bestandteile zugunsten eines eleganten, intuitiven Systems. Der intelligente Cursor nimmt dem Spieler die Verbenauswahl ab – was zunächst wie eine Vereinfachung wirkt, ist in Wirklichkeit ein eleganter Komfortgewinn. Die Reduktion verhindert visuelle Überforderung, das Design wirkt klar und hochwertig. Die Spielszene wird zum zentralen Fokuspunkt. Besonders hervorzuheben: Das Icon-basierte Dialogsystem, das emotionale oder thematische Gesprächsoptionen symbolisiert, ohne Worte vorwegzunehmen.

2.2 Das Design von Point & Click-Adventures

Abb. 2.4 Vorbild Broken Sword: Vollbild, Inventar mit Icons, wenn Mauszeiger den unteren Bildschirmrand berührt

2.2.7 Direkte Steuerung & cineastisches Interface: Grim Fandango

Mit *Grim Fandango* verlässt LucasArts das klassische Point & Click vollständig – und bringt das erste Adventure in 3D.

Bildschirmaufbau:
Das Spiel läuft im Vollbildmodus, komplett ohne Maus. Spieler bewegen den Protagonisten direkt über Tastatur oder Gamepad durch vorgerenderte 3D-Szenen. Ein Inventory-Menü ist nur über Tastendruck sichtbar und erscheint als Kamerafahrt durch die Objekte in Mannys Mantelinnentasche.

Sinn und Zweck:
Die Steuerung orientiert sich an Konsolenspielen der Zeit und das Interface wird vollständig in die Spielwelt integriert. Das hat Vorteile für das filmische Storytelling: Kamerapositionen, Beleuchtung und Komposition sind festgelegt und wirken wie Szenen eines Films. Die UI tritt vollständig in den Hintergrund – auf Kosten der klassischen Bedienbarkeit. Viele Spieler empfanden das Interface als sperrig, doch es war ein bewusster Versuch, Adventures als „interaktive Filme" weiterzudenken. *Grim Fandango* zeigt, wie radikal sich Interface-Design verändern kann, wenn Narration und Immersion oberste Priorität erhalten.

2.3 Dialoge und Narration

Dialoge sind das narrative Herz vieler PCAs. Während Interaktionen mit der Spielwelt oft logisch-objektbezogen funktionieren, ermöglichen Gespräche emotionale Tiefe, Weltaufbau und Entscheidungsfreiheit. Der Bildschirmaufbau und die eingesetzte Dialogmechanik variieren je nach Epoche und gestalterischer Philosophie – vom reinen Textparser bis zur symbolbasierten Kommunikation ohne Sprache. Die folgenden Abschnitte zeichnen die Entwicklung exemplarisch nach. Zunächst aber die Evolution der Gespräche in PCAs anhand mehrere Bilder (Abb. 2.5, 2.6, 2.7 und 2.8).

2.3.1 Parser-basierte Eingaben: King's Quest

In den Anfängen der Adventure-Geschichte bestanden Konversationen im Prinzip aus manueller Texteingabe. Dialoge waren kein separater Modus, sondern Teil des allgemeinen Kommando-Parsers. Die Narration wurde in Overlays textlich vermittelt.

Abb. 2.5 Vorbild Sierra: Vollbild mit Text im Overlay

2.3 Dialoge und Narration 25

Abb. 2.6 Vorbild klassisch LucasArts: Textzeile mit Gespräch, hier ohne Verben und Inventar dargestellt

Bildschirmaufbau:
Der Bildschirm war in zwei Zonen geteilt: Oben eine grafische Darstellung des aktuellen Orts, unten ein Eingabefeld, in das der Spieler Befehle schrieb – etwa „SAY HELLO TO GUARD" oder „GET KEY". Beschreibungen oder Erzählungen wurden in einem Overlay über der aktuellen Grafik angezeigt.

Sinn und Zweck:
Diese Form ermöglichte theoretisch unbegrenzte Ausdrucksmöglichkeiten, verlangte aber exakte Formulierungen und war oft frustrierend. Gespräche hatten selten Einfluss auf den Spielverlauf, sondern dienten eher der Informationsweitergabe. Die Kommunikation war einseitig – Spieler „sprachen" mit der Welt, aber die Welt antwortete nur bedingt dynamisch. Der Bildschirm war ein Dialogfeld mit hoher Schwelle, aber großem kreativen Potenzial. Beinahe legendär ist der Satz „Ken sent me", der in Leisure Suit Larry Zugang zu einem Hinterzimmer gewährte.

Abb. 2.7 Vorbild Wadjet Eye: Vollbild mit Portraits, Konversation und Icons für Themen

Abb. 2.8 Vorbild Revolution und andere: Vollbild mit Narration über dem sprechenden Charakter

2.3.2 Dialog-Bäume und Multiple-Choice mit Einfluss: Monkey Island

In *Monkey Island* wurde die Multiple-Choice-Struktur aus *Maniac Mansion* um eine narrative Komponente erweitert: Der Spieler konnte nicht nur wählen, *was* gesagt wurde, sondern teilweise auch *wie,* abhängig von der jeweiligen Situation. Im Ergebnis war oft nur eine Antwortmöglichkeit richtig, die anderen sollten die Spieler unterhalten.

Bildschirmaufbau:
Die Szene bleibt im Vordergrund, während in einem separaten unteren Bereich drei bis fünf Dialogzeilen als Auswahl erscheinen. Oft enthalten sie humorvolle, provozierende oder absurde Optionen.

Sinn und Zweck:
Gespräche sind nun eigenständige Spielelemente. Etwa beim Beleidigungsfechten aus *Monkey Island* muss nicht nur Inhalte erfassen, sondern auch Tonfall, Humor und Strategie mitbedenken. Der Bildschirm fungiert als Dialogspielplatz: Entscheidungen wirken sich auf spätere Antworten aus, beeinflussen den Spielverlauf leicht oder verändern den Zugang zu Informationen. Das UI ist dabei schlank, die Auswahl erfolgt schnell, die Wirkung aber bleibt erinnerungswürdig.

2.3.3 Erzählgetriebene Dialoge mit Konsequenzen: Gabriel Knight

Mit *Gabriel Knight* verschiebt sich der Fokus auf ernsthafte Gespräche mit emotionaler Tragweite. Entscheidungen können hier über das Spieltempo oder sogar über das Weiterkommen entscheiden.

Bildschirmaufbau:
Dialoge erscheinen in einem separaten Fenster mit Themenschwerpunkten („Frage zu Familie", „Nach dem Tatort fragen"). Gleichzeitig bleibt die Spielszene sichtbar, aber inaktiv.

Sinn und Zweck:
Die Dialogführung dient nicht nur der Unterhaltung, sondern dem Fortgang der Ermittlungen. Falsche Reihenfolge oder zu frühes Nachfragen können zu Sperrungen führen – das UI wird so zum Werkzeug der Dramaturgie. Der Bildschirm trennt Dialog und Spielhandlung sichtbar, was die Bedeutung von Gesprächen unterstreicht. Der Spieler wird zum aktiven Fragesteller, nicht zum stummen Zuhörer – und trägt Verantwortung für die Wirkung seiner Worte.

2.3.4 Kontext-abhängige Konversation & Stimmungssysteme: The Longest Journey

In *The Longest Journey* werden Dialoge nicht nur zur Informationsvermittlung genutzt, sondern zur Charakterentwicklung und emotionalen Einbindung.

Bildschirmaufbau:
Dialogoptionen erscheinen kontextsensitiv am unteren Bildrand. Neben inhaltlichen Antworten gibt es oft auch emotionale Varianten (z. B. „zögernd fragen" vs. „direkt ansprechen"). Je nach Spielfortschritt verändern sich diese Optionen.

Sinn und Zweck:
Der Spieler kann Beziehungsebenen mit anderen Figuren mitgestalten. Einige Optionen werden nur verfügbar, wenn bestimmte Informationen zuvor gesammelt wurden – das UI belohnt Neugier und emotionale Intelligenz. Die Kamera bleibt dabei ruhig im Gespräch, fast wie in einem Close-up eines Films. Das Interface ist damit nicht nur funktional, sondern dramaturgisch bewusst gestaltet. Gespräche werden zu dynamischen, beziehungsorientierten Mini-Dramen.

2.3.5 Wortlose und symbolische Kommunikation: Fire / Machinarium

Moderne Indie-Adventures wie *Fire* oder *Machinarium* verzichten vollständig auf gesprochene oder geschriebene Sprache. Stattdessen erfolgt Kommunikation über Bilder, Piktogramme oder einfache Laute.

Bildschirmaufbau:
Wenn Charaktere „sprechen", erscheinen Sprechblasen mit Zeichnungen oder animierten Symbolen. Die Spielszene bleibt im Fokus, der Dialog wird visuell „eingezeichnet" – ähnlich einer Graphic Novel.

Sinn und Zweck:
Diese Form ermöglicht universelle Verständlichkeit, unabhängig von Sprache oder Lesefähigkeit. Die Spieler müssen Bedeutungen selbst erschließen – etwa indem sie deuten, warum eine Figur ein zerbrochenes Herz oder eine Uhr zeigt. Das Interface fördert Empathie und Assoziationsdenken statt Analyse. Der Bildschirm wird zur Projektionsfläche für Interpretation – ein mutiger, aber effektiver Schritt zur Reduktion bei gleichzeitiger Tiefe.

2.3.6 Nicht-lineare Gespräche, Lügen & Manipulation als Spielmechanik

Während klassische Konversationen oft rein informative oder atmosphärische Funktionen erfüllen, nutzen einige moderne Adventures das Dialogsystem selbst als aktives Spielfeld – etwa für soziale Manipulation, Täuschung oder moralisch mehrdeutige Entscheidungen. Gespräche werden hier nicht geführt, um *etwas zu erfahren,* sondern um *etwas zu bewirken.* Damit werden sie zum Mechanismus, der Handlung verändert, Vertrauen aufbaut oder untergräbt – vergleichbar mit einem „sozialen Rätsel".

2.3.6.1 Beispiel: Discworld Noir

Die Spielszene in *Discworld Noir* bleibt sichtbar, während ein separates Dialogbuch geöffnet werden kann. Dort sammelt der Spieler Gesprächsfetzen, Hinweise oder Themen, die in beliebiger Reihenfolge angesprochen werden können. Es gibt keine feste „Liste von Fragen", sondern ein dynamisches Archiv an Begriffen, die miteinander kombinierbar sind.

Sinn und Zweck:

Der Spieler übernimmt die Rolle eines Detektivs – und das Dialogsystem spiegelt diese Rolle direkt wider. Wer welche Information erhält, hängt nicht nur vom Fortschritt ab, sondern von der richtigen Anwendung der richtigen Gesprächsfetzen zur rechten Zeit. Der Bildschirm wird zur interaktiven Beweissammlung, die wie ein investigatives Puzzle funktioniert. Lügen können aufgedeckt, aber auch bewusst eingesetzt werden. Dialog wird zum Werkzeug strategischen Verhörs.

2.3.6.2 Beispiel: Blackwell Epiphany

Wie in klassischen PCAs bleibt die Szene in *Blackwell Epiphany* im Vordergrund, aber ein kontextsensitives, „MyPhone" genanntes System, erlaubt es, Gesprächsthemen zu verbinden – z. B. „Warum sagt Figur A X, wenn Figur B Y gesagt hat?" Die Verknüpfung von Informationen kann zu neuen Gesprächsoptionen führen. Gespräche werden in Wadjet Eye-Spielen üblicherweise mit Portraits der sprechenden Figuren mit Texten und Voiceover dargestellt.

Sinn und Zweck:

Das Gespräch wird hier zur Deduktionsmaschine: Nur wer Zusammenhänge erkennt, kann in der Geschichte weiterkommen. Spieler schalten neue Optionen nicht durch das Klicken auf Objekte frei, sondern durch kluges Nachdenken über Gehörtes. Das Interface unterstützt dies durch ein übersichtliches Themensystem, das an ein Gedächtnisprotokoll erinnert. Der Bildschirm wird zur Reflexionsfläche des Ermittlungsprozesses – eine Form von Meta-Spiel im Gespräch.

2.3.6.3 Beispiel: Unavowed

Bildschirmaufbau:
Die Dialoge in *Unavowed* werden vollständig ins Vollbild integriert. Der Spieler sieht die Gesprächspartner in Nahaufnahme, Dialogoptionen erscheinen darunter. Entscheidend ist: Die gewählte Figur im Team beeinflusst, *was* gesagt werden kann – unterschiedliche Charaktere eröffnen unterschiedliche Gesprächsoptionen.

Sinn und Zweck:
Gespräche funktionieren hier wie taktische Entscheidungsmomente. Die Wahl, wer spricht, beeinflusst den Spielverlauf genauso wie die Inhalte selbst. Wer z. B. mit einem Dämon spricht, wird mit einem Magier andere Optionen haben als mit einem empathischen Medium. Dialog wird damit zum strategischen Werkzeug – vergleichbar mit einem Zug in einem Rollenspiel. Der Bildschirm ist ein „sozialer Schachplatz", auf dem unterschiedliche Konstellationen ausprobiert werden können.

2.3.6.4 Fazit: Gespräche als aktives Gameplay

Diese Beispiele zeigen, wie weit sich Konversationen im Genre entwickelt haben – von linearen Informationskanälen hin zu komplexen, dynamischen Spielmechaniken. Der Bildschirm ist dabei längst kein statisches Textfeld mehr, sondern ein Spielfeld für Psychologie, Deduktion und Beziehungsdynamik. Der Spieler wird zum sozialen Architekten – seine Worte bauen Brücken oder reißen Mauern ein. Das Interface visualisiert nicht mehr nur Optionen, sondern eröffnet Perspektiven.

Diese Form der Konversationsgestaltung steht sinnbildlich für eine neue Generation von Adventures, in denen das gesprochene Wort nicht mehr nur „Zierde" ist, sondern zentrale Spielhandlung. Gespräche sind hier nicht der Weg *zum* Spiel, sie *sind* das Spiel.

2.4 Narration & Rätseldesign in Point & Click-Adventures

Das Erzählen einer Geschichte ist in PCAs keine Nebenerscheinung, sondern zentrales Prinzip. Anders als in vielen anderen Genres, in denen Narrative in Zwischensequenzen ausgelagert werden, verschmelzen Handlung und Gameplay im PCA zu einer untrennbaren Einheit. Rätsel sind nicht bloße Hindernisse, sondern dramaturgische Werkzeuge; Dialoge und Gegenstände nicht bloßes Beiwerk, sondern Träger der Geschichte. Die Frage lautet also, wie Adventures erzählen und was gutes Rätseldesign leisten kann.

2.4 Narration & Rätseldesign in Point & Click-Adventures

2.4.1 Lineare, verzweigte und modulare Erzählstrukturen

Klassische PCAs wie *Indiana Jones and the Last Crusade* folgen meist einem linearen Erzählfluss. Der Spieler bewegt sich von Kapitel zu Kapitel, mit nur minimalen Abweichungen im Ablauf. Diese Struktur erlaubte eine präzise Kontrolle über das Pacing, bot aber wenig Wiederspielwert.

In Spielen wie *Thimbleweed Park* hingegen kommen verzweigte Strukturen zum Einsatz. Hier beeinflussen Entscheidungen nicht nur den Dialog, sondern ganze Handlungsstränge. Manche Charaktere schalten neue Szenen frei, andere führen zu alternativen Lösungen. Diese Modularität fördert das Gefühl, Teil einer lebendigen Geschichte zu sein.

Lineare Strukturen bieten narrative Dichte und Kontrolle, verzweigte hingegen Freiheit und Identifikation. Beide haben ihre Berechtigung – entscheidend ist, dass die gewählte Struktur das Erleben der Geschichte sinnvoll unterstützt.

2.4.2 Umwelt als Erzähler: Environmental Storytelling

PCAs nutzen ihre Umgebungen nicht nur als Kulisse, sondern als aktiven Erzähler. Im Cyberpunk-Spiel *Beneath a Steel Sky* etwa vermittelt schon die Architektur der Räume, die Lichtstimmung oder die Platzierung von Objekten Informationen über die Welt und ihre Figuren.

Ein aufgeschlagenes Buch, ein leerer Bilderrahmen, ein vergilbter Zeitungsschnipsel – all das sind narrative Hinweise, die ganz ohne Worte eine Geschichte erzählen. Spieler lernen, nicht nur mit Figuren zu sprechen, sondern mit der Welt selbst. Diese Form des "Environmental Storytelling" macht aus dem Bildschirm eine erzählerische Landkarte, die nicht überlesen werden darf.

2.4.3 Rückblenden, Tagebücher und Perspektivwechsel

Komplexe Geschichten in PCAs bedienen sich oft narrativer Mittel, die aus der Literatur oder dem Film bekannt sind. Rückblenden in Zwischensequenzen wie in *Toonstruck*, Tagebuch-Einträge als sammelbare Erzählung wie in *Black Mirror*, oder der Perspektivwechsel zwischen mehreren spielbaren Charakteren wie in *Maniac Mansion* oder *Thimbleweed Park* strukturieren die Geschichte nicht nur, sondern geben ihr Tiefe.

Diese Mittel ermöglichen es, komplexe Zeitläufe, parallele Erzählstränge oder psychologische Innenwelten erfahrbar zu machen, ohne das eigentliche Gameplay zu verlassen. Das Interface bleibt dabei meist minimalistisch – etwa durch ein Tagebuch-Menü oder farblich codierte Kapitelwechsel. Der Bildschirm wird so zur Erlebniskarte verschiedener Erzählebenen.

2.4.4 Rätseltypen: Von Logik bis Mondlogik

Rätsel in Adventures lassen sich grob in drei Typen einteilen:

- **Deduktive Rätsel** sind klar strukturierte Aufgaben mit eindeutiger Lösung, z. B. ein Schloss mit Zahlenkombination.
- **Mechanische Rätsel** sind Interaktive Elemente wie Schaltpulte, Hebelmechanismen oder Lichtstrahl-Puzzles.
- **Mondlogik,** im Englischen „Lateral Logic" umfasst unkonventionelle Denkaufgaben, bei denen das Spielwissen oder die Denkweise der Entwickler wichtiger ist als Logik.

Jeder Rätseltyp erzeugt ein anderes Spielgefühl. Deduktive Rätsel fühlen sich "fair" an, Mondlogik-Rätsel hingegen erzeugen ein Gefühl von Insider-Humor oder Kreativität – vorausgesetzt, sie sind gut umgesetzt. Idealerweise mischen Spiele diese Typen, um sowohl analytische als auch assoziative Spielweisen zu bedienen.

2.4.5 Integrierte Rätsel vs. „Rätselinseln"

Ein Qualitätsmerkmal ist die Einbettung der Rätsel in die Erzählung. Integrierte Rätsel entstehen aus der Handlung heraus: Eine verschlossene Tür ist nicht einfach ein Hindernis, sondern erzählt von Trennung, Gefahr oder Geheimnis. Die Lösung des Rätsels bringt spielmechanischen Fortschritt aber auch narrativen Gewinn.

Im Gegensatz dazu stehen „Rätselinseln" – Minispiele oder Puzzle-Sequenzen, die isoliert vom Rest der Geschichte funktionieren. Beispielhaft sei hier das Kathedrale-Rätsel aus *Gabriel Knight 3* genannt. Diese Rätsel konnte aus dem Erzählfluss reißen, da es überkomplex mit sehr vielen Schritten absolviert werden musste.

Beide Formen haben ihre Berechtigung, solange sie rhythmisch und inhaltlich sinnvoll platziert sind. Entscheidend ist die Integration in das emotionale Erleben des Spiels.

2.4.6 Belohnungsmechaniken: Warum wir knobeln

Warum nehmen Spieler Rätsel auf sich? Die Belohnungen für das Knobeln sind unterschiedlich. So gibt es eine Narrative Belohnung, die ein neuer Dialog, eine Cutscene oder eine Enthüllung umfassen kann. Eine spielerische Belohnung gibt den Spielern Zugang zu neuen Räumen, Items oder Spielfunktionen. Und die Ästhetische Belohnung bringt visuelle Veränderungen, Musik oder Animationen mit sich.

Darüber hinaus wirken psychologische Belohnungssysteme: Wie Manfred Sommer beschreibt, spricht das Lösen von Rätseln das menschliche Bedürfnis nach Ordnung, Erkenntnis und Fortschritt an (Suchen und Finden, Sammeln). PCAs nutzen diese Motivation gezielt aus und geben dem Spieler das Gefühl, sich die Geschichte „verdient" zu haben (Sommer, 1999, Sommer, 2002).

2.4.7 Rhythmus und Taktung von Rätseln

Ein gutes Adventure ist nicht nur eine Abfolge von Rätseln, sondern eine Dramaturgie von Herausforderung und Entspannung. Rätsel dürfen weder zu dicht noch zu dünn gesät sein, müssen in ihrer Schwierigkeit ansteigen, aber gelegentlich auch Pausen gewähren.

Beneath a Steel Sky beherrscht dieses Pacing z. B. meisterhaft: Kleine, logische Aufgaben wechseln sich mit erzählerischen Passagen ab, Dialoge setzen emotionale Marker zwischen den Rätseln. Die Taktung erzeugt ein Wechselspiel von Denken und Fühlen, von Spannung und Lösung.

Rätsel sind damit nicht nur Herausforderung, sondern auch Rhythmusgeber der Geschichte.

2.5 Komfortfunktionen & Zugänglichkeit

Moderne PCAs müssen nicht nur erzählen und rätseln, sondern auch spielbar bleiben. Komfortfunktionen und Zugänglichkeit sind essenziell, um ein diverses Publikum zu erreichen und Frustration zu vermeiden.

Speichersysteme wie automatische Checkpoints oder unbegrenzte manuelle Speicherstände sorgen dafür, dass Fehlentscheidungen keine Sackgassen mehr bedeuten. Hotspot-Anzeigen oder optionale Hilfesysteme, z. B. Hinweisfunktionen wie in *Deponia*, entlasten Spieler, die sich nicht mit Pixel-Hunting – also der Suche nach Objekten – aufhalten wollen. Auch visuelle Kontraste, Untertitel, farblich codierte Dialogoptionen oder alternativ steuerbare Interfaces (z. B. für Screenreader oder Controller) sind zunehmend Standard.

2.6 Die Meta-Ebene: Selbstreflexivität im Genre

PCAs haben schon früh begonnen, sich selbst zu kommentieren. *Monkey Island* oder *Thimbleweed Park* durchbrechen bewusst die vierte Wand und reflektieren ihre Spielmechaniken: Die Protagonisten scheinen in die Kamera zu schauen, sprechen die Spieler direkt an oder machen Witze über die Eigenschaft ihrer Welt als Spiel.

Auch Dialoge, die das UI oder die Genrelogik persiflieren, gehören zu diesem Werkzeugkasten. Diese Selbstreflexion schafft nicht nur Humor, sondern auch Distanz – und macht sichtbar, dass das Adventure weiß, dass es ein Adventure ist. Eine bewusste Geste, die dem Genre eine eigene, postmoderne Tiefe verleiht.

2.7 Lerneffekte und Best Practices für ein modernes Point & Click-Adventure

Wer heute ein neues PCA entwickelt, steht vor einer Vielzahl gestalterischer Entscheidungen. Die folgenden Punkte fassen bewährte Prinzipien zusammen, die ein modernes PCA intuitiv, zugänglich und erzählerisch stark machen:

1. Interface-Design: Klarheit vor Komplexität
   - Verzicht auf überfrachtete Verbenleisten; stattdessen: Kontextcursor oder reduzierte Interaktionssymbole
   - Einblendbares Inventar, Hotspot-Anzeige per Tastendruck.
   - Mobile- oder Controller-tauglich denken (Touch, Pad, Maus gleichwertig).
2. Dialogsysteme: Spielerisch statt bloßer Information
   - Entscheidungsbasierte Dialogoptionen mit emotionaler oder thematischer Gewichtung.
   - Unterschiedliche Antwortstile fördern Immersion *(zögernd, sarkastisch, direkt)*.
   - Optional: Beziehungs- oder Stimmungssystem im Hintergrund.
3. Rätseldesign: Abwechslung & Integration
   - Mix aus logischen und mechanischen Rätseln ohne Mondlogik.
   - Rätsel nie isoliert, sondern narrativ motiviert (keine "Rätselinseln").
   - Optional: Dynamische Hilfefunktion, die Kontext bietet statt Lösung verrät.
4. Narration: Modular, aber klar geführt
   - Episodenstruktur oder verzweigte Handlungsoptionen fördern Wiederspielwert.
   - Spielwelt „erzählt" mit Überresten, Tagebüchern, Umgebungsdetails.
   - Perspektivwechsel für Tiefe und Dynamik nutzen.
5. Komfort & Zugänglichkeit: Von Anfang an mitdenken
   - Hotspot-Highlight, Speicheroptionen, Untertitel, barrierefreie Steuerung.
   - Visuelle Klarheit, Farbkontraste, einfache Sprache bei Bedarf.
   - UX-Testen mit unterschiedlichen Zielgruppen (auch Einsteiger).

Ein „perfektes" modernes PCA ist kein nostalgischer Aufguss, sondern ein Spiel, das die Essenz des Genres ernst nimmt und gleichzeitig heutige Erwartungen an Zugänglichkeit, Komfort und narrative Tiefe erfüllt. Nicht die Frage "Verben oder Icons?" steht am Anfang, sondern: "Welche Geschichte will ich wie erlebbar machen?".

Literatur

Cole, B. (n.d.). Accessibility in Games. BrandonCole.net, Abgerufen 24. März 2025, https://www.brandoncole.net/?p=128

Sommer, M. (1999). *Sammeln: Ein philosophischer Versuch*. Frankfurt am Main: Suhrkamp.

Sommer, M. (2002). *Suchen und Finden: Lebensweltliche Formen*. Frankfurt am Main: Suhrkamp.

Und die in Kapitel 1 in der Einführung genannte Literatur zu PCAs.

Ludographie

Burst Studios / Virgin Interactive. (1996). *Toonstruck* [PC game].
Daedalic Entertainment. (2012). *Deponia* [PC game].
Daedalic Entertainment. (2015). *Fire: Ungh's Quest* [PC game].
Funcom. (1999). *The Longest Journey* [PC game].
Future Games. (2003). *Black Mirror* [PC game].
Galactic Cafe. (2013). *The Stanley Parable* [PC game].
House on Fire. (2013). *The Silent Age* [PC game].
LucasArts. (1992). *Indiana Jones and the Fate of Atlantis* [PC game].
LucasArts. (1995). *The Dig* [PC game].
Terrible Toybox. (2017). *Thimbleweed Park* [PC game].
Terrible Toybox. (2022). *Return to Monkey Island* [PC game].
The Fullbright Company. (2013). *Gone Home* [PC game].

Eine kurze Geschichte der Point & Click-Adventures 3

Inhaltsverzeichnis

3.1	1978–1982: Der Ursprung – Text als Abenteuer	39
3.2	1983–1987: Erste grafische Abenteuer & Hollywood entdeckt Spiele	41
3.3	1988–1992: Der goldene Aufstieg von LucasArts & Sierra	42
3.4	1993–1997: Jetzt neu, die CD-ROM	43
3.5	1998–2002: Das Genre stirbt… und überlebt dank Deutschland	44
3.6	2003–2007: Telltale Games und der Beginn der Indie-Renaissance	46
3.7	2008–2012: Kickstarter und das große Revival des Adventure-Genres	47
3.8	2013–2017: Experimente und das endgültige Ende von LucasArts	48
3.9	seit 2018: Nostalgie trifft Moderneseit 2018: Nostalgie trifft Moderne	49
	3.9.1 Retro-Remakes und die Renaissance alter Klassiker	50
3.10	Warum Pixel-Art-Adventures heute noch beliebt sind	51
3.11	Zitate	51
Literatur		52

> Spiele sind ja immer eine sehr persönliche Sache. Man bevorzugt vielleicht ein Genre, eine Grafik, PC oder Konsole, C64, Amiga oder Atari ST. Trotzdem lassen sich einige Dinge mit Sicherheit sagen: Mit weit über 600 Einzeltiteln und Serien ist das Genre der Point & Click-Adventures keine Eintagsfliege. Und ich kann aus der Erinnerung sagen, dass es kaum jemanden gab, der die nicht mochte oder gespielt hat. Bis auf Jens aus der fünf vielleicht…

Es beginnt mit einer Tür.

Egal, ob es eine massive Holztür wie in *Colossal Cave Adventure* ist, die sich mit einem simplen „OPEN DOOR" öffnen lässt oder die knarzende Eingangstür der Villa in *Maniac*

Mansion, hinter der Dr. Fred und seine seltsame Familie lauern. PCAs und ihre textbasierten Vorläufer waren von Anfang an ein Versprechen. Ein Versprechen auf Geheimnisse, auf Geschichten, auf Rätsel, die gelöst werden mussten, um weiterzukommen. Und sie führen immer wieder an Orte, die so skurril, witzig, verrückt oder unheimlich waren, dass sie unvergesslich wurden. Verrückt? Ja, in *Maniac Mansion 2: Day of the Tentacle* wurde *Maniac Mansion* beinahe wörtlich mit Tollhaus übersetzt und Bernard sagt im Intro denn auch markig „Wir müssen zurück, zurück ins Tollhaus".

Schon gesehen, wie sich das Mondlicht im seichten Wasser der Docks bei der Scumm Bar in *The Secret of Monkey Island* spiegelt? Oder die Gassen von Mêlée Islands Hauptstadt erkundet und Rothenburg ob der Tauber gefunden? Tatsache ist: Es gibt kaum ein anderes Genre, das sich so sehr anfühlt wie eine Reise in eine künstliche, aber künstlerische und lebendige Welt. Es ist eine Welt, die über Jahrzehnte hinweg gewachsen ist, voller kreativer Köpfe, ambitionierter Studios und waghalsiger Experimente.

Die Geschichte beginnt 1978 mit *Zork*. Sie nimmt Fahrt auf, als Sierra Online und Lucasfilm Games bzw. nach dem Umbenennen dann LucasArts das Abenteuer in PCAs visuell erfahrbar machen, und sie findet sich in den späten 1980ern und frühen 1990ern auf einem Höhepunkt wieder, als Hollywood-Regisseure wie George Lucas und Steven Spielberg sich für das Genre begeistern. George Lucas erkennt früh, dass interaktive Geschichten ein neues Medium sind und legt mit seinem hauseigenen Spieleteam und *Maniac Mansion* im Jahr 1987 den Grundstein für einige der einflussreichsten Adventures aller Zeiten. Steven Spielberg ist es, der *The Dig* anstößt – eine Geschichte, die eigentlich als Film geplant war und erst nach drei Überarbeitungen zu einem der ambitioniertesten LucasArts-Spiele wird.

Und dann, wie in einer klassischen Heldenreise, kommt der Entscheidungskampf: 3D-Grafik in Third-Person-Ansicht, Tank-Mechanik, veränderte Märkte, die Sehnsucht nach schnellerer, direkterer Unterhaltung. Alles scheint darauf hinzuarbeiten, dass das Point-and-Click-Genre verschwindet. Doch während LucasArts sich von Adventures verabschiedet und Sierra Online verkauft wird, bleibt eine Insel der Glückseligen bestehen: Deutschland und weitere Teile Europas. Während internationale Märkte auf First-Person-Shooter und Echtzeitstrategie setzen, verkaufen sich *Runaway* von Péndulo Studios aus Spanien und *Deponia* von Daedalic Entertainment aus Hamburg sehr gut. Sie sorgen dafür, dass das Genre nicht ganz verschwindet. Kickstarter erweckt es schließlich erneut zu internationalem Leben, Ron Gilbert *(Monkey Island)* und Tim Schaefer *(Day of the Tentacle)* kehren mit neuen Ideen zurück und Indie-Entwickler wagen sich an narrative Experimente, die den Geist der klassischen Adventures mit modernen Ansätzen verbinden.

Und ganz sicher stammt die Idee für Interactive Fiction, wie wir das Genre heute nennen, von einer noch viel Älteren ab: Den modernen „Choose Your Own Adventure"-Büchern, die konzeptionell wahrscheinlich auf den Argentinier Jorge Luis Borges zurückgehen. Sein Werk *The Garden of Forking Paths* bzw *El jardín de senderos que se bifurcan* von 1941 verwendet parallele Erzählstränge und Universen und wird als die ursprüngliche Quelle gesehen.

Dieses Kapitel erzählt die Geschichte dieser Entwicklung. Und es erzählt sie nicht nur anhand klassischer PCAs, sondern auch durch die engen Verwandten des Genres: Textadventures wie das bereits erwähnte *Zork*, hybride Grafik/Text-Parser-Spiele wie *King's Quest* oder *Space Quest* und auch narrative Experimente wie *Myst,* das auf eine klassische Steuerung verzichtet und doch eine der immersivsten Adventure-Erfahrungen seiner Zeit bietet.

Es beginnt mit einer Tür. Und es gibt nur eine Möglichkeit herauszufinden, was dahinter liegt: Darauf zeigen und „öffne Tür" anklicken.

3.1   1978–1982: Der Ursprung – Text als Abenteuer

Diesmal beginnt es in einem dunklen Wald mit einer Taschenlampe, die fast leer ist. Und einer ebenfalls sehr simplen Texteingabe: „GO WEST".

So oder so ähnlich sah der erste Kontakt vieler Spieler mit *Colossal Cave Adventure,* später nur noch *Adventure* genannt, aus, dem Spiel, das heute als Urvater des Adventure-Genres gilt. Entwickelt von Will Crowther war dieses textbasierte Abenteuer nicht nur ein technisches Experiment, sondern der Beginn einer neuen Art des Geschichtenerzählens.

Mitte der 1970er Jahre arbeitete Will Crowther, ein begeisterter Höhlenforscher und Programmierer, für Bolt, Beranek and Newman – eine Firma, die an der Entwicklung des Internets beteiligt war. In seiner Freizeit wollte er ein Programm schreiben, das seine Liebe zur realen Höhlenforschung mit seiner Leidenschaft für Computerspiele verband. Das Ergebnis war ein schlichtes, aber faszinierendes Spiel: Eine virtuelle Höhle, die man per Texteingabe erkunden konnte.

„GO NORTH. GET LAMP. INVENTORY." – simple Befehle, die eine Welt erweckten.

Doch es war erst Programmierer Don Woods, der Crowthers Arbeit entdeckte und das Spiel um Fantasie-Elemente erweiterte. Plötzlich bevölkerten Zwerge, Schlangen und magische Objekte die Höhle, und *Colossal Cave Adventure* wurde zur Blaupause für ein ganzes Genre.

> Eines der bekanntesten Probleme im Spiel war die limitierte Batterielaufzeit der Lampe. Wer zu lange in der Höhle umherirrte, stand plötzlich im Dunkeln und starb. Das führte dazu, dass Spieler gezwungen waren, sich Notizen zu machen, Wege zu optimieren und die richtige Reihenfolge der Aktionen zu finden. Das Mapping der Spielwelt war erfunden und stellte sich als für viele Spiele unbedingt notwendig heraus.

Zork: Wenn Text zu einer Welt wird
Während *Colossal Cave Adventure* eine lose verbundene Reihe von Höhlenräumen war, entwickelte sich mit *Zork* das erste wirklich ausgearbeitete narrative Textadventure. Programmiert am Massachusetts Institute of Technology (MIT) von den sogenannten „Dungeon-Masters", einer Gruppe von Informatikstudenten, war *Zork* viel mehr als nur eine Kopie von *Adventure*. Hier gab es einen starken Parser, der nicht nur einfache Zwei-Wort-Befehle wie „GET LAMP" verstand und in Befehle für das Spiel übersetzte, sondern auch komplexe Sätze wie „OPEN THE WOODEN DOOR WITH THE BRASS KEY."

Damit fühlte sich die Spielwelt echter an, greifbarer. Die Spieler bewegten sich durch ein unterirdisches Reich voller Rätsel, humorvoller Beschreibungen und absurder Situationen. Die berüchtigte „grue" – eine Kreatur, die Spieler im Dunkeln fraß – wurde zu einem Running Gag des Genres. Mit der Gründung von Infocom 1979 begann die kommerzielle Ära der Textadventures. *Zork I* wurde 1980 für Heimcomputer veröffentlicht und wurde ein Riesenerfolg.

> *Zork* ließ Spieler gnadenlos sterben, wenn sie zu lange ohne Licht unterwegs waren. Doch anstatt einer nüchternen Meldung wie „Game Over" erhielt man den legendären Satz: „It is pitch black. You are likely to be eaten by a grue." Niemand wusste genau, wie eine „grue" aussah, aber jeder Spieler fürchtete sie.

Textadventures erobern Heimcomputer
Mit der wachsenden Verbreitung von Heimcomputern wie dem Apple II, dem Commodore PET und etwas später dem IBM PC begannen immer mehr Entwickler, Textadventures als ernstzunehmendes Medium zu betrachten.

- Infocom veröffentlichte zwischen 1979 und 1989 zahlreiche *Zork*-Nachfolger und experimentierte mit neuen Settings (*Deadline* – ein Krimi oder *Suspended* – ein Sci-Fi-Spiel mit mehreren steuerbaren Charakteren).
- Andere Firmen wie Adventure International von Scott Adams entwickelten zwischen 1979 und 1986 einfachere, aber dennoch unterhaltsame Adventures für den Massenmarkt, die sich um Piraten (*Pirate Adventure*, 1979) drehten oder im Weltraum spielten (*Strange Odyssey*, 1979).
- In Großbritannien begann Level 9 im Jahr 1981 mit der Produktion textbasierter Spiele, die mit atmosphärisch besonders dichten Beschreibungen überzeugten. Bis 1991 wurden rund zwei Dutzend Text-Adventures und Spiele aus anderen Genres hergestellt.

Während aber viele spätere Spiele mit beeindruckender Grafik und Sprachausgabe auftrumpfen sollten, bleibt das Abenteuer bis heute dasselbe: Eine dunkle Höhle. Eine Tür. Und die Frage: „Was tust du als Nächstes?".

Colossal Cave Adventure und *Zork* legten den Grundstein für alles, was folgte. Sie etablierten nicht nur das Prinzip des explorativen Spiels, sondern auch Rätselmechaniken, die später in grafischen Adventures übernommen wurden. Die Idee, dass ein Spiel eine Geschichte erzählt – und dass der Spieler aktiv in diese Geschichte eingreifen kann – wurde in diesen frühen Jahren geboren.

3.2 1983–1987: Erste grafische Abenteuer & Hollywood entdeckt Spiele

Jetzt beginnt es mit farbigen Strukturen vor einigen anderen farbigen Strukturen.

Ein kleines Männchen, nur ein paar Pixel groß, steht vor einer Schlossruine. Der Spieler tippt: „OPEN DOOR". Doch die Tür bleibt verschlossen – es braucht den richtigen Schlüssel. So sieht die Revolution aus, als 1983 *King's Quest* erscheint. Sierra On-Line, ein kleines Studio in den USA, macht aus Textadventures ein visuelles Erlebnis und läutet damit eine neue Ära ein.

Währenddessen, im weit weit entfernten Hollywood, bemerkt George Lucas, dass Videospiele mehr sein könnten als simple Highscore-Jagden: Er gründet LucasArts und erlebt und fördert die Geburtsstunde der PCAs.

King's Quest und der Beginn der grafischen Adventures
Bis Anfang der 80er bestand ein Adventure aus Text. Doch als IBM 1983 ein Spiel für seinen neuen PCjr brauchte, bekam Roberta Williams, Gründerin von Sierra On-Line, eine bahnbrechende Idee:

> „Warum nicht eine Welt erschaffen, in der
>
> der Spieler eine Figur direkt steuern kann?"
>
> (Roberta Williams, 1983).

King's Quest war das erste Spiel, das eine Mischung aus textbasierter Eingabe und freier Charakterbewegung in einer grafischen Umgebung bot. Statt „GO NORTH" zu tippen, bewegte man Protagonist Ritter Graham per Tastatur oder Joystick durch eine farbenfrohe, märchenhafte Welt. Der Erfolg gab Ken und Roberta Williams Recht: *King's Quest*, das auf klassischen Märchen basiert, wurde der erste Blockbuster unter den Adventure-Spielen und sicherte Sierra einen Platz an der Spitze des Genres.

> Roberta Williams kam die Idee zu *King's Quest*, als sie mit ihrem Mann Ken durch den Wald spazierte. „Ich wollte ein Märchen erzählen, aber es sollte nicht nur auf Papier existieren. Ich wollte, dass man es erleben kann", erinnerte sie sich später.

LucasArts und die Revolution des Point-and-Click-Adventures
Während Sierra das erste grafische Adventure veröffentlichte – schon damals konnte man vortrefflich sterben – entwickelte LucasArts eine alternative Vision: Spiele, die ohne frustrierende Sackgassen und tödliche Fehler auskamen. Das erste LucasArts-Adventure mit Point & Click-Mechanik, *Maniac Mansion,* führte 1987 eine bahnbrechende Steuerung ein: Statt Texteingaben zu tippen, klickte der Spieler auf Verben wie „Öffnen" oder „Benutzen", kombinierte sie mit Objekten und erstellte so einen Befehl.

Diese Point-and-Click-Steuerung wurde zum Markenzeichen von Klassikern wie *Monkey Island, Indiana Jones and the Fate of Atlantis* oder *Day of the Tentacle.* Zudem legte LucasArts großen Wert auf Humor und erzählerische Qualität – ein Gegensatz zur oft ernsten Märchenwelt von Sierra.

> Bei der Entwicklung von *The Secret of Monkey Island* ließ sich Ron Gilbert von Disneyland inspirieren: „Ich wollte ein Piratenspiel machen, das sich anfühlt wie die 'Pirates of the Caribbean'-Attraktion – voller Geheimnisse, Humor und ohne wirkliche Gefahr", schreibt er in seinem Blog auf grumpygamer.com (Gilbert, 2007).

LucasArts' Philosophie, den Spieler nicht durch unfaire Tode oder Sackgassen zu bestrafen, machte ihre Adventures einzigartig und unvergesslich.

Das Fundament für die goldene Ära
Mit dem SCUMM-System von LucasArts und den epischen Märchenwelten von Sierra waren die Grundlagen für das nächste Jahrzehnt gelegt. Die nächsten Jahre sollten das Genre zur Hochphase führen – mit Spielen wie *Monkey Island, Indiana Jones, Space Quest* und vielen mehr.

Und so enden die 80er mit einer neuen Tür, die sich öffnet – diesmal nicht durch Tippen, sondern durch einen Mausklick.

3.3 1988–1992: Der goldene Aufstieg von LucasArts & Sierra

Es beginnt mit einem Piraten und dem weltberühmten Beleidigungs-Duell.

Ein junger Mann mit blonden Haaren und einem Mantel, der etwas zu groß für ihn ist, steht auf einer karibischen Insel und verkündet stolz:

„Mein Name ist Guybrush Threepwood, und ich will Pirat werden!"

Diese Worte markieren 1990 den Beginn eines der legendärsten Adventures aller Zeiten – *The Secret of Monkey Island*. Doch sie stehen auch für den Höhepunkt einer ganzen Ära. In diesen Jahren entstehen die Spiele, die das Genre definieren, prägen und bis heute geliebt werden.

Sierra und LucasArts liefern sich ein stilles, aber spannendes Duell: Wer erzählt die besseren Geschichten? Wer bietet die clevereren Rätsel? Und vor allem – wessen Spiele lassen die Spieler öfter sterben?

Sierra expandiert – mehr Abenteuer, mehr Tragödien
Sierra On-Line ruhte sich nicht auf den frühen Erfolgen aus. Statt nur auf Fantasy-Märchen zu setzen, diversifizieren sie ihr Portfolio. So entstehen einige Serien, in denen Klassiker veröffentlich wurden. So bringt *Space Quest* Science-Fiction und Humor in die Adventure-Welt. *Police Quest* setzt auf realistische Polizeiarbeit – inklusive Führerschein-Kontrollen und Papierkram. Und *Leisure Suit Larry* etabliert die erotische Comedy-Schiene.

Doch dann passiert etwas Unerwartetes: Sierra wird düster.

1993 erscheint *Gabriel Knight: Sins of the Fathers*, ein Adventure, das nicht nur mit seinem ernsten Thema – okkulte Morde in New Orleans – überrascht, sondern auch mit einem neuen Erzählniveau. Statt Cartoon-Humor setzt das Spiel auf echte Thriller-Atmosphäre.

> Jane Jensen, die Schöpferin von *Gabriel Knight,* wollte „ein Adventure für Erwachsene" erschaffen – mit komplexeren Charakteren und echter Dramatik. Sierra war skeptisch, doch das Spiel wurde ein Hit.

3.4 1993–1997: Jetzt neu, die CD-ROM

Es beginnt mit einem leeren Bildschirm.

Kein blinkender Cursor, keine Pixelkunst – nur eine düstere, atmosphärische Musik und das Geräusch von Wind, der durch eine surreale Landschaft fegt.

Dann tauchen Worte auf: „*Myst* ist anders."

1993 verändert ein Spiel das Adventure-Genre und spaltet es zugleich. Denn während LucasArts und Sierra ihre besten klassischen Adventures veröffentlichen, markiert das Spiel von Cyan Worlds den Beginn einer neuen Strömung: Adventures ohne Charaktere, ohne klassische Inventar-Rätsel, mit minimalistischer Steuerung und fotorealistischen Hintergründen.

Doch *Myst* ist nicht die einzige Veränderung dieser Zeit. Denn bis Anfang der 90er waren Adventures von den technischen Limitierungen der Disketten abhängig, vor allem dem Speicherplatz. Doch mit der Einführung der CD-ROM – auf die der Inhalt von mehr als 400 Disketten passte – eröffnen sich völlig neue Möglichkeiten. So wurde schnell die Vollvertonung zum Standard. Fortan mussten Dialoge nicht mehr nur gelesen, sondern können gehört werden. Hochauflösende Hintergründe ersetzen pixelige Grafiken und Kinoreife Zwischensequenzen machen Adventures filmischer. Das erste große Spiel, das diese neue Technologie in vollem Umfang nutzt? *Myst*.

> Obwohl es für viele klassische Adventure-Fans kein echtes Adventure war, wurde *Myst* zum meistverkauften PC-Spiel seiner Zeit. Grund dafür war die einfache Point-und-Click-Steuerung. Das Spiel konnte auch von Nicht-Gamern gespielt werden und war auch auf Konsolen wie dem Sega Saturn sehr gut spielbar.

Doch während *Myst* eine neue Zielgruppe erschließt, setzen Sierra und LucasArts auf die bewährte Formel – nur eben auf CD.

Hollywood trifft auf Adventures: Spielberg, The Dig & mehr
Während LucasArts sich auf eigene Marken konzentrierte, begann Steven Spielberg, ein enger Freund von George Lucas, sich für Adventures zu interessieren. Er war ein begeisterter Spieler und hatte sogar die Idee für ein eigenes Adventure:

„Was wäre, wenn ein Team von Astronauten auf einem fremden Planeten strandet?"

Diese Idee von 1989 wurde zu *The Dig,* dessen Entwicklung sich jedoch hinzog. Eigentlich sollte es ein Sci-Fi-Filmprojekt von Steven Spielberg sein, doch die Realisation wäre zu teuer gewesen. Bis jemand vorschlug, es als PCA zu entwickeln.

Die Entwicklung war chaotisch: Drei Teams arbeiteten fünf Jahre an *The Dig,* schrieben die Story mehrfach um und erst 1995 wurde das Spiel fertig. Trotz der epischen Präsentation im Comicstil war es aber vielen Spielern zu ernst und schwer.

Mit der neuen Technik entstehen auch Adventures, die sich wie interaktive Filme anfühlen. Zwei große Titel von Sierra On-Line stehen für diesen Wandel. Hollywood-Schauspieler Tim Curry etwa sprach den Protagonisten Gabriel Knight im düsteren Mystery-Adventure *Gabriel Knight: Sins of the Fathers*. Und Roberta Williams setze 1995 den interaktiven Horrorfilm Phantasmagoria mit echten Schauspielern und FMV-Szenen um.

Das letzte große Hoch kündigte sich mit mehreren Titel von LucasArts auf CD-ROMs an: *Full Throttle, The Dig* und *Monkey Island 3* – allesamt hochwertige Titel mit toller Präsentation, Soundtrack und Grafik. Gleichzeitig verlor Sierra an Bedeutung und wurde nach der Übernahme durch Activision neu strukturiert. Adventures verloren schnell an Bedeutung. Zudem kündigte sich eine neue Ära an: 3D-Grafik, Open-World-Spiele und Echtzeit-Action waren auf dem Vormarsch. Und das bedeutet für Adventures eine ungewisse Zukunft.

3.5 1998–2002: Das Genre stirbt… und überlebt dank Deutschland

„LucasArts hat entschieden, sich auf andere Genres zu konzentrieren."

„Sierra wird restrukturiert – Adventures sind nicht mehr profitabel."

„Das Zeitalter der Point-and-Click-Spiele ist vorbei." – Meldungen, die Adventure-Fans nicht gefielen.

3.5 1998–2002: Das Genre stirbt... und überlebt dank Deutschland

In den späten 1990ern scheint das Adventure-Genre am Ende. Shooter wie *Half-Life* und *Unreal* revolutionieren den Markt, während Open-World-RPGs wie *The Elder Scrolls III: Morrowind* Maßstäbe setzen. Sierra wird von Havas Interactive verkauft und in Vivendi Games integriert, LucasArts stellt keine Adventures mehr her, und selbst kleinere Studios wenden sich anderen Genres zu. Doch während der Rest der Welt Adventures für tot erklärt, passiert in Deutschland etwas Überraschendes: Das Genre lebt weiter und gedeiht.

LucasArts verlässt das Adventure-Genre
Denn 1998 veröffentlicht LucasArts *Grim Fandango*. Ein Adventure-Meisterwerk von Tim Schafer, das auf 3D-Charakteren und direkter „Tank"-Steuerung basiert. Es ist stilistisch brillant, hat eine einzigartige Geschichte, eine Jazz-Soundtrack-Untermalung und einige der besten Dialoge des Genres.

LucasArts hatte große Hoffnungen in das Spiel gesetzt. Doch es verkauft sich nicht gut genug und der Markt hatte sich verändert – *Grim Fandango* erschien im selben Jahr wie *Half-Life* und *The Legend of Zelda: Ocarina of Time*. Gegen diese auch mit viel Marketing in den Markt gebrachten Spiele hatte Grim keine Chance.

2000 folgt *Escape from Monkey Island*, das als letztes LucasArts-Adventure gilt. Doch es kann nicht mehr an die alten Erfolge anknüpfen. Die 3D-Grafik wirkte hölzern. Die Steuerung mit Tastatur und Controller war umständlich und das Spiel verlor den Charme der Vorgänger. LucasArts zog endgültig den Stecker – Adventures gehören nicht mehr zur Unternehmensstrategie.

Sierra fällt auseinander
Auch Sierra erlebt in den Jahren 1998 und 1999 sein letztes Kapitel. Mit *King's Quest: Mask of Eternity* enttäuschte man im Jahr 1998 die Fans, da das klassische Adventure in ein Action-RPG verwandelt wurde. *Gabriel Knight 3* im Jahr 1999 experimentierte mit 3D und freier Bewegung. Doch die klobige Grafik und das berüchtigte „Katzenbart-Rätsel" sorgen für Kritik, siehe auch Kap. 6 über 2D & 3D. Bis 2002 existiert Sierra nur noch als Markenname. Alle Entwickler waren entlassen worden oder wechselten das Genre.

Europa rettet das Adventure-Genre
Während LucasArts und Sierra das Genre aufgeben, entstehen in Deutschland neue Studios, die sich voll und ganz dem PCA verschreiben.

- 2000 kommt *The Longest Journey* aus Norwegen auf den Markt und zeigt, dass Geschichten in PCAs komplex und erwachsen sein können.
- 2001 veröffentlichen Péndulo Studios den ersten *Runaway*-Teil, der auch in Deutschland gut ankommt.
- 2002 bringt Benoît Sokal mit *Syberia* eine kunstvoll erzählte, melancholische Geschichte ins Genre.

- 2003 erscheint das humorvolle *The Westerner* des spanischen Studios Revistronic.
- 2005 wird *Ankh* vom deutschen Studio Deck 13 veröffentlicht. Es ist eine Hommage an klassische LucasArts-Adventures, mit charmanten Cartoon-Grafiken.

Während der weltweite Markt sich neuen Genres zuwandte, blieben Adventures in Europa und besonders in Deutschland beliebt. Hier gab es eine treue Fanbase, die Adventures aus den 90ern weiterhin kaufte, eine starke Magazin-Kultur (z. B. *PC Games* (PC Games, n. d.) und *GameStar* (GameStar, n. d.), die das Genre unterstützte. Und die Lokalisierungen waren oftmals besser als die Originale – vor allem bei humorvollen Spielen.

Große Publisher meiden das Genre trotzdem und selbst viele Spieler halten Adventures für eine aussterbende Art von Spielen.

PCAs köcheln auf Sparflamme weiter.

3.6 2003–2007: Telltale Games und der Beginn der Indie-Renaissance

Es beginnt mit einer Kündigungswelle.

2004 entlässt LucasArts fast das gesamte Adventure-Team. Projekte wie *Sam & Max: Freelance Police* werden gestrichen, weil „Adventures nicht mehr rentabel" seien. Es scheint der endgültige Todesstoß für das Genre zu sein. Die ehemaligen LucasArts-Entwickler Kevin Bruner, Dan Connors und Troy Molander gründen 2004 ein eigenes Studio und nennen es Telltale Games, um das Adventure-Genre wiederzubeleben.

Ihr Ansatz: Episodische Spiele, die regelmäßig erscheinen, mit einem starken Fokus auf Storytelling statt komplexer Rätsel. Zum Einsatz kommen soll eine Mischung aus klassischem Point-and-Click und modernen Erzähltechniken.

Ihr erstes großes Projekt ist im Jahr 2006 *Sam & Max: Season 1*. Die Rückkehr der kultigen Freelance-Polizisten funktioniert: Die humorvollen Episoden zeigen, dass das Adventure-Genre noch immer eine treue Fangemeinde hat.

Das Indie-Zeitalter beginnt

Während Telltale mit Episoden-Adventures experimentiert, entstehen in Europa und den USA immer mehr kleine Studios, die klassische PCAs entwickeln. Amanita Design aus Brünn in Tschechien veröffentlicht im Jahr 2003 *Samorost,* ein surreales Point-and-Click-Spiel ohne Dialoge. Wadjet Eye Games aus New York veröffentlicht im Jahr 2006 das von Gründer Dave Gilbert geschriebene *The Blackwell Legacy* – ein Indie-Adventure mit Pixelgrafik und starker Story und der erste von fünf Teilen. Und Carsten Fichtelmann gründet in Hamburg Daedalic Entertainment und Jan Müller-Michaelis (Poki) beginnt mit der Entwicklung von *Edna bricht aus,* das im Jahr 2008 erscheint.

Die Studios setzen nicht auf große Budgets oder aufwendige Grafik, sondern auf gutes Storytelling, kreatives Gameplay und einzigartige Stile.

3.7 2008–2012: Kickstarter und das große Revival des Adventure-Genres

2012 veröffentlicht Telltale Games *The Walking Dead* – ein Adventure, das anders ist als alles zuvor. Keine klassischen Inventar-Rätsel, keine Point-and-Click-Steuerung, aber eine der emotionalsten Spielerfahrungen der letzten Jahre: Im Spiel sind jede Menge moralische Entscheidungen zu treffen und jede Entscheidung hat Konsequenzen – bis hin zum Tod eines Charakters. *The Walking Dead* wird mit 8,5 Mio. verkaufter Einheiten ein weltweiter Erfolg und beweist, dass das Adventure-Genre noch lange nicht tot ist.

Doch es ist nicht nur Telltale, das Adventures wieder ins Rampenlicht bringt. Parallel dazu entdecken Veteranen wie Tim Schafer, Ron Gilbert und Jane Jensen ein neues Finanzierungsmodell: Kickstarter. Und damit beginnt das große Revival.

Nach dem Erfolg von *Sam & Max* setzt Telltale Games auf weitere Episodenspiele: so kommt im Jahr 2008 *Strong Bad's Cool Game for Attractive People,* ein absurdes Comedy-Adventure basierend auf dem Webcomic *Homestar Runner*. 2009 folgt in *Tales of Monkey Island* die Rückkehr von Guybrush Threepwood nach neun Jahren Pause. Und schließlich noch *Back to the Future: The Game* – eine spielbare Fortsetzung der Kultfilmreihe.

Für *Back to the Future: The Game* konnte Christopher Lloyd als Sprecher für Doc Brown gewonnen werden. Michael J. Fox konnte wegen seiner Parkinson-Erkrankung nicht mitmachen. Stattdessen wurde ein junger Schauspieler namens A.J. LoCascio gecastet, der Fox so perfekt imitierte, dass selbst die Produzenten beeindruckt waren.

Kickstarter rettet das Adventure-Genre
Im Februar 2012 startet Tim Schafer eine Crowdfunding-Kampagne für ein neues Adventure-Spiel, da ihn kein Publisher finanzieren wollte:

> „If I were to go to a publisher right now and pitch an adventure.
>
> game, they'd laugh in my face. […] *From first-hand experience,*
>
> *I can tell you that if you even utter the words "adventure game"*
>
> *in a meeting with a publisher you can just pack up your*
>
> *spiffy concept art and leave. You'd get a better reaction by*
>
> *announcing that you have the plague.*"
>
> (Tim Schafer, 2012, o. S.)

Die Fans tragen für *Broken Age* (damals noch „Double Fine Adventure") innerhalb von 24 h eine Million USD zusammen. Am Ende sind es über 3,3 Mio. und Kickstarter ist über Nacht zur neuen Hoffnung für Adventure-Entwickler geworden. Zum Vergleich: Das Budget für *Full Throttle* bzw. auf Deutsch <u>Vollgas</u> lag laut Schafer im Jahr 1993 bei 1,5 Mio. USD (Dutton, F. 2012).

Nach diesem Erfolg folgen weitere Kickstarter-Projekte, etwa finanziert Jane Jensen eine Neuauflage von *Gabriel Knight* und ein neues Spiel namens *Moebius*. Abseits von Kickstarter setzt Wadjet Eye Games auf Retro-Adventures wie *Resonance* und *Gemini Rue* und Daedalic Entertainment bringt mit *Deponia* eine deutsche Adventure-Serie heraus, die international erfolgreich ist.

Es folgen weitere innovative Projekte über Kickstarter: Titel wie *Thimbleweed Park*, die Hommagen an klassische PCAs sind. Sie setzten auf nostalgische Elemente, modernisierte Mechaniken und originelle Storytelling-Ansätze, die sowohl alte Fans als auch neue Spieler ansprechen. Zudem hilft Kickstarter mit einem immensen Community-Engagement: Fans können sich aktiv an der Entstehung ihrer Lieblingsgenre zu beteiligen. Die direkte Einbindung der Community führte zu höherer Identifikation, Feedback und kreativen Impulsen, die letztlich zur Qualität und Authentizität der Spiele beitrugen. Und schließlich führen die Erfolge er durch Crowdfunding finanzierten Projekten zu einer Wiederbelebung des Genres: Sie zeigen nämlich, dass ein Markt für PCAs besteht. Diese Unterstützung trug dazu bei, das Genre zu festigen und langfristig wieder in den Mainstream zu rücken.

3.8   2013–2017: Experimente und das endgültige Ende von LucasArts

Es beginnt mit einer Pressemitteilung.

Am 3. April 2013 verkündet Disney, dass LucasArts geschlossen wird. Das legendäre Studio, das *Monkey Island*, *Maniac Mansion* und *Grim Fandango* erschaffen hat, existiert nicht mehr.

„Wir haben entschieden, LucasArts als reines Lizenzstudio weiterzuführen", heißt es sinngemäß in der Erklärung. Die Hoffnung auf neue klassische Adventures von LucasArts stirbt endgültig (Terdiman, D. 2013).

Broken Age erscheint – und spaltet die Fans
Nach seinem Rekord-Kickstarter von 2012 veröffentlicht Tim Schafer 2013 den ersten Akt von *Broken Age*. Die Erwartungen sind groß, denn es ist das erste klassische -Adventure nach LucasArts seit Jahren.

Doch das Spiel spaltet die Fans: Die Grafik ist zwar wunderschön, aber nicht pixelig wie erwartet. Die Rätsel sind einfach, aber manche sagen sogar, zu leicht. Die Geschichte ist charmant, aber nicht so humorvoll wie die von Gilberts Spielen bei LucasArts, *Monkey Island* oder *Day of the Tentacle*.

Und trotz großem Budget reicht das Geld aus dem Kickstarter nicht aus, um das Spiel fertigzustellen. Also entschied sich Double Fine, *Broken Age* in zwei Akten zu veröffentlichen. Die Unterstützer der Kickstarter-Kampagne waren nicht zufrieden damit, aber trotzdem beweist das Spiel, das klassische Adventures immer noch eine treue Spielerschaft besitzen.

Narrative Spiele werden zum Mainstream
Während klassische Adventures dank Kickstarter weiterleben, entwickelt sich parallel eine neue Art von Adventure-Spiel. Titel wie *Life is Strange* von 2015 und *Firewatch* von 2016 setzen nicht mehr auf klassische Rätsel, sondern auf Entscheidungen und Atmosphäre. *Life is Strange* nutzt eine Zeitreisemechanik, um Entscheidungen rückgängig zu machen. *Firewatch* erzählt eine emotionale Geschichte durch Dialoge und eine umfangreich designte Umgebung, ist eher ein Walking Simulator. *Oxenfree* von 2016 schließlich ersetzt klassische Inventarsysteme durch dynamische Gespräche. Diese Spiele sind keine klassischen PCAs mehr – aber sie enthalten interaktive Geschichten, die den Spieler in den Mittelpunkt stellen.

Das Zeitalter der Remakes und Indie-Adventures
Parallel zu den neuen narrativen Spielen erlebt das klassische Genre eine Retro-Welle. Ron Gilbert modernisiert zwei LucasArts-Klassiker in neuem Gewand: 2015 kommt *Grim Fandango Remastered* und 2016 dann *Day of the Tentacle*. In 2017 lassen sich Ron Gilbert und Gary Winnick *Thimbleweed Park* über Kickstarter finanzieren und feiern damit erfolgreich eine große Rückkehr zum klassischen Adventure. Die beiden wollten eigentlich einen neuen *Monkey Island*-Teil machen, aber Disney besaß die Rechte und wollte nicht zustimmen. Also entschieden Gilbert und Winnick sich, ein neues Spiel im alten Stil zu entwickeln: *Thimbleweed Park*.

3.9 seit 2018: Nostalgie trifft Moderneseit 2018: Nostalgie trifft Moderne

> Als das Genre in den 2010ern neu gestartet wurde, kannte ich Kickstarter erst ganz kurz. Ebenso wusste ich noch nicht viel über Daedalic. In meiner Masterarbeit in 2015 / 2016 hatte ich mich auf die klassischen Spiele gestützt. So hatte ich z. B. wegen mangelnder Kenntnis über Kickstarter *Thimbleweed Park* verpasst, hätte aber gerne ein Buch zur ingame-Bibliothek beigesteuert. Immerhin freue ich mich darüber, dass etwa die Idee zur ingame-Hotline in *Thimbleweed Park* umgesetzt wurde, die ich in meiner Arbeit postulierte. Für die, die diese Hotlines nicht kennen: Vor dem Internet gab es Telefonnummer, unter denen Spielern geholfen wurde, die im Spiel nicht weiterkamen.

Am 19. April 2022 erscheint ein kurzer Trailer: Eine düstere Melodie, eine nächtliche Hafenszene, eine Figur mit einem Dreispitz. Dann taucht ein Satz auf:
  „Ron Gilbert's *Return to Monkey Island*".

Es ist die Rückkehr, auf die Fans über 30 Jahre gewartet haben. Ron Gilbert, der Schöpfer von *Monkey Island*, entwickelt mit Disney und Devolver Digital eine direkte Fortsetzung von *Monkey Island* und beweist damit, das PCAs noch leben!

Indie-Adventures erfinden sich neu
Während die großen Studios sich längst von klassischen Adventures verabschiedet haben, blüht die Indie-Szene weiter auf. In 2018 bringt Wadjet Eye Games *Unavowed,* ein urbanes Fantasy-Adventure mit RPG-Elementen. Aus Deutschland kommt etwa in 2019 *Trüberbrook,* ein deutsches Adventure mit Stop-Motion-Optik und prominenter Synchronisation unter anderem von Jan Böhmermann. Die Idee für die Technik stammt von den Slow Bros, die 2024 mit *Harold Halibut* ein technisch perfektes Stop-Motion-PCA herausbringen.

Zwischen all den Indie-Perlen und Remakes meldete sich 2018 auch eine ganz besondere Figur aus der Vergangenheit zurück: *Leisure Suit Larry.* Der etwas aus der Zeit gefallene Möchtegern-Casanova erwacht in *Wet Dreams Don't Dry* (2018) in einer Welt voller Smartphones, Dating-Apps und Gleichstellungspolitik – und versteht die Welt nicht mehr. Entwickelt wurde das Spiel vom Berliner Studio CrazyBunch, das mit viel Selbstironie und Respekt vor dem Original eine moderne Version von Larry schuf. Zwei Jahre später folgte das direkte Sequel *Wet Dreams Dry Twice* (2020), in dem Larry auf einer tropischen Inselgruppe nach seiner großen Liebe Faith sucht – mit deutlich mehr Story, größeren Arealen und einem Hauch von *Monkey-Island*-Parodie.

Beide Spiele kombinieren klassische Point-&-Click-Mechanik mit einem zeitgemäßen Humorverständnis – manchmal derb, aber selten platt – und zeigen, dass auch vergessene Helden ein Comeback feiern können, wenn sie wissen, wie man ein Smartphone entsperrt.

3.9.1 Retro-Remakes und die Renaissance alter Klassiker

Während Indie-Studios mit neuen Mechaniken experimentieren, setzt eine zweite Welle auf Remakes und Retro-Spiele. *Blade Runner: Enhanced Edition* erhält 2020 ein Remake, das von Grafikfehlern und Bugs geplagt wurde. *Beyond a Steel Sky* ist die Fortsetzung des britischen Klassikers *Beneath a Steel Sky* von 1994. Es wird 2020 veröffentlicht und ist wurde in 3D entwickelt. Und von *Leisure Suit Larry* gibt es wie oben erwähnt zwei neue Teile, diesmal aus Deutschland. Ein weiterer Versuch, die Serie aus den 80ern in die Moderne zu bringen.

ChatGPT & Co: NPCs mit Persönlichkeit
Ein letzter Schritt fehlt aber noch: KIs wie ChatGPT werden bereits in Spiele integriert oder als Gamemaster für interaktive Geschichten genutzt. KI ermöglicht es, NPCs mit echter Gesprächstiefe auszustatten – ein potenzieller Gamechanger für Adventures, bei denen Dialoge immer eine zentrale Rolle spielten. Oder eine KI, die Texte schreibt. Eine,

die Rätsel analysieren, Geschichten generieren und Dialoge führen kann – fast wie ein Adventure-Spielcharakter. Entwickler experimentieren mit dynamischem Storytelling, automatischer Sprachausgabe und interaktiven Systemen, bei denen sich Dialoge individuell an den Spielstil des Spielers anpassen.

2025 könnte das Jahr (gewesen) sein, in dem KI-gestützte Adventures die nächste Evolutionsstufe erreichen. Gleichzeitig bleibt Pixel-Art beliebt, Retro-Titel werden liebevoll neu aufgelegt und narrative Spiele entwickeln sich immer mehr in Richtung filmischer Erlebnisse. Der Markt ist kleiner geworden – aber vielfältiger denn je.

Es beginnt vielleicht nicht mehr mit einer Tür. Vielleicht beginnt es bald mit einer Frage: „Wie kann ich dir helfen?"

3.10 Warum Pixel-Art-Adventures heute noch beliebt sind

Trotz des technischen Fortschritts und der Möglichkeiten hochauflösender Grafiken erfreuen sich Pixel-Art-Adventures weiterhin großer Beliebtheit. Die Gründe hierfür sind vielfältig und reichen von nostalgischen Gefühlen bis hin zu ästhetischen und funktionalen Aspekten.

- **Nostalgie und Ästhetik:** Pixel-Art spricht häufig die Emotionen der Spieler an, die in der Ära der 16-Bit- oder 8-Bit-Spiele aufgewachsen sind. Die simplen, aber aussagekräftigen Grafiken wecken Erinnerungen an Spiele aus früheren Zeiten und schaffen eine einzigartige Atmosphäre, die schwer zu reproduzieren ist.
- **Künstlerische Ausdrucksform:** Viele moderne Entwickler nutzen Pixel-Art bewusst als künstlerisches Stilmittel, um eine klare und unverwechselbare Bildsprache zu etablieren. Die reduzierten grafischen Elemente erlauben es, den Fokus auf Story, Charaktere und Gameplay zu legen, ohne sich in technischen Details zu verlieren.
- **Kosteneffizienz und Zugänglichkeit:** Für unabhängige Entwickler bietet Pixel-Art eine kostengünstige Alternative zu aufwendigen 3D-Produktionen. Gleichzeitig ermöglicht sie einen schnellen kreativen Prozess, wodurch innovative und originelle Spiele entstehen können, die sich von der Masse abheben.

3.11 Zitate

Gilbert, R. (2007). *Why adventure games suck*. Grumpy Gamer. https://web.archive.org/web/20070612160141/http://grumpygamer.com/3258434

Schafer, T. (2012). *Tim Schafer persuades fans to finance next adventure game*. Wired, abgerufen 22. März 2025, https://web.archive.org/web/20120212003117/http://www.wired.co.uk/news/archive/2012–02/09/double-fine-kickstarter

Literatur

Dutton, F. (2012). *Double Fine Adventure passes Day of the Tentacle budget*. Eurogamer. Abgerufen 22. März 2025, https://www.eurogamer.net/double-fine-adventure-passes-day-of-the-tentacle-budget

GameStar. (versch. Jg.). *GameStar: Magazin für PC-Spiele*. Webedia Gaming GmbH.

Gilbert, R. (2007). *Why adventure games suck*. Grumpy Gamer. Abgerufen 22. März 2025, https://web.archive.org/web/20070612160141/http://grumpygamer.com/3258434

PC Games. *(versch. Jg.)*. PC Games: Das Computer-Spielemagazin. *Computec Media GmbH.*

Schafer, T. (2012). *Tim Schafer on Kickstarter and the rebirth of adventure games*. Wired UK. Abgerufen 22. März 2025, https://web.archive.org/web/20120212003117/http://www.wired.co.uk/news/archive/2012-02/09/double-fine-kickstarter

Terdiman, D. (2013). *Disney shuttering LucasArts, moving to licensed games model*. CNET. Abgerufen 22. März 2025, https://web.archive.org/web/20130404094649/http://news.cnet.com/8301-10797_3-57577786-235/disney-shuttering-lucasarts-moving-to-licensed-games-model/

Ludographie

Adventure International. (1979). *Pirate Adventure* [Videospiel]. Adventure International.
Amanita Design. (2003). *Samorost* [Videospiel]. Amanita Design.
Amanita Design. (2009). *Machinarium* [Videospiel]. Amanita Design.
Benoît Sokal. (2002). *Syberia* [Videospiel]. MC2-Microïds.
Clifftop Games. (2017). *Kathy Rain* [Videospiel]. Raw Fury.
CrazyBunch. (2018). Leisure Suit Larry: Wet Dreams Don't Dry [PC-Spiel]. Assemble Entertainment.
CrazyBunch. (2020). Leisure Suit Larry: Wet Dreams Dry Twice [PC-Spiel]. Assemble Entertainment.
Cyan Worlds. (1993). *Myst* [Videospiel]. Brøderbund.
Daedalic Entertainment. (2008). *Edna & Harvey: The Breakout* [Videospiel]. Daedalic Entertainment.
Daedalic Entertainment. (2012). *Deponia* [Videospiel]. Daedalic Entertainment.
Deck13. (2005). *Ankh* [Videospiel]. bhv Software.
Double Fine Productions. (2015). *Broken Age* [Videospiel]. Double Fine Productions.
Infocom. (1980). *Zork I* [Videospiel]. Infocom.
Level 9 Computing. (1981). *Colossal Adventure* [Videospiel]. Level 9 Computing.
LucasArts. (1987). *Maniac Mansion* [Videospiel]. Lucasfilm Games.
LucasArts. (1990). *The Secret of Monkey Island* [Videospiel]. LucasArts.
LucasArts. (1993). *Day of the Tentacle* [Videospiel]. LucasArts.
LucasArts. (1993). *Sam & Max Hit the Road* [Videospiel]. LucasArts.
LucasArts. (1995). *The Dig* [Videospiel]. LucasArts.
LucasArts. (1998). *Grim Fandango* [Videospiel]. LucasArts.
LucasArts. (2000). *Escape from Monkey Island* [Videospiel]. LucasArts.
MIT Dungeon Group. (1977). *Zork* [Videospiel]. MIT.
Pendulo Studios. (2001). *Runaway: A Road Adventure* [Videospiel]. Focus Home Interactive.
Revistronic. (2003). *The Westerner* [Videospiel]. FX Interactive.
Terrible Toybox. (2017). *Thimbleweed Park* [Videospiel]. Terrible Toybox.

Sierra On-Line. (1983). *King's Quest* [Videospiel]. Sierra On-Line.
Sierra On-Line. (1993). *Gabriel Knight: Sins of the Fathers* [Videospiel]. Sierra On-Line.
Sierra On-Line. (1995). *Phantasmagoria* [Videospiel]. Sierra On-Line.
Starward Industries. (2023). *The Invincible* [Videospiel]. 11 bit studios.
Telltale Games. (2006). *Sam & Max: Season One* [Videospiel]. Telltale Games.
Telltale Games. (2008). *Strong Bad's Cool Game for Attractive People* [Videospiel]. Telltale Games.
Telltale Games. (2010). *Back to the Future: The Game* [Videospiel]. Telltale Games.
Telltale Games. (2012). *The Walking Dead* [Videospiel]. Telltale Games.
Wadjet Eye Games. (2006). *The Blackwell Legacy* [Videospiel]. Wadjet Eye Games.
Wadjet Eye Games. (2018). *Unavowed* [Videospiel]. Wadjet Eye Games.

LucasArts vs. Sierra On-Line 4

Inhaltsverzeichnis

4.1 Sierra erfindet das Adventure-Genre, Lucasfilm Games revolutioniert es 56
    4.1.1 King's Quest – Das erste Grafik-Adventure 56
4.2 Von Labyrinth zu Maniac Mansion – Der Weg zum PCA 57
    4.2.1 Sierra vs. Lucasfilm Games: Zwei Philosophien prallen aufeinander 58
4.3 Der Konkurrenzkampf – 1989 bis 1992 58
    4.3.1 1991–1992: Der Wettbewerb spitzt sich zu 60
    4.3.2 Der Höhepunkt der Rivalität 60
4.4 Das goldene Zeitalter (1993–1997) 61
    4.4.1 1993– Der Beginn des CD-ROM-Zeitalters 61
    4.4.2 1994–1995: Die größten Meisterwerke beider Studios 62
    4.4.3 1996–1997: Die letzten großen Sierra-LucasArts-Duelle 63
    4.4.4 LucasArts liefert das letzte große klassische Adventure ab 63
4.5 Die goldene Ära neigt sich dem Ende zu 63
    4.5.1 Das Erbe von LucasArts und Sierra 64
    4.5.2 Das bleibende Vermächtnis 64
    4.5.3 Ein Ende – oder ein Neubeginn? 65
Literatur 65

> **Übersicht**
>
> *Maniac Mansion* war mein erstes Spiel von LucasArts und *Space Quest II* mein erstes von Sierra – erst kurz danach fand ich auf dem PC 1 meines Vaters *Leisure Suit Larry*. Ich war 1987 gerade 11 geworden, während ich mich in *Maniac Mansion* in deutscher Sprache durch die Gegend klickte, Übersetzer Boris Schneider sei Dank.
>
> Aber in *Space Quest* und *Larry* musste ich mein gerade mal ein paar Monate altes Englisch aus der Schule anwenden – damals steuerte man Sierra-Spiele mit

> den Cursortasten und Textbefehlen wie „take keycard" oder „say ken sent me".
> Unterschiedlicher ging es kaum. Geholfen haben mir beim Erlernen der englischen
> Sprache jedoch eher Demos und Intros auf dem C64 bzw. Amiga 500…

Information zur Quellenarbeit: Für dieses Kapitel wurden diverse Quellen verwendet, die nicht alle einzeln aufgelistet werden. Für weiterführende Informationen lohnt es sich, alle Quellen aus dem Verzeichnis am Ende des Kapitels zu verfolgen.

4.1 Sierra erfindet das Adventure-Genre, Lucasfilm Games revolutioniert es

Ein Genre wird geboren: Sierras Anfänge in den 1980ern
In den späten 1970ern steckten Computerspiele noch in den Kinderschuhen. Während Arcade-Automaten auf Geschicklichkeit und Reflexe setzten, entstand auf Großrechnern in Universitäten eine andere Form des digitalen Entertainments: Textadventures, von denen wir im vorigen Kapitel schon gehört haben. Doch eine entscheidende Innovation ließ noch auf sich warten – die grafische Darstellung.

Hier betritt Sierra On-Line die Bühne. Gegründet 1979 von Roberta und Ken Williams, begann das Unternehmen als kleines Entwicklerstudio für Textadventures, bevor es sich mit einer bahnbrechenden Idee in die Hall of Fame der Computerspiele eintrug: Was wäre, wenn man ein Adventure nicht nur lesen, sondern auch sehen könnte? Roberta entwickelte *Mystery House* mit Grafik aus Strichen, eine Revolution.

4.1.1 King's Quest – Das erste Grafik-Adventure

1983 bekam Sierra von IBM den Auftrag, ein Vorzeigespiel für den neuen PCjr zu entwickeln. Roberta Williams, die bereits mehrere Textadventures geschrieben hatte, sah hierin die perfekte Gelegenheit, das Genre weiterzuentwickeln. Statt einer reinen Texteingabe oder der Mischung wie in *Mystery House*, sollte der Spieler eine Figur durch eine grafisch dargestellte Welt bewegen können. Das Ergebnis war 1984 *King's Quest: Quest for the Crown* – das erste kommerziell erfolgreiche Grafik-Adventure.

Die Innovationen von *King's Quest* waren für damalige Verhältnisse immens. Der Protagonist King Graham wurde direkt mit den Pfeiltasten durch die farbenfrohe, gezeichnete Landschaft gesteuert, die an Märchen der Gebrüder Grimm erinnerte. Befehle erwartete das Spiel zwar weiterhin per Text, das System verstand aber eine große Bandbreite an Kommandos. Sierra entwickelte dazu den AGI, den Adventure Game Interpreter und nutzte bis 1989 mehrere Versionen davon in insgesamt 14 Spielen.

Das Spiel war ein großer kommerzieller Erfolg und ebnete den Weg für eine Vielzahl weiterer Sierra-Serien, darunter ab 1986 die Sci-Fi-Parodie *Space Quest* mit schwarzem Humor, ab 1987 die realistischen Krimi-Adventures mit bürokratischen Abläufen im Polizeidienst aus der *Police Quest*-Reihe sowie ab 1987 die Erwachsenenkomödien mit frivolem Humor, *Leisure Suit Larry*.

Sierra dominierte mit diesen Serien in den 1980er Jahren das Adventure-Genre. Doch 1986 tauchte ein neuer Player auf, mit einer völlig anderen Philosophie.

4.2 Von Labyrinth zu Maniac Mansion – Der Weg zum PCA

Während Sierra mit *King's Quest* das Grafik-Adventure begann, experimentierte ein anderes Unternehmen auf andere Weise mit interaktiven Geschichten: Lucasfilm Games (später umbenannt in LucasArts).

Bereits 1982 gründete George Lucas – der Erfinder von Star Wars – eine eigene Spieleabteilung, die sich anfangs mit experimentellen Konzepten beschäftigte. Lucas selbst hatte eine Vision: Er wollte, dass seine Spiele sich wie interaktive Filme anfühlten. Doch es sollte einige Jahre dauern, bis diese Idee ihren Durchbruch feierte.

Das erste Adventure von Lucasfilm Games war im Jahr 1986 *Labyrinth,* basierend auf dem gleichnamigen Jim-Henson-Film mit David Bowie. Das Spiel begann als klassisches Textadventure mit großem grafischen Bereich. Es nutzte eine Symbolsteuerung mit Wörtern, die eine Art Vorstufe zum späteren Point-&-Click-Prinzip darstellte. Dabei wurden Befehle ausgewählt und nicht eingegeben.

Die eigentliche Revolution kam 1987 mit *Maniac Mansion,* entwickelt von Ron Gilbert und Gary Winnick. Dieses Spiel stellte das gesamte bisherige Adventure-Genre auf den Kopf. Ron Gilbert spürte damals eine große Frustration mit den bisherigen Adventure-Spielen: Er empfand Textparser als zu frustrierend, denn um manche Rätsel zu lösen musste man exakt die richtige Wortwahl treffen. Damalige Spiele ließen sich zudem in unlösbare Sackgassen manövrieren, besonders, wenn man einen Gegenstand verpasste, aufzuheben. Und wenn man schon mal in einer Sackgasse war der Tod allgegenwärtig – in Sierra-Spielen war es etwa normal, jederzeit durch eine Aktion zu sterben. Und nicht mal, eine falsche…

Gilberts und Winnicks Lösung? Das SCUMM-System („Script Creation Utility for Maniac Mansion") – eine neuartige Engine, die die Steuerung vollständig auf die Maus verlagerte. Anstatt mühsam Textkommandos einzugeben, klickte der Spieler nun auf Verben wie „Öffne", „Nimm" oder „Benutze" und wählte anschließend das entsprechende Objekt auf dem Bildschirm aus. Der Frust durch fehlerhafte oder ungenaue Text-Eingaben war verschwunden und durch die no-dead-end-policy und no-dead-policy gab es weder Sackgassen noch Tode im Spiel.

Maniac Mansion war das erste weit verbreitete echte PCA. Das, war nur der Anfang.

4.2.1 Sierra vs. Lucasfilm Games: Zwei Philosophien prallen aufeinander

Mit der Einführung von SCUMM begannen nun zwei völlig unterschiedliche Design-Philosophien, das Adventure-Genre zu prägen. Die einen bevorzugten die Herausforderung und die teils düsteren Geschichten von Sierra, die anderen den humorvollen und einsteigerfreundlichen Stil von Lucasfilm Games sowie die leichtere Bedienung durch das Point & Click-Interface. Die Unterschiede fasst die folgende Tabelle zusammen (Tab. 4.1).

4.3 Der Konkurrenzkampf – 1989 bis 1992

Die goldene Ära der Point-&-Click-Adventures beginnt
Zwischen 1989 und 1992 entwickelten sich PCAs zu einem der populärsten Genres in der PC-Spielewelt. Während Sierra mit seinen erfolgreichen Reihen weiterhin Marktführer war, holte Lucasfilm Games mit einer Welle innovativer, humorvoller Adventures auf. Dazu gehörten *Indiana Jones and the last Crusade*, das mit Tonfolgen statt Verben gesteuerte *Loom* und das laut vielen Fans beste Adventure von LucasArts, *Indiana Jones and the Fate of Atlantis*, das eigentlich ein Film hätte werden können und sollen. Die Rivalität zwischen den beiden Studios erreichte ihren Höhepunkt, als beide Firmen innerhalb dieser vier Jahren einige der besten Adventure-Spiele aller Zeiten veröffentlichten.

Sierra expandiert – Abenteuer für jeden Geschmack (1989–1990)
Bis Ende der 1980er hatte Sierra ein breites Portfolio an Adventure-Spielen mit diversen Serien aufgebaut. *Space Quest III: The Pirates of Pestulon* bot 1989 etwa erstmals einen orchestralen Soundtrack dank Soundkarten-Unterstützung für z. B. das Audio-Flaggschiff von Roland, die MT-32. Computerspieler mit diesem Modul hatten einen höheren Anspruch und mehr Budget als die Spieler, die Adlib-Musik verwendet. In der Amiga-Version des Spiels ist sogar Protagonist Roger Wilco zu hören, wie er „Where am I?" sagt.

Tab. 4.1 Vergleich von Sierra On-Line und Lucasfilm Games

Sierra On-line	Lucasfilm Games
Spiele konnten jederzeit zum „Game Over" führen	Spieler konnten nicht sterben. Es sei denn, die Narration erfordert es
Harte, oft frustrierende Rätsel mit Sackgassen	Spieler konnten sich nie in eine Sackgasse manövrieren
Eher klassische Erzählweisen (Märchen, Krimis, Sci-Fi)	Humor, Parodie und skurrile Charaktere standen im Vordergrund
Parser für Text-Eingaben bis 1989: AGI	Point-&-Click ab 1987: SCUMM

4.3 Der Konkurrenzkampf – 1989 bis 1992

Mit dem zweiten Teil von Police Quest, nämlich *Police Quest II: The Vengeance,* brachte Sierra noch realistischere Polizeiarbeit, inklusive authentischer Protokolle in ein Spiel. Die extreme Detailtreue, die Entwickler und ehemaliger Polizist der Highway Patrol, Jim Walls ins Spiel bringt, ist Fluch und Segen zugleich: Der Authentizität gegenüber steht eine gewissen Langatmigkeit, da Spieler in der Bürokratie verloren gehen und das Trial-und-Error-Verfahren schnell zum Spielende führte. Was davon im Gedächtnis blieb, war, dass sich Sierra definitiv bemühte, das Genre ernster und erwachsener zu machen.

Erwachsener wurde es auch durch Al Lowes *Leisure Suit Larry 3: Passionate Patti in Pursuit of the Pulsating Pectorals.* Es war der erste Teil, in dem mit Patti ein weiblicher Charakter spielbar und die Hauptrolle war. *Larry 3* kann zwar als satirischer Blick auf das Dating-Leben der 80er gewertet werden, schlüpfrig ist es trotzdem.

Trotz des Erfolges gab es auch Kritik, denn Sierra-Spiele blieben frustrierend schwer. Da es bei Sierra keine no-dead-end oder no-dead-policy gab, war das Spiel mitunter sehr schnell beendet, nicht selten mit dem Tod des Protagonisten. Wer einen Gegenstand nicht mitnahm, konnte das Spiel später nicht beenden und starb, etwa in *Space Quest,* wenn man auf Pestulon die Thermo-Unterwäsche vergisst. Und wisst Ihr schon, dass Sterben weiterhin ein zentrales Spielelement in vielen Sierra-Spielen war? Nicht nur in *Space Quest* will alles Roger Wilco meucheln, auch in *Police Quest* bedeutete ein falscher Schritt oft den sofortigen Tod.

Lucasfilm Games: Humor, Innovation und Monkey Island
Während Sierra weiterhin auf seine klassischen Prinzipien setzte, nutzte Lucasfilm Games die Zeit, um seinen SCUMM-Ansatz weiterzuentwickeln. Statt frustrierender Sackgassen und unnötiger Tode lag der Fokus auf Humor, Storytelling und Spielerfreundlichkeit. Bereits mit *Maniac Mansion* wurde die no-dead-end-policy eingeführt, durch die es keine Sackgassen im Spiele geben dürfe. Unterstützt wurde das durch das Puzzle Dependency Chart, das Ron Gilbert entwickelte. Es hilft dabei, die Abhängigkeiten von Elementen innerhalb des Spiels zu meistern und Sackgassen zu vermeiden.

Lucasfilm Games veröffentlichte 1989 mit Indiana Jones and the Last Crusade: The Graphic Adventure sein erstes großes filmisches Adventure und bewies, dass sie in der Liga von Sierra mitspielen konnten. *Indy III* hatte z. B.: mehrere Lösungswege, sodass Spieler Rätsel klassisch oder mit der Faust lösen konnten. Dialoge und Szenen waren direkt aus dem Film inspiriert und ließen das Spiel cinematisch wirken. Außerdem setzen die Entwickler streng auf logische Rätsel statt Versuch-und-Irrtum.

1990 brachte Lucasfilm Games dann mit *The Secret of Monkey Island* frischen Wind ins Adventure-Genre. Statt düsterer Fantasy oder Sci-Fi setzte das Spiel auf humorvolle Piratenabenteuer mit einer parodistischen Karibik-Welt. Der berühmte Beleidigungsfechtkampf ersetzte Reflexe durch Wortwitz, und das überarbeitete SCUMM-System sorgte für eine intuitive Steuerung. Zudem verzichtete das Spiel auf frustrierende „Game Over"-Momente, sodass Spieler ungestört knobeln konnten. Es gab mehrere Szenen, die direkte Parodie auf die unfairen Tode in Sierra-Spielen darstellten, etwa Guybrush, der unter Wasser gefesselt wird, aber nicht ertrinkt oder Guybrush, der von einer Klippe stürzt, wieder hoch katapultiert wird und sagt „unten war ein Gummibaum". *The Secret of Monkey Island* ist zum Meilenstein und machte Lucasfilm Games endgültig zum ebenbürtigen Konkurrenten von Sierra.

4.3.1 1991–1992: Der Wettbewerb spitzt sich zu

Sierras *King's Quest V* beeindruckte mit wunderschön handgezeichneten Hintergründen und war das erste Adventure mit vollständiger Sprachausgabe. Doch trotz technischer Fortschritte blieb das Spiel berüchtigt für seine gnadenlose Schwierigkeit – wer eine Katze nicht rettete, konnte später nicht mehr gewinnen.

Parallel begann die Entwicklung von *Gabriel Knight: Sins of the Fathers*, das 1993 erschien. Der Mystery-Thriller um Voodoo-Morde setzte auf komplexere Charaktere und erwachsenes Storytelling, das spätere Narrative-Adventures beeinflusste.

Monkey Island 2: LeChuck's Revenge von 1991 verdoppelte den Umfang des ersten Teils und führte erstmals zwei Schwierigkeitsgrade ein. Fans blieb es auch wegen des bizarren Twists am Ende des Spiels in Erinnerung, der bis heute für Diskussionen sorgt. Der Schatz „Big Whoop", den Guybrush sucht, ist eine Eintrittskarte zu einem Freizeitpark. „Big Whoop" steht laut Merriam-Webster im US-Amerikanischen für „used in an ironic way to say that something is not important or impressive".

1992 folgte *Indiana Jones and the Fate of Atlantis.* Spieler konnten die Geschichte auf drei verschiedene Arten erleben – durch Action, Rätsel oder Teamwork. Viele Fans halten es für besser als den Indiana Jones-Film, der *damals* nicht gedreht wurde. Aber in der Tat ist *The Fate of Atlantis* subjektiv betrachtet ein besseres Produkt als *Indiana Jones und der Kristallschädel…*

4.3.2 Der Höhepunkt der Rivalität

Sierra setzte auf epische Geschichten, anspruchsvolle Rätsel und einen oft gnadenlosen Schwierigkeitsgrad. Ihre Adventures waren komplex, fordernd und manchmal frustrierend – ein Markenzeichen, das Hardcore-Fans liebten, aber auch viele Spieler abschreckte.

LucasArts Adventures hingegen kamen mit einer spielerfreundlicheren Philosophie. Sie setzten auf Humor, innovative Mechaniken und das Vermeiden von Sackgassen oder plötzlichen Bildschirmtoden.

Die Rivalität beflügelte beide Seiten und führte zu einigen der besten Adventures aller Zeiten. Doch während das Genre in den frühen 90ern auf seinem Höhepunkt war, bahnten sich bereits große Veränderungen an…

4.4 Das goldene Zeitalter (1993–1997)

Die Jahre 1993 bis 1997 gelten als das goldene Zeitalter der PCAs. In dieser Phase erreichen Sierra und LucasArts ihren kreativen Höhepunkt und veröffentlichen einige der berühmtesten und am meisten geliebten Spiele des Genres.

Diese Ära war geprägt durch technologische Fortschritte – CD-ROMs ermöglichen Sprachausgabe, filmische Zwischensequenzen und orchestrale Musik, was den Spielen eine neue Tiefe verlieh. Gleichzeitig erreichte das Storytelling ein neues Niveau: Geschichten wurden filmischer inszeniert, Charaktere erhielten mehr Tiefe, und die Abenteuer fühlten sich lebendiger an als je zuvor. Hinzu kam eine künstlerische Perfektion – die handgezeichneten 2D-Welten vieler Adventures wurden bis ins kleinste Detail verfeinert. Und schließlich waren Adventures auch wirtschaftlich erfolgreicher denn je: Sie verkauften sich besser als je zuvor und dominierten über Jahre hinweg die Charts.

Doch während LucasArts und Sierra um die Gunst der Spieler kämpften, zeichnete sich bereits eine neue Bedrohung ab: 3D-Grafik und actionlastige Spiele begannen den Markt zu dominieren und stellten das Adventure-Genre vor neue Herausforderungen.

4.4.1 1993– Der Beginn des CD-ROM-Zeitalters

Mit der Einführung der CD-ROM-Technologie begann eine neue Ära für Adventures. Erstmals konnten Entwickler vollständige Sprachausgabe, animierte Zwischensequenzen und orchestrale Musik in ihre Spiele integrieren.

Sierra setzte früh auf diese Möglichkeiten und veröffentlichte *King's Quest VI,* das als erstes großes Adventure mit CD-Qualität galt. Es bot eine vollständig vertonte Spielwelt mit professionellen Sprechern, eine noch größere, märchenhafte Umgebung und spektakuläre animierte Zwischensequenzen, die das klassische Adventure-Erlebnis noch immersiver machten.

LucasArts hingegen perfektionierte mit *Day of the Tentacle* das cartoonhafte Adventure-Design. Das Spiel überzeugte durch liebevoll animierte Grafiken, ein brillantes Zeitsprung-Rätselsystem und den endgültigen Verzicht auf Sackgassen oder frustrierende Momente. Die SCUMM-Engine wurde auf Hochglanz poliert und ermöglichte eine intuitive Steuerung.

Die Erkenntnis aus diesem Jahr war klar: Während Sierra weiterhin auf klassische, oft anspruchsvolle Spiele setzte, hatte LucasArts endgültig die ultimative Adventure-Formel gefunden – humorvoll, spielerfreundlich und perfekt animiert.

4.4.2 1994–1995: Die größten Meisterwerke beider Studios

In diesen Jahren erschienen einige der legendärsten Adventure-Spiele aller Zeiten, die das Genre nachhaltig prägten.

Sierra begann, auf Drama und Innovation zu setzen. *Gabriel Knight: Sins of the Fathers* (1993) war ein düsteres Mystery-Adventure, das sich um Voodoo-Morde drehte. Es setzte auf eine filmische Inszenierung und ein erwachsenes Thema – ein echter Kritikerliebling, doch kein kommerzieller Mega-Erfolg, da es für die breite Masse zu ernsthaft und komplex wirkte.

Mit *Phantasmagoria* (1995) wagte Sierra einen mutigen Schritt in Richtung Full-Motion-Video (FMV). Das Horror-Adventure setzte auf reale Schauspieler und wollte ein erwachsenes Publikum ansprechen. Doch trotz beeindruckender Technik wirkte das Spiel in der Umsetzung oft steif und konnte nicht alle Kritiker überzeugen.

Ein weiterer Versuch, das Adventure-Genre in eine ernsthaftere Richtung zu lenken, war *Police Quest IV: Open Season* (1993). Hier verzichtete Sierra auf Sci-Fi- oder Fantasy-Elemente und erzählte eine realistische Krimi-Geschichte. Mit weniger Rätseln, dafür stärkerem Story-Fokus, zeigte sich hier eine neue mögliche Zukunft für Adventures.

Sierra begann also zunehmend, ernste Themen in ihre Adventures einzubauen – mit gemischtem Erfolg. Während einige Titel als mutige Meisterwerke gefeiert wurden, waren andere zu experimentell oder nicht massentauglich genug. Doch das Adventure-Genre war noch lange nicht am Ende – die kommenden Jahre sollten weitere bahnbrechende Entwicklungen mit sich bringen.

LucasArts perfektioniert das humorvolle Adventure

Mitte der 90er bewies LucasArts, dass sie das humorvolle Adventure auf ein neues Niveau heben konnten. 1995 erschien *The Curse of Monkey Island*, das mit handgezeichneten Animationen in Disney-Qualität begeisterte. Die Mischung aus witzigen Dialogen und klassischer Abenteuergeschichte traf genau den Nerv der Fans. Bis heute gilt es als eines der am besten gealterten Adventures überhaupt.

Doch LucasArts konnte mehr als nur Piratenhumor. *Full Throttle,* ebenfalls 1995 veröffentlicht, war das erste LucasArts-Spiel, das sich wie ein interaktiver Actionfilm anfühlte. Die Story um eine Biker-Gang in einer dystopischen Zukunft legte den Fokus stärker auf Inszenierung als auf komplexe Rätsel – ein Ansatz, den spätere Studios wie Telltale Games aufgriffen.

Ebenfalls 1995 wagten sie mit *The Dig* den Sprung in düsteres Sci-Fi-Terrain. Basierend auf einer Idee von Steven Spielberg, bot das Spiel eine cineastische Geschichte mit ernsterem Ton. Doch genau das wurde zum Problem: Viele Fans, die LucasArts für ihren Humor liebten, fanden das Spiel zu langsam und zu ernst.

Während Sierra in diesen Jahren mit experimentellen FMV-Spielen auf „Erwachsenenthemen" setzte, perfektionierte LucasArts das humorvolle, zugängliche Adventure – ein Stil, der sich als langlebiger erweisen sollte.

4.4.3 1996–1997: Die letzten großen Sierra-LucasArts-Duelle

1996 und 1997 war das Adventure-Genre noch immer auf dem Höhepunkt seiner Popularität, doch die ersten Zeichen des Wandels waren spürbar.

Sierra erkannte, dass sich der Markt veränderte, und begann, mit 3D-Grafik zu experimentieren – allerdings mit gemischtem Erfolg. *King's Quest VII: The Princeless Bride* (1994) setzte auf hochauflösende, bunte Zeichnungen im Stil eines Disney-Films. Doch die Neuausrichtung hin zu einer jüngeren Zielgruppe entfremdete einige langjährige Fans.

Mit *King's Quest VIII: Mask of Eternity* (1998) wagte Sierra den Schritt in die dritte Dimension und versuchte, klassische Adventures mit Action-Elementen zu kombinieren. Doch viele Fans empfanden es als zu stark von Rollenspielen beeinflusst – es fühlte sich mehr wie ein Action-RPG als ein echtes Adventure an. Sierra begann sich allmählich von den klassischen 2D-Adventures zu verabschieden, in einer Branche, die sich zunehmend auf 3D und schnellere Spielmechaniken konzentrierte.

4.4.4 LucasArts liefert das letzte große klassische Adventure ab

1997 setzte LucasArts mit *Grim Fandango* noch einmal ein Ausrufezeichen. Das Spiel kombinierte mexikanische Folklore mit Film-Noir-Ästhetik und bot eine der einzigartigsten Adventure-Welten, die je geschaffen wurden. Es war das erste LucasArts-Spiel mit 3D-Charakteren, allerdings noch mit fester Kamera, was den Stil der klassischen Point-&-Click-Adventures beibehielt. Kritiker feierten das Spiel als Meisterwerk, doch es verkaufte sich nicht gut.

Warum scheiterte *Grim Fandango* trotz seiner Genialität? Die Steuerung wurde auf Tastatureingaben umgestellt, was viele Adventure-Fans abschreckte, die die gewohnte Point-&-Click-Mechanik bevorzugten. Gleichzeitig war der Markt im Wandel: Shooter und 3D-Games dominierten zunehmend, während das Interesse an klassischen Adventures sank.

LucasArts hatte mit *Grim Fandango* noch ein letztes großes Meisterwerk abgeliefert, doch es wurde auch zum Symbol eines Genres, das zunehmend ins Abseits geriet. Der Wandel der Spielelandschaft war nicht mehr aufzuhalten.

4.5 Die goldene Ära neigt sich dem Ende zu

Zwischen 1993 und 1997 erschufen LucasArts und Sierra ihre ambitioniertesten Werke – Spiele, die das Adventure-Genre bis heute definieren. Doch während sie Meisterwerke veröffentlichten, veränderte sich die Spielelandschaft spürbar.

Was aus dieser Ära blieb? *Curse of Monkey Island* und *Grim Fandango* gelten nach wie vor als Meilensteine des Genres. *Gabriel Knight* und *Phantasmagoria* zeigten, dass

Adventures auch ernstere, erwachsenere Geschichten erzählen konnten. Sierra wagte Experimente mit 3D-Umgebungen und interaktiven Filmen – mit wechselndem Erfolg. LucasArts hingegen perfektionierte den humorvollen Adventure-Stil, doch mit Grim Fandango begann zugleich der Abschied vom klassischen Point-&-Click.

Warum aber ging es danach bergab? Der Markt hatte sich gewandelt. Immer mehr Spieler interessierten sich für actionreiche 3D-Welten und offene Spielumgebungen. Die klassische Maussteuerung wurde als veraltet empfunden, und Publisher investierten zunehmend in Genres, die sich massenhaft verkaufen ließen. So wurde das einst florierende Adventure-Genre langsam an den Rand gedrängt.

4.5.1 Das Erbe von LucasArts und Sierra

Nachdem die 1990er-Jahre das Adventure-Genre zu einem Höhepunkt geführt hatten, endete der direkte Konkurrenzkampf zwischen LucasArts und Sierra in den frühen 2000er-Jahren. Doch ihr Einfluss war unübersehbar und er wirkt bis heute nach.

Mit dem Aufstieg der 3D-Technologie und dem Erfolg von Action- und Open-World-Spielen verloren klassische Adventures zunehmend an Bedeutung. Sierra wurde von Vivendi übernommen und stellte die Entwicklung von Adventures fast vollständig ein. LucasArts versuchte sich dem Wandel mit 3D-Adventures wie *Grim Fandango* und *Escape from Monkey Island* anzupassen, doch auch sie zogen sich bald aus dem Genre zurück. Die einst große Rivalität zwischen den beiden Studios endete nicht mit einem klaren Sieger, sondern mit dem Ende eines goldenen Zeitalters.

4.5.2 Das bleibende Vermächtnis

Trotz ihres Rückzugs hinterließen LucasArts und Sierra ein unauslöschliches Erbe. Ihre Spiele gelten bis heute als Klassiker, und viele ihrer Innovationen leben in modernen Spielen weiter. LucasArts prägte die Adventure-Welt mit humorvoller Erzählweise, benutzerfreundlichem Design und dem SCUMM-System, das für viele spätere Spiele als Grundlage diente. Sierra hingegen setzte Maßstäbe für tiefgehende Geschichten, herausfordernde Rätsel und realistischere Charaktere.

Viele ehemalige Entwickler dieser Studios blieben der Branche treu. Persönlichkeiten wie Ron Gilbert oder Tim Schafer gründeten eigene Studios und entwickelten Spiele, die das Adventure-Erbe fortführten. Ihr späterer Erfolg legte den Grundstein für eine Wiedergeburt des Genres.

4.5.3 Ein Ende – oder ein Neubeginn?

Um 2002 schien es, als sei das klassische PCA endgültig tot. Doch die Faszination blieb bestehen. Fans hielten das Erbe mit Remakes, Fan-Projekten und inoffiziellen Fortsetzungen am Leben. Ein Jahrzehnt später sorgten Indie-Entwickler und Crowdfunding schließlich für eine Renaissance des Genres.

Wie es dazu kam, erfährst du in Kap. 6, wenn es auch um 2D oder 3D geht.

Literatur

Adventure Gamers. (n.d.). Sierra On-Line. Abgerufen 2025–03–09, https://adventuregamers.com/companies/view/812

Adventure Gamers. (n.d.). LucasArts. Abgerufen 2025–03–09, https://adventuregamers.com/companies/view/849

Lucasfilm Fandom. (n.d.). List of LucasArts games. Abgerufen 2025–03–09, https://lucasfilm.fandom.com/wiki/List_of_LucasArts_games

MobyGames. (n.d.). *LucasArts adventure games*. Abgerufen 2025–03–09, https://www.mobygames.com/game/company:72/genre:adventure/sort:-date/page:1/

MobyGames. (n.d.). *Sierra On-Line adventure games*. Abgerufen 2025–03–09, https://www.mobygames.com/game/company:17/genre:adventure/sort:-date/page:1/

Ong, A. (2020, October 19). *Every Sierra graphical adventure game, ranked*. PC Gamer. https://www.sierragamers.com/sierra-games/

Sierra Fandom. (n.d.). List of Sierra products. Abgerufen 2025–03–09, https://sierra.fandom.com/wiki/List_of_Sierra_products

Steam. (n.d.). The Adventure Library – Curated lists. Abgerufen 2025–03–09, https://store.steampowered.com/curator/43642699-The-Adventure-Library/lists/

Ludographie

Spiele von Sierra On-Line
King's Quest-Serie
1984: *King's Quest: Quest for the Crown*
1985: *King's Quest II: Romancing the Throne*
1986: *King's Quest III: To Heir Is Human*
1987: *King's Quest IV: The Perils of Rosella*
1989: *King's Quest V: Absence Makes the Heart Go Yonder!*
1991: *King's Quest VI: Heir Today, Gone Tomorrow*
1996: *King's Quest VII: The Princeless Bride*
1998: *King's Quest VIII: Mask of Eternity*

Space Quest-Serie

1986: *Space Quest: The Sarien Encounter*
1988: *Space Quest II: Vohaul's Revenge*
1989: *Space Quest III: The Pirates of Pestulon*
1991: *Space Quest IV: Roger Wilco and the Time Rippers*
1993: *Space Quest V: The Next Mutation*
1995: *Space Quest 6: The Spinal Frontier*

Leisure Suit Larry-Serie

1987: Leisure Suit Larry in the Land of the Lounge Lizards
1989: Leisure Suit Larry 2: Looking for Love (in Several Wrong Places)
1990: Leisure Suit Larry 3: Passionate Patti in Pursuit of the Pulsating Pectorals
1992: Leisure Suit Larry 5: Passionate Patti Does a Little Undercover Work

Police Quest-Serie

1987: Police Quest: In Pursuit of the Death Angel
1988: Police Quest II: The Vengeance
1990: Police Quest III: The Kindred
1992: Police Quest: Open Season

Gabriel Knight-Serie

1993: *Gabriel Knight: Sins of the Fathers*
1996: *Gabriel Knight 2: The Beast Within*
1999: *Gabriel Knight 3: Blood of the Sacred, Blood of the Damned*

Weiteres Adventures

1995: *Phantasmagoria*

Lucasfilm Games / LucasArts Adventures Monkey Island-Serie

1990: *The Secret of Monkey Island*
1991: *Monkey Island 2: LeChuck's Revenge*
1997: *The Curse of Monkey Island*
2000: *Escape from Monkey Island*

Indiana Jones-Serie

1989: *Indiana Jones and the Last Crusade: The Graphic Adventure*
1992: *Indiana Jones and the Fate of Atlantis*

SCUMM-Klassiker & weitere Einzelspiele

1986: *Labyrinth*
1987: *Maniac Mansion*
1989: *Zak McKracken and the Alien Mindbenders*
1990: *Loom.*
1993: *Day of the Tentacle*
1993: *Sam & Max Hit the Road*
1995: *Full Throttle*
1995: *The Dig.*
1998: *Grim Fandango*

Die Underdogs 5

Inhaltsverzeichnis

5.1	Revolution Software: britischer Pionier des Genres	70
	5.1.1 Historischer Kontext und die Anfänge	71
	5.1.2 Narrative Prinzipien: interaktives Geschichtenerzählen	71
	5.1.3 Rätseldesign und Spielerführung	72
	5.1.4 Fazit: Das Erbe von Revolution Software	72
5.2	Daedalic Entertainment: Die deutsche Renaissance	72
	5.2.1 Gründung und Aufstieg: Wie Daedalic die Adventure-Szene prägte	73
	5.2.2 Narrative Konzepte: Zwischen Melancholie und Komik	73
	5.2.3 Wirtschaftliche Entwicklung: Übernahmen, Krisen und Neuausrichtungen	74
	5.2.4 Fazit: Das Erbe von Daedalic Entertainment	75
5.3	Wadjet Eye Games: Die Renaissance des Indie-Adventures	75
	5.3.1 Historische Entwicklung: Die Gründung und frühe Projekte	75
	5.3.2 Narrative Besonderheiten: Zwischen Noir, Urban Fantasy und Charakterfokus	76
	5.3.3 Technische und spielmechanische Innovationen	76
	5.3.4 Einfluss auf die Indie-Szene	77
	5.3.5 Fazit: Das Erbe von Wadjet Eye Games	77
5.4	Bedeutende Spiele der Underdogs	77
	5.4.1 Broken Sword: The Shadow of the Templars	77
	5.4.2 Deponia: Anarchisches Chaos voller Humor und Gesellschaftskritik	79
	5.4.3 Primordia: Cyberpunk, Sci-Fi und Narration	80
	5.4.4 Die Blackwell-Serie – Geisterhaft	81
Literatur		82

© Der/die Autor(en), exklusiv lizenziert an Springer Fachmedien Wiesbaden GmbH, ein Teil von Springer Nature 2025
J. Burbach, *Das ultimative Buch über Point & Click-Adventures*,
https://doi.org/10.1007/978-3-658-48728-7_5

> LucasArts und Sierra Online waren bekanntlich die Platzhirsche. Aber es gibt noch viel mehr. Das erste *Broken Sword* hat mich ebenso wie *Maniac Mansion* geflasht. Wunderschöne Animationen, tolle musikalische Untermalung, eine spannende Geschichte und neben George die geheimnisvolle Protagonistin Nico – es passte einfach alles zusammen. Und als Tüpfelchen auf dem i wurde Nico von Franziska Pigulla synchronisiert, deren Stimme mir schon in der Synchronisation von Agent Dana Scully in *Akte-X* so gut gefiel.

Das Adventure-Genre hat über Jahrzehnte hinweg eine bemerkenswerte Entwicklung durchlaufen. Während die frühen PCAs von Studios wie LucasArts und Sierra On-Line den Grundstein legten, haben zahlreiche kleinere Entwickler das Genre weiterentwickelt und modernisiert. Besonders drei Studios haben mit ihren Ansätzen zur Renaissance des Adventure-Spiels in den 2010er Jahren beigetragen: Revolution Software, Daedalic Entertainment und Wadjet Eye Games – die Auswahl ist übrigens persönlich und in keinster Weise als Abwertung anderer Studios bzw. deren Spiele gemeint!

Jedes dieser Studios verfolgt eine eigene kreative Vision und bringt unterschiedliche narrative und spielmechanische Innovationen in das Genre ein. **Revolution Software** etwa kombiniert in der *Broken Sword*-Reihe Verschwörungsgeschichten mit historischen Mythen und einer filmreifen Inszenierung. **Daedalic Entertainment** hat das Genre mit aufwendig handgezeichneten Welten, emotionalen Erzählungen und humorvoll-skurrilen Abenteuern ergänzt. **Wadjet Eye Games** schließlich überführten mit einem minimalistischen Retro-Stil und atmosphärischen, oft düsteren Geschichten die Essenz klassischer Adventures in die moderne Indie-Szene.

Dieses Kapitel beleuchtet Entwicklung, Stil und Einfluss dieser drei Studios, ihre kreative Philosophie aber auch den Einfluss, den sie auf das Gerne hatten und haben.

5.1 Revolution Software: britischer Pionier des Genres

„Jeder, der annimmt, dass Point-and-Click tot oder lebendig ist, ist ein bisschen ein Idiot. Letztendlich zählt nur, was die Spieler denken." (Charles Cecil, Gründer von Revolution, 2023).

Revolution Software zählt zu den langjährig aktiven Marktteilnehmern. Das britische Studio, gegründet 1990 von Charles Cecil, hat mit seinen Werken zur Weiterentwicklung und Modernisierung des Genres beigetragen. Revolution Software pendelte seit der Gründung zwischen Tradition und Innovation. Während in den frühen 2000ern viele Studios das Genre aufgaben oder sich anderen Spielkonzepten zuwandten, blieb Revolution Software seinen Wurzeln treu, während es gleichzeitig technische und narrative Neuerungen einführte.

5.1.1 Historischer Kontext und die Anfänge

Die Gründung von Revolution Software im Jahr 1990 erfolgte in einer Zeit, in der die großen Namen der Branche – allen voran LucasArts und Sierra On-Line – das Genre dominierten. Doch während amerikanische Studios oft auf humorvolle oder märchenhafte Geschichten setzten, entschied sich Revolution Software früh für einen anderen Weg: ein stärker an literarische Thriller angelehntes Storytelling, das sich durch historische Tiefe, realistische Charaktere und komplexe Verschwörungsnarrative auszeichnete.

Das erste große Projekt des Studios war *Lure of the Temptress* (1992), ein Spiel, das eine Technologie namens "Virtual Theatre" einführte. Diese ermöglichte es den Nicht-Spieler-Charakteren (NPCs), sich unabhängig vom Spieler zu bewegen, miteinander zu interagieren und auf Umweltveränderungen zu reagieren. Damit ging Revolution Software über die damals gängigen statischen Umgebungen hinaus und näherte sich einer dynamischeren Spielwelt an.

Mit *Beneath a Steel Sky* (1994) folgte ein weiterer Meilenstein, ein dystopisches Cyberpunk-Abenteuer, das als eines der besten Science-Fiction-Adventures gilt und im Jahr 2020 mit *Beyond a Steel Sky* einen Nachfolger in 3D erhielt – inklusive der Nicklichkeiten, die in Kap. 6 beschrieben werden. Doch der endgültige Durchbruch gelang mit *Broken Sword: The Shadow of the Templars* (1996), einem Spiel, das bis heute als eines der besten Adventures aller Zeiten gehandelt wird.

5.1.2 Narrative Prinzipien: interaktives Geschichtenerzählen

Ein zentrales Element des Erfolgs von Revolution Software ist die qualitativ hochwertige Erzählweise. Die Spiele des Studios kombinieren eine filmreife Inszenierung mit intelligenten, tiefgründigen Geschichten, die historische und / oder politische Themen behandeln.

In *Broken Sword* wird die Handlung rund um den legendären Orden der Tempelritter aufgebaut. Cecil und sein Team betrieben umfassende historische Recherchen, um sicherzustellen, dass die fiktionalen Elemente glaubwürdig in bestehende Legenden eingebunden wurden. Diese Verbindung aus Geschichtswissenschaft und Fiktion machte die Geschichten nicht nur spannender, sondern auch intellektuell ansprechend. Die Verknüpfung mit realen Orten, Objekten und Theorien verlieh den Spielen eine einzigartige, auch historische Tiefe, die im Adventure-Genre selten war.

Ein weiteres Markenzeichen von Revolution Software sind die authentischen und oft humorvollen Dialoge. Während viele Adventures der 1990er-Jahre stark auf Slapstick-Humor setzten, fanden Cecil und sein Team eine Balance zwischen ernsthafter Erzählweise und subtilen, intelligenten Wortspielen. Figuren wie George Stobbart und Nico Collard sind nicht nur charismatische Protagonisten, sondern durch ihre charakterliche Entwicklung und schlagfertigen Dialoge besonders einprägsam.

5.1.3 Rätseldesign und Spielerführung

Die Rätsel in Revolution-Spielen zeichnen sich durch eine Mischung aus logischem Denken und narrativer Einbettung aus. Während viele Adventures der 1990er eher abstrakte oder absurde Rätsel boten, setzte Revolution Software auf realistischere, kontextabhängige Aufgaben. Beispielsweise musste der Spieler Hinweise sammeln, historische Dokumente entschlüsseln oder sich mit real existierenden Kunstwerken auseinandersetzen. Die Benutzerführung war dabei stets intuitiv und die Spiele vermieden Sackgassen oder unfaire Frustrationsmomente, ganz nach dem Vorbild von LucasArts.

5.1.4 Fazit: Das Erbe von Revolution Software

Revolution Software steht sinnbildlich für die Verbindung von Tradition und Innovation im Adventure-Genre. Während viele klassische Entwickler entweder verschwanden oder sich anderen Genres zuwandten, blieb das Studio seinen Prinzipien treu und modernisierte gleichzeitig seine Mechaniken, der nunmehr fünfte Teil der *Broken Sword*-Serie erscheint 2025. Das Studio zeigt: Videospiele können als narrative Kunstform funktionieren – mit komplexen Charakteren, intelligenten Dialogen und ausgefeilten Geschichten, die sich mit historischen und philosophischen Fragen auseinandersetzen.

5.2 Daedalic Entertainment: Die deutsche Renaissance

"Wir sind bekloppt genug, um immer weiter zu machen."

(Stephan Harms, Daedalic, 2018).

In den frühen 2000er-Jahren schien das Adventure-Genre aus der Spielelandschaft zu verschwinden, da große Studios wie LucasArts und Sierra sich entweder auf andere Genres konzentrierten oder ihre Adventure-Entwicklung ganz einstellten. Doch aus Deutschland kam ein Impuls, der das Genre wiederbelebte: Daedalic Entertainment.

Mit aufwendigen handgezeichneten Grafiken, tiefgründigen Geschichten und kreativen Rätseln schaffte es Daedalic, sich als Gegenpol zum Action- und Shooter-dominierten Mainstream zu etablieren. Besonders die *Deponia*-Reihe sowie *The Whispered World* verhalfen dem Genre wieder zu mehr Sichtbarkeit.

Doch Daedalic war mehr als nur ein Adventure-Studio. Die Firma erweiterte ihr Portfolio im Laufe der Zeit auf andere Genres, wechselte mehrfach den Besitzer und durchlief wirtschaftliche Höhen und Tiefen.

5.2.1 Gründung und Aufstieg: Wie Daedalic die Adventure-Szene prägte

Daedalic Entertainment wurde 2007 von Carsten Fichtelmann gegründet, mit dem klaren Ziel, das klassische Adventure-Genre neu zu beleben. Der Name des Studios leitet sich von Daedalus, dem mythologischen Meisterhandwerker der griechischen Antike, ab – eine Anspielung auf den hohen künstlerischen Anspruch des Unternehmens.

Bereits mit *The Whispered World* (2009) setzte Daedalic ein deutliches Zeichen: Das Spiel bestach durch traumhafte handgezeichnete Hintergründe, eine melancholische Geschichte und eine umfangreiche Charakterentwicklung. Im Gegensatz zu den humorvollen Adventures der frühen 1990er-Jahre wagte Daedalic den Schritt in eine emotionalere, philosophische Richtung.

Mit *Deponia* (2012) gelang der endgültige Durchbruch. Die skurrile Zukunftsvision einer post-apokalyptischen Welt aus Schrott wurde zu einem internationalen Erfolg und brachte das Studio endgültig auf die Landkarte der Spieleindustrie. Die Serie wurde mit *Chaos auf Deponia* (2012), *Goodbye Deponia* (2013) und *Deponia Doomsday* (2016) fortgesetzt und etablierte Daedalic als eines der erfolgreichsten Adventure-Studios der Welt.

5.2.2 Narrative Konzepte: Zwischen Melancholie und Komik

Eines der bemerkenswertesten Merkmale von Daedalic-Spielen ist der kontrastreiche erzählerische Stil: Während einige Spiele wie *The Whispered World* eine tragische, fast poetische Tonalität besitzen, setzen andere, allen voran *Deponia,* auf schnellen, bissigen Humor und überzeichnete Charaktere.

Ein wesentlicher kreativer Kopf hinter Daedalic war Jan Müller-Michaelis, besser bekannt als Poki. Als Creative Director, Autor und Komponist prägte er den unverwechselbaren Stil vieler Daedalic-Spiele. Seine Handschrift zeigt sich besonders in den humorvollen, aber gesellschaftskritischen Untertönen von *Deponia*, aber auch in Werken wie *Harvey's neue Augen*. Poki verband in seinen Spielen die gesellschaftliche Kritik mit satirischen Elementen. So wird in *Deponia* das Thema sozialer Ungleichheit spielerisch reflektiert: Während die wohlhabende Elite auf einem fliegenden Stadtstaat namens Elysium lebt, verrotten die ärmeren Menschen buchstäblich auf einem Müllplaneten. Diese dystopischen Allegorien verankern die Spiele fest in einem modernen, kritischen Storytelling (Müller-Michaelis, 2020).

5.2.3 Wirtschaftliche Entwicklung: Übernahmen, Krisen und Neuausrichtungen

Daedalic Entertainment durchlief mehrere Übernahmen und strategische Neuausrichtungen, die den Kurs des Unternehmens jeweils veränderten.

5.2.3.1 Übernahme durch Bastei Lübbe (2014–2020)

2014 wurde Daedalic von Bastei Lübbe, einem der größten deutschen Verlagshäusern, für 4,5 Mio. EUR übernommen. Die Idee hinter dieser Fusion war es, Synergien zwischen der Buch- und Spielewelt zu schaffen, um interaktive Erzählformen weiterzuentwickeln. In dieser Phase investierte Daedalic stark in neue Projekte, darunter Rollenspiele und Strategie-Games. Doch wirtschaftlich erwies sich die Übernahme als nicht optimal: Die angestrebte Verbindung zwischen Buchmarkt und Videospielen ließ sich nicht in der erhofften Weise realisieren. Trotz einem Achtungserfolg mit dem PCA *Die Säulen der Erde* nach dem gleichnamigen Roman von Ken Follett, der bei Bastei Lübbe erschien.

5.2.3.2 Pokis Fortgang und strategische Umstrukturierung (2018)

2018 kam es zu einer entscheidenden Veränderung: Jan Müller-Michaelis (Poki) verließ Daedalic Entertainment. Sein Fortgang markierte einen Wendepunkt, da er maßgeblich für den Erfolg der frühen Adventure-Titel verantwortlich war. Ohne seine kreative Führung verlagerte das Studio seinen Fokus stärker auf andere Genres, insbesondere Rollenspiele.

5.2.3.3 Rückkauf und erneuter Verkauf an Nacon (2020–2022)

Nach der gescheiterten Integration in den Bastei-Lübbe-Konzern kaufte Carsten Fichtelmann 2020 das Studio zurück, was Daedalic eine neue Unabhängigkeit gab. Doch nur zwei Jahre später, 2022, wurde Daedalic an den französischen Publisher Nacon verkauft. Die Übernahme erfolgte für 53 Mio. Euro, ein deutlich höherer Betrag als die ursprüngliche Bastei-Lübbe-Übernahme. Nacon investierte massiv in neue Projekte, darunter das ambitionierte *The Lord of the Rings: Gollum*.

5.2.3.4 Das Scheitern von Gollum und der Rückzug aus der Spieleentwicklung (2023)

Gollum (2023) erwies sich jedoch als Desaster: Das Spiel wurde von Kritikern und Spielern gleichermaßen verrissen, was zur Folge hatte, dass Daedalic die interne Spieleentwicklung einstellte. Statt neue Spiele zu entwickeln, konzentriert sich das Unternehmen nun auf das Publishing anderer Studios.

5.2.4 Fazit: Das Erbe von Daedalic Entertainment

Daedalic Entertainment hat das Adventure-Genre mit Titeln wie *Deponia*, *The Whispered World* und *Harvey's neue Augen* stark beeinflusst. Trotz wirtschaftlicher Turbulenzen blieb das Studio eine der einflussreichsten Firmen der europäischen Spieleindustrie. Während das Unternehmen nun keine eigenen Spiele mehr entwickelt, bleiben die PCAs, die dem Genre neues Leben einhauchten.

5.3 Wadjet Eye Games: Die Renaissance des Indie-Adventures

„Meine Spiele erobern nicht die Welt im Sturm, aber genug Leute kennen.
sie. Ich habe eine Anzahl engagierter Fans, und die Spiele sichern meinen Lebensunterhalt. Damit bin ich sehr zufrieden."
(Dave Gilbert, Wadjet Eye Games, 2024).

Als PCAs als nahezu ausgestorben galten, erlebte das Genre durch diverse Indie-Studios eine Renaissance. Eines der zentralen Studios dieser Bewegung ist Wadjet Eye Games, ein US-amerikanischer Entwickler und Publisher aus New York, der sich auf klassische Pixel-Art-Adventures mit narrativer Fokussierung spezialisiert hat.

Gegründet 2006 von Dave Gilbert, wurde Wadjet Eye Games schnell zu einer der einflussreichsten Indie-Schmieden, die nicht nur eigene Titel wie die *Blackwell*-Reihe oder *Unavowed* entwickelten und vertrieben, sondern auch als Publisher für andere talentierte Indie-Entwickler fungierten.

Im Gegensatz zu großen Studios wie LucasArts oder Sierra, setzt Wadjet Eye auf eine reduzierte, aber stilistisch prägnante Herangehensweise, die sich stark an den technischen Limitationen und Ästhetiken der frühen Adventure-Ära orientiert.

5.3.1 Historische Entwicklung: Die Gründung und frühe Projekte

Dave Gilbert, der Gründer von Wadjet Eye Games, begann seine Karriere als Ein-Mann-Entwickler, der aus Leidenschaft für das Adventure-Genre eigene Spiele entwickelte. Der Durchbruch kam 2006 mit *The Shivah*, einem PCA, das einen Rabbi als Protagonisten in eine düstere Mordgeschichte verwickelt.

Doch erst mit der *Blackwell*-Serie (2006–2014) etablierte sich Wadjet Eye Games als ernstzunehmendes Studio. Diese Serie dreht sich um die Journalistin Rosa Blackwell und ihren geisterhaften Begleiter Joey Mallone, die gemeinsam ungelöste Mysterien aufdecken. Der Mix aus übernatürlichen Elementen, umfangreicher Charakterentwicklung und philosophischen Fragen machte die Blackwell-Reihe zu einem Meilenstein der modernen Indie-Adventure-Szene.

Von Anfang an entschied sich Gilbert bewusst für eine Retro-Ästhetik, die an die VGA-Ära der frühen 1990er erinnerte. Dies war nicht nur eine künstlerische Entscheidung, sondern auch eine pragmatische: Unter anderem durch die Verwendung von Pixel-Art-Grafik konnte das Studio kostengünstig produzieren, ohne auf Qualität verzichten zu müssen (Gilbert, 2021).

5.3.2 Narrative Besonderheiten: Zwischen Noir, Urban Fantasy und Charakterfokus

Die Spiele von Wadjet Eye Games zeichnen sich durch eine oft melancholische Erzählweise aus und die Spiele verfolgen einen ernsteren, narrativ ambitionierten Ansatz.

5.3.2.1 Urban Fantasy und Noir-Stil

Viele Wadjet-Eye-Spiele spielen in einem düsteren, urbanen Setting, das stark von Film Noir und Urban Fantasy inspiriert ist. Besonders deutlich wird dies in Titeln wie *Gemini Rue* (2011), das Science-Fiction-Elemente mit einer Blade Runner-ähnlichen Atmosphäre verbindet. Ein weiteres Beispiel ist *Unavowed* (2018), das eine Gruppe übernatürlicher Ermittler in den Straßen von New York begleitet. Hier wird das klassische Point & Click-Genre mit Elementen aus Rollenspielen verknüpft, indem der Spieler zwischen mehreren Begleitern wählen kann, die wiederum die Story und das Gameplay beeinflussen.

5.3.2.2 Starke Charaktere und Dialoge

Ein weiteres zentrales Element von Wadjet-Eye-Spielen ist die fokussierte Charakterentwicklung. Die Protagonisten sind vielschichtig, realistisch und emotional nachvollziehbar. Ein Beispiel ist Rosa Blackwell aus der *Blackwell*-Reihe: Zu Beginn eine zynische, zurückhaltende Protagonistin, entwickelt sie sich über mehrere Spiele hinweg zu einer starken, selbstbewussten Ermittlerin. Diese Charakterprogression über mehrere Spiele hinweg ist eine Seltenheit im Adventure-Genre und zeigt die narrative Ambition des Studios.

5.3.3 Technische und spielmechanische Innovationen

Wadjet Eye Games arbeitet mit einer minimalistischen technischen Herangehensweise, die jedoch bewusst eingesetzt wird, um die narrative Qualität der Spiele hervorzuheben. Das Studio nutzt die Adventure Game Studio (AGS)-Engine, eine Software, die speziell für klassische 2D-Adventures entwickelt wurde. Während viele Studios auf moderne Engines wie Unity oder Unreal setzen, bevorzugt Gilbert AGS, da es eine schnelle, effiziente Entwicklung ermöglicht und gleichzeitig den nostalgischen Charme früherer Adventures bewahrt.

Die Wahl von Pixel-Art-Grafik ist mehr als nur eine Hommage an alte Zeiten – sie dient als bewusstes künstlerisches Mittel, um Atmosphäre und Emotionen zu transportieren. Die reduzierten Hintergründe und Sprites schaffen einen starken Fokus auf Storytelling und Dialoge, ohne durch übermäßige visuelle Details abzulenken.

Während Wadjet-Eye-Spiele klassische Point & Click-Mechaniken nutzen, integrieren sie oft moderne Elemente wie zweigeteilte Dialogsysteme, Multiple-Choice-Entscheidungen und verzweigte Storylines. Besonders in *Unavowed* führt dies zu einem höheren Wiederspielwert, da Entscheidungen die Handlung beeinflussen.

Wadjet Eye Games hat sich zudem nicht nur als Entwickler, sondern auch als Publisher für andere Indie-Studios etabliert. Dave Gilbert nutzt seine Plattform, um talentierte Entwickler zu fördern und deren Spiele zu veröffentlichen. Durch diese Publishing-Strategie konnte Wadjet Eye seinen Einfluss auf die Adventure-Szene erweitern und dazu beitragen, dass das Genre auch außerhalb der eigenen Produktionen florierte.

5.3.4 Einfluss auf die Indie-Szene

Wadjet Eye hat Indie-Entwicklern gezeigt, dass Adventures auch mit geringen Budgets erfolgreich sein können, wenn sie auf kreative Erzählungen und gut durchdachte Mechaniken setzen. Während viele große Studios Adventures als kommerziell unrentabel abgeschrieben haben, beweist Wadjet Eye, dass es für narrative, langsame Spiele weiterhin eine engagierte Spielerschaft gibt.

5.3.5 Fazit: Das Erbe von Wadjet Eye Games

Wadjet Eye Games hat sich als einer der wichtigsten Studios in der Indie-Adventure-Szene etabliert. Mit ausgefeilten Geschichten, stilbewusster Pixel-Art und einer starken Fokussierung auf Charaktere hat das Studio eine Nische geschaffen, die es einzigartig macht. Während das Adventure-Genre immer wieder für tot erklärt wurde, beweist Wadjet Eye, dass gutes Storytelling zeitlos ist – egal, in welcher grafischen Form es präsentiert wird.

5.4 Bedeutende Spiele der Underdogs

5.4.1 Broken Sword: The Shadow of the Templars

> Meine erste Berührung mit *Broken Sword* war die Installation auf meinem PC. Man konnte währenddessen einen *Arkanoid*-Klon spielen. Und als es dann startete, mit dem Blick über Paris, dem cinematischen Intro und seiner Ästhetik und Wirkung. Wie ein Film, stark, toll und reizvoll. Und mit der deutschen Stimme von Agent Scully aus Akte-X, Franziska Pigulla, in die alle meine Freunde und ich ein bisschen verliebt waren.

Revolution Software veröffentlichte *Broken Sword: The Shadow of the Templars* im Jahr 1996. Es zählt zu den besten Adventures der späten 1990er-Jahre. Die Geschichte folgt George Stobbart, einem amerikanischen Touristen, der nach einem Bombenanschlag auf ein Pariser Café in eine weitreichende Verschwörung verwickelt wird, die bis zu den Tempelrittern zurückreicht. Erschienen als das Adventure-Genre mit Klassikern wie *The Secret of Monkey Island* florierte, setzte *Broken Sword* einen deutlichen Kontrast zu seinen humorvollen Genre-Kollegen. Statt auf skurrile Pointen oder absurde Situationen zu setzen, etablierte das Spiel eine ernsthafte, historisch inspirierte Erzählweise, die eher an Thriller-Romane oder Filme wie Indiana Jones erinnert.

Die Handlung wurde stark von realen historischen Mythen beeinflusst, insbesondere von den Geschichten rund um den Templerorden. Diese gezielte Verknüpfung aus Geschichtswissenschaft, Mythen und moderner Verschwörungstheorie machte das Spiel zu einem Vorläufer für spätere narrative Titel wie *Assassin's Creed*. Besonders bemerkenswert ist dabei, wie *Broken Sword* die klassische Point & Click-Mechanik mit kontextabhängigen Rätseln verbindet, die nicht nur die Handlung vorantreiben, sondern auch das logische Denken des Spielers herausfordern – eine Kernmechanik, die Ron Gilbert, Entwickler von Monkey Island zusammenfasst:

"Each puzzle solved should bring the player closer to understanding the story and game. It should be somewhat clear how solving this puzzle brings the player closer to the immediate goal." (Gilbert, R, 2004a).

Dabei stehen die sorgfältige Analyse von Dokumenten, das Sammeln und Kombinieren von Hinweisen sowie ausführliche Dialoge mit NPCs im Vordergrund. Ein besonderes Merkmal des Spiels ist zudem sein multilokales Storytelling: Die Handlung beschränkt sich nicht auf einen einzigen Schauplatz, sondern führt den Spieler durch verschiedene europäische Städte, von Paris über Irland bis nach Spanien. Dies trägt erheblich zur Immersion bei und verstärkt das Gefühl eines weltumspannenden Abenteuers.

Ein weiterer Unterschied zu früheren Sierra-Adventures ist das Vermeiden von „Sackgassen". Während einige Sierra-Adventures unlösbar wurden, wenn der Spieler eine falsche Entscheidung traf oder ein wichtiges Item verpasste, sorgt *Broken Sword* dafür, dass die Geschichte stets weitergeführt werden kann, ohne den Spieler in unüberwindbare Frustrationsmomente zu versetzen. Durch diese gestalterische Sorgfalt inspirierte das Spiel zahlreiche Nachfolger, darunter mehrere Fortsetzungen.

Auch moderne narrative Adventures wie *The Longest Journey* oder *Life is Strange* stehen in der Tradition von *Broken Sword* und greifen auf dessen Storytelling, ausgeklügelte Charakterzeichnung und historische Inspirationsquellen zurück.

5.4.2 Deponia: Anarchisches Chaos voller Humor und Gesellschaftskritik

> Das erste Mal hörte ich von *Deponia,* als ich bei der Bastei Lübbe AG als App-Entwickler arbeitete. Ich wurde als Kontakt zwischen dem Verlag und Daedalic eingesetzt und wir besuchten das Studio in Hamburg. Ein reger Austausch per Mail fand dann statt. *Deponia* war ein starkes Spiel, sehr respektlos, mit Kommentarspur und vielen Extras. Und ich erinnere mich an den Marketingstunt von Carsten (Fichtelmann): Als Vollversion auf Heft-DVD der ComputerBild Spiele Platin wurde der letzte Teil *Deponia Doomsday* für 9,90 € verkauft, während es auf Steam damals 29,99 € kostete.

Deponia (2012) zählt zu den erfolgreichsten deutschen Adventures und überzeugt mit seinem einzigartigen Stil, der rasanten Slapstick-Humor mit scharfer Gesellschaftskritik verbindet. Die Geschichte spielt auf einem gigantischen Müllplaneten und folgt Rufus, einem egozentrischen Antihelden, der mit aller Kraft versucht, die dystopische Welt von *Deponia* hinter sich zu lassen und in die schwebende Luxusstadt Elysium zu gelangen. Dabei ist er jedoch weniger ein strahlender Held als vielmehr ein selbstverliebter Chaot, dessen Fehltritte und übergezogene Aktionen immer wieder für skurrile Situationen sorgen.

Der Humor von *Deponia* erinnert stilistisch stark an die LucasArts-Klassiker und zeichnet sich durch eine Mischung aus Wortwitz, Situationskomik und übertriebenem Slapstick aus. Zugleich enthält das Spiel eine subtile, aber wirkungsvolle Gesellschaftskritik: Es reflektiert Themen wie sozialen Aufstieg, Klassengesellschaft und Umweltverschmutzung, indem es eine Welt entwirft, in der der Wohlstand der Wenigen auf der Armut von Vielen basiert. Die Müllwelt *Deponia* dient dabei nicht nur als skurrile Kulisse, sondern auch als deutliche Allegorie für ökologische und soziale Missstände. Zudem strotzt das Spiel vor popkulturellen Anspielungen auf Filme, Bücher und Videospiele, die es besonders für Genre-Kenner zu einem unterhaltsamen Erlebnis machen.

Spielmechanisch setzt das Spiel auf klassische Point & Click-Elemente, kombiniert mit absurden Rätseln, die oft unorthodoxes Denken erfordern. Die Herausforderungen sind bewusst unlogisch und erinnern an die wilden, unvorhersehbaren Rätselmechaniken früherer Genre-Größen. Besonders auffällig sind zudem die zahlreichen Running Gags und übertriebenen Animationen, die dem Spiel eine eigene, cartoonartige Dynamik verleihen.

Mit seinem Erfolg brachte es das klassische Humor-Adventure in die Moderne zurück und bewies, dass PCAs auch im 21. Jahrhundert begeistern können. Es wurde zu einer der erfolgreichsten deutschen Adventure-Serien mit mehreren Fortsetzungen und festigte den Ruf von Daedalic Entertainment als führendes Studio für narrative Adventures. Durch seine Mischung aus anarchischem Witz, charmanter Charakterzeichnung und skurrilen Spielmechaniken bleibt *Deponia* ein herausragendes Beispiel dafür, wie das Adventure-Genre durch moderne Erzähltechniken und kreative Gestaltung neu belebt werden kann.

5.4.3 Primordia: Cyberpunk, Sci-Fi und Narration

> *Primordia* habe ich sehr früh nach dem Release gespielt. Es erinnert mich sehr an die Science Fiction-Romane, die ich in meiner Jugend gelesen habe, Isaac Asimov, Philip K. Dick, aber auch deutsche Romane – Perry Rhodan etwa. Neben den kargen Landschaften und den doch recht menschlichen Androiden ist mir der Sarkasmus des Sidekicks in Erinnerung geblieben. Eine gute Mischung und ich habe gerade Lust, das Spiel wieder zu installieren.

Primordia (2012) von Wormwood Studios und veröffentlicht von Wadjet Eye Games, ist ein Beispiel für ein modernes Indie-Adventure, das klassische Point & Click-Mechaniken mit aufwendiger Science-Fiction-Erzählung verbindet. Das Spiel entführt den Spieler in eine postapokalyptische Welt, in der Menschen längst ausgestorben sind und Maschinen die letzten Überbleibsel einer einst florierenden Zivilisation bewohnen. In der Rolle des Roboter-Protagonisten Horatio Nullbuilt und seines sarkastischen Begleiters Crispin muss der Spieler die Geheimnisse dieser vergessenen Welt lüften, während er sich mit existenziellen Fragen über Bewusstsein, Identität und den Sinn des Lebens auseinandersetzt.

Die visuelle Gestaltung des Spiels besticht durch eine düstere Pixel-Art-Ästhetik, die stark von den Werken von Jean Giraud – besser bekannt unter seinem Namen Moebius – und klassischen Cyberpunk-Elementen inspiriert ist. Die detaillierten Hintergründe und das atmosphärische Farbdesign unterstreichen die karge, von Verfall geprägte Umgebung und verstärken das Gefühl einer verlassenen, technologischen Ruine. *Primordia* ist zugleich melancholisch und faszinierend und erinnert in ihrer Tiefgründigkeit an literarische Klassiker wie *Ich, der Robot* von Isaac Asimov oder *Do Androids Dream of Electric Sheep?* von Philip K. Dick.

Ein wichtiges Merkmal des Spiels ist die philosophische Erzählweise: Während klassische Adventures oft durch Humor oder Mystery-Elemente geprägt sind, verwebt *Primordia* eine Geschichte, die den Spieler vor moralische und ethische Dilemmata stellt. Die Konfrontation zwischen Maschinen, die sich an uralte Menschheitsideale klammern, und jenen, die eine neue Ordnung erschaffen wollen, schafft eine narrative Tiefe, die weit über das übliche Genre hinausgeht. Zudem werden durch die Beziehung zwischen Horatio und Crispin unterschiedliche Weltanschauungen reflektiert – während Horatio introvertiert und skeptisch ist, fungiert Crispin als sein humorvoller, pragmatischer Konterpart.

Spielmechanisch bleibt das Spiel den klassischen Point & Click-Wurzeln treu. Die Rätsel sind logisch in die Erzählung integriert und setzen häufig auf technische Problemlösungen, die sich nahtlos in das Setting einfügen. Dabei gibt es mehrere Lösungswege für einige Herausforderungen, was dem Spieler mehr Freiheit in der Herangehensweise ermöglicht. Die Dialoge sind hervorragend geschrieben und bieten zahlreiche Multiple-Choice-Entscheidungen, die nicht nur den Charakter von Horatio formen, sondern auch den Ausgang der Geschichte beeinflussen.

5.4.4 Die Blackwell-Serie – Geisterhaft

Die *Blackwell*-Serie (2006–2014) wurde von Dave Gilbert geschrieben und entwickelt. Die Spiele zählen zu den wichtigsten Indie-Adventures der 2000er-Jahre und halfen dabei, das Point & Click-Genres wieder zu beleben. Die Reihe umfasst fünf Spiele – *The Blackwell Legacy* (2006), *Blackwell Unbound* (2007), *Blackwell Convergence* (2009), *Blackwell Deception* (2011) und *Blackwell Epiphany* (2014) – und erzählt die Geschichte der Journalistin Rosa Blackwell und ihres geisterhaften Begleiters Joey Mallone, die gemeinsam unruhige Seelen ins Jenseits geleiten und dabei in dunkle Mysterien verwickelt werden.

Gilbert verbindet klassische Point & Click-Mechaniken mit urbaner Mystik und einer emotionalen Erzählweise. Inspiriert von Noir-Krimis, Urban Fantasy und klassischen Detektivgeschichten, schafft er eine dichte Atmosphäre, die an Werke wie *The Sixth Sense* erinnert. Im Zentrum steht das paranormale Konzept, dass bestimmte Menschen – sogenannte „Bestimmer" – die Fähigkeit haben, Geister zu sehen und ihnen beim Übergang ins Jenseits zu helfen. Rosa Blackwell erbt diese Gabe von ihrer Tante und wird so widerwillig zur Vermittlerin zwischen Leben und Tod.

Ein zentrales erzählerisches Element der Serie ist die Beziehung zwischen Rosa und Joey. Während Rosa zunächst eine skeptische und unsichere Protagonistin ist, entwickelt sie sich über die Spiele hinweg zu einer entschlossenen Ermittlerin, die sich mit ihrer Bestimmung abfindet. Joey, der Geist eines früheren Privatdetektivs aus den 1930er-Jahren, dient als zynischer, aber loyaler Begleiter, dessen trockener Humor einen Kontrast zu den oft tragischen Schicksalen der Geister bildet. Diese dynamische Partnerschaft ist nicht nur erzählerisch faszinierend, sondern spiegelt auch eine der größten Stärken der Serie wider: Rosas Charakterentwicklung.

Spielmechanisch setzt die *Blackwell*-Serie auf klassische Adventure-Rätsel, Dialogrätsel und Detektivarbeit. Der Spieler sammelt Hinweise, kombiniert Informationen und nutzt Joeys Geisterfähigkeiten, um mit verstorbenen Charakteren oder verborgenen Objekten zu interagieren. Besonders interessant ist das Dual-Charakter-System, das es erlaubt, jederzeit zwischen Rosa und Joey zu wechseln. Während Rosa in der realen Welt recherchiert und mit Menschen spricht, kann Joey durch Wände gehen und auf paranormale Weise Hinweise entdecken.

Mit jedem neuen Teil wurde die Serie technisch und erzählerisch ausgefeilter. Während *The Blackwell Legacy* noch einfache Pixel-Art-Grafik und rudimentäre Sprachausgabe bot, erreichte *Blackwell Epiphany* 2014 ein sehr hohes erzählerisches und visuelles Niveau. Insbesondere das letzte Spiel der Reihe wurde für seine emotionale Wucht, die Charakterbögen und sein packendes Finale hochgelobt.

Literatur

Cecil, C. (2023, August 22). *Broken Sword series and the evolution of adventure games.* TheGamer. Retrieved from https://www.thegamer.com/broken-sword-charles-cecil-gamescom-interview

Gilbert, D. (2021, July 10). *Indie adventure games and narrative storytelling.* TechRadar. Retrieved from https://www.techradar.com/gaming/why-wadjet-eye-games-would-take-millions-of-dollars-and-keep-making-point-and-click-games

Müller-Michaelis, J. (2020, September 15). *Die kreative Philosophie hinter Daedalic Entertainment.* GamesWirtschaft. Retrieved from https://www.gameswirtschaft.de/wirtschaft/daedalic-entertainment-bavaria-stephan-harms-interview

Ludographie

Daedalic Entertainment. (2009). *The Whispered World* [Video game]. Daedalic Entertainment.
Daedalic Entertainment. (2012). *Deponia* [Video game]. Daedalic Entertainment.
Daedalic Entertainment. (2012). *Chaos auf Deponia* [Video game]. Daedalic Entertainment.
Daedalic Entertainment. (2013). *Goodbye Deponia* [Video game]. Daedalic Entertainment.
Daedalic Entertainment. (2016). *Deponia Doomsday* [Video game]. Daedalic Entertainment.
Revolution Software. (1996). *Broken Sword: The Shadow of the Templars* [Video game]. Virgin Interactive.
Revolution Software. (1997). *Broken Sword II: The Smoking Mirror* [Video game]. Virgin Interactive.
Revolution Software. (2003). *Broken Sword: The Sleeping Dragon* [Video game]. THQ.
Revolution Software. (2006). *Broken Sword: The Angel of Death* [Video game]. THQ.
Revolution Software. (2013). *Broken Sword 5: The Serpent's Curse* [Video game]. Revolution Software.
Wadjet Eye Games. (2006). *The Blackwell Legacy* [Video game]. Wadjet Eye Games.
Wadjet Eye Games. (2007). *Blackwell Unbound* [Video game]. Wadjet Eye Games.
Wadjet Eye Games. (2009). *Blackwell Convergence* [Video game]. Wadjet Eye Games.
Wadjet Eye Games. (2011). *Blackwell Deception* [Video game]. Wadjet Eye Games.
Wadjet Eye Games. (2014). *Blackwell Epiphany* [Video game]. Wadjet Eye Games.
Wadjet Eye Games. (2012). *Primordia* [Video game]. Wormwood Studios.
Wadjet Eye Games. (2018). *Unavowed* [Video game]. Wadjet Eye Games.
Wormwood Studios. (2012). *Primordia* [Video game]. Wadjet Eye Games.

2D oder 3D – Warum das Genre (fast) starb 6

Inhaltsverzeichnis

6.1 Ästhetik und Atmosphäre: Verlust handgezeichneter Magie 84
6.2 Spielmechanische Veränderungen: Steuerung und Interaktionsdesign 85
6.3 Technische Herausforderungen: Unreife 3D-Technologie 86
6.4 Wirtschaftliche Faktoren: Marktveränderungen und der Niedergang des Genres 87
6.5 Spieler- und Kritikerreaktionen: Der Bruch mit den Fans 87
6.6 Zwischenfazit: Hätte 3D das Genre fast zerstört? 88
6.7 Die Rückkehr: Ästhetik, Bedienung und Nostalgie von 2D 89
6.8 Wir trotzen der narrativen Konkurrenz 89
6.9 Fazit: Wiederbelebung durch Rückbesinnung 90
Literatur 91

> **Übersicht**
>
> Als Fan von 2D-Adventures war der Wechsel auf 3D für mich das Ende des Genres. Ich spielte zwar *Normality, Inc., Grim Fandango* und *Monkey Island 4*. Aber keines davon packte mich, so wie es *Maniac Mansion* oder *Space Quest* getan hatten. Jetzt musste ich Dinge wie in einem Action-Adventure machen. Das fühlte sich an, wie Panzer steuern, statt direkt mit der Maus klicken zu können – ein absolutes no-go für mein Empfinden.
>
> Ich verließ das Genre dann erstmal.

Die Debatte, ob der Wechsel zu 3D das klassische PCA nahezu ausgelöscht hätte, ist kontrovers und doch gut begründet. In einem kurzen Zeitraum, nämlich in den späten 1990er- und frühen 2000er-Jahren, versuchten Entwickler, das Genre mit 3D-Technologien zu modernisieren. Dieser Umbruch war für die Spieler recht radikal und brachte starke Veränderungen mit sich, vor allem in der Grafik und der Steuerung.

Es gibt noch andere Stimmen, die nicht der Technologie, sondern dem Rätseldesign die Schuld geben. Da es sich dabei um ein sehr kurioses Problem handelt, wird das passende Rätsel um eine Verkleidung aus *Gabriel Knight 3* in Kap. 10 behandelt: Es war nur durch Ausprobieren lösbar. Solche Rätsel gab es zwar schon immer, aber die neue Ansicht in 3D und die Panzer-Steuerung gab den Spielern andere Rätsel auf.

6.1 Ästhetik und Atmosphäre: Verlust handgezeichneter Magie

Die ursprüngliche Faszination der klassischen Adventures lag nicht nur in der Erzählung oder den Rätseln, sondern vor allem in der kunstvollen Gestaltung der Hintergründe und Charaktere. Aus Designer-Sicht ist das handgezeichnete 2D weit mehr als nur eine Methode zur visuellen Darstellung – es ist ein kreatives Ausdrucksmittel, das es ermöglicht, jede Szene mit einer ganz eigenen, emotional aufgeladenen Handschrift zu versehen. Designer haben die volle Kontrolle über jeden Pinselstrich – jede Linie, jede Farbabstufung und jeder Schatten kann individuell gestaltet werden.

Diese Sorgfalt und Detailverliebtheit führten zu Hintergründen, die nicht nur als Kulisse dienten, sondern zu echten Kunstwerken wurden. Die Kunstfertigkeit hinter den Zeichnungen vermittelte eine Wärme und Lebendigkeit, die den Spieler sofort ins Herz traf – ein Gefühl, das bei den frühen 3D-Umsetzungen verloren ging. Vergleichbar mit den handgezeichneten Hintergründen z. B. in *Star Wars IV – A New Hope*.

In 2D können die Komposition und der Blickwinkel einer Szene präzise geplant werden. Als Designer wählen wir gezielt, was der Spieler sehen sollte und wie die Aufmerksamkeit gelenkt werden kann. Jede Szene ist ein statisches Gemälde, bei dem alle Elemente – ob subtil platzierte Details oder auffällige Blickfänge – bewusst komponiert werden, um die Geschichte zu unterstützen. Im Gegensatz dazu zwingt der dreidimensionale Raum den Designer, sich mit variablen Perspektiven auseinanderzusetzen, da der Spieler die Szene aus unterschiedlichen Blickwinkeln betrachten kann. Diese Offenheit führt häufig zu einer weniger kontrollierten Bildsprache, bei der sorgfältig gesetzte Details in den Hintergrund treten.

Die technischen Möglichkeiten der frühen 3D-Engines waren limitiert. Statt geschmeidiger, frei formbarer Übergänge dominierten oft kantige, sterile Modelle und künstliche Lichtverhältnisse das Bild. Die Prozesse der 3D-Modellierung ließen zwar Raum für einen individuellen, künstlerischen Ausdruck, den man beim Zeichnen von Hand so intuitiv erlebte. Und, während 3D durchaus das Potenzial bietet, dynamische Ansichten und realistischere Bewegungen zu integrieren, geht dabei häufig der einzigartige Charme und die Intimität verloren. Zudem steht und fällt die Darstellung mit der Hardware: Je teurer und leistungsfähiger, desto realistischer können die 3D-Modelle werden. Das hat sich seitdem grundlegend verändert, aber wir sprechen hier von den Anfängen der 3D-Technologie im Consumer-Bereich.

6.2 Spielmechanische Veränderungen: Steuerung und Interaktionsdesign

Neben dem visuellen Wandel brachte der Umstieg auf 3D auch gravierende Änderungen bei der Steuerung mit sich, die das Spielerlebnis stark beeinträchtigten. Das aus klassischen PCAs bekannte Schicken des Protagonisten durch Klicken an den gewünschten Ort und meist klar erkennbare Hotspots ermöglichten eine intuitive Interaktion. Diese Leichtigkeit wurde in der 3D-Umgebung nahezu vollständig aufgegeben, da eine Bedienung mittels der Panzer bzw. „Tank-Steuerung" zu einer Verkomplizierung führte. Hierbei muss der Charakter zuerst in die richtige Richtung gedreht werden, bevor er sich überhaupt vorwärts oder rückwärts bewegen lässt. Dieser Umstand machte die Navigation in den komplexeren 3D-Räumen umständlicher. Spieler, die an die direkte Maussteuerung gewöhnt waren, empfanden das ständige Drehen und vorwärtslaufen als unnatürlich und frustrierend (Nitsche, 2008). Ein Vergleich mit Sierras älteren Adventures zeigt, dass hier zumindest mit den Cursortasten eine direkte und präzise Steuerung möglich war, ohne den Umweg über eine tankartige Mechanik gehen zu müssen. Mehr darüber steht in den Kap. 2 & 3.

> Die Steuerung über WASD bzw. die Cursortasten oder ein Gamepad, bei der rotiert und bewegt wird, wird „Tank-Steuerung" genannt – aus dem Englischen für Panzer / Tank. Dabei werden W/S oder hoch/runter für die Bewegung nach vorne oder hinten verwendet, während A/D oder links/rechts die Figur drehen.

Ein weiteres Problem waren die weniger präzisen Interaktionsmöglichkeiten. Während in den klassischen 2D-Spielen die Hotspots (meist) klar und eindeutig markiert waren und angeklickt werden konnten, führten die potenziell unübersichtlichen Kameraperspektiven in 3D zu schlecht erkennbaren oder unzugänglichen Interaktionspunkten. Die Kombination aus ungenauer Steuerung und variablen Blickwinkeln machte es oft schwierig, gezielt mit der Umgebung zu interagieren – was sich negativ auf das Lösen von Rätseln und den Spielfluss auswirkte. Tim Schäfer, Entwickler von *Grim Fandango,* erklärte es so:

> *"Everybody was pushing for 3d at the time. We were the old 2d hold-outs in the graphic adventure department. We always thought it looked better. Although on Throttle we did make 3d models of the bikes and the trucks and a lot of the things used in the action sequences. Then we rendered them out and painted over them. But I thought 3d looked so bad back then. Until I saw* Bioforge*, and I loved how dramatically the camera angles changed as you walked around. That was one thing we couldn't do with 2d–have quick camera angle changes. So that kind of seduced me into the world of 3d." (Tim Schafer, 2012–02–15).*

6.3 Technische Herausforderungen: Unreife 3D-Technologie

Ein wesentlicher Stolperstein beim Übergang zu 3D war die damals noch etwas unausgereifte Technologie. Während 2D-Engines über Jahre hinweg perfektioniert wurden, versuchten Entwickler völlig neue Systeme aufzubauen – und das in einem Markt, der hohe Ansprüche stellte. Schon früh zeigten sich die Schwächen der 3D-Umsetzungen in den 1990er Jahren: Modelle wirkten oft klobig, kantig und altmodisch, und die Details der Texturen konnten nicht mit der warmen, künstlerischen Ausdruckskraft handgezeichneter Grafiken mithalten.

> *"We can do [camera] zooms and pans and pulls... now without even thinking about it. The hardware doesn't even sweat if we try to zoom, but zooming back then [in the early '90s] was a huge issue. People who do 3D games... know all about this because they've always had these things available... [but] if we want to draw the players' attention to something effectively, the camera can zoom [and] pull in. That is a very powerful thing to be able to do."* (Ron Gilbert, 2022-04-22)

Besonders störend für das Spielerlebnis war, dass viele PCAs, die „von Natur aus" auf eine statische 2D- oder 2.5D-Ansicht setzen, durch den Einsatz von 3D-Technik aus der Bahn geworfen wurden. Statt der gewohnt flachen, sorgfältig komponierten Hintergründe sah sich der Spieler plötzlich mit Perspektiven konfrontiert, die eher einer Schulterperspektive wie in *Grim Fandango* oder gar First-Person-Ansicht wie in *Normality Inc.* entsprachen – Ansichten, die sich schlicht nicht mit dem Erzähl- und Rätselkonzept der klassischen Adventures vereinbaren ließen: Die neue Perspektive störte das bisherige Spielgefühl.

Die technische Limitierung der 3D-Engines der 1990er Jahre, gepaart mit sehr unterschiedlicher Performance der verfügbaren CPUs, führte zu weiteren Problemen: Ruckler, niedrige Auflösungen und ungenaue Licht- und Schatteneffekte störten die Immersion und Involvierung der Spieler. Viele Spiele wirkten dadurch unfertig und ließen den erhofften Realismus vermissen, was wiederum zu einer Entfremdung der treuen Fans führte. Das oben bereits genannte *Normality Inc.* z. B. bestand aus technischen Gründen fast ausschließlich aus rechteckigen Blöcken, während ein handgezeichnetes Spiel wie *The Curse of Monkey Island* mit weichen Wolken, freundlichen Farbverläufen und vielen Farben ausgestattet war. *Normality Inc.* war kein schlechtes Spiel, aber die Darstellung erforderte Ein- und Umgewöhnung.

Letztlich zeigt sich, dass 3D in diesem Kontext möglicherweise zu früh angewendet wurde: Erst Jahre später wurden Technologien entwickelt, die einen sinnvollen Mittelweg zwischen 2D und 3D zeigen. Moderne Adventures wie *The Whispered World* oder *Broken Sword 5* setzen auf eine Kombination aus handgezeichneten Hintergründen auf 3D-Strukturen und 2D-animierten Charakteren, wodurch sie die künstlerische Qualität der 2D-Ära bewahren, aber gleichzeitig von den technischen Fortschritten profitieren. Diese Mischform ermöglicht es, Bewegung und Kamerawinkel flexibler zu gestalten, ohne dass die für PCAs typische Klarheit und Atmosphäre verloren geht.

6.4 Wirtschaftliche Faktoren: Marktveränderungen und der Niedergang des Genres

Der Wechsel zu 3D fiel nicht zufällig in eine Phase großer Umbrüche innerhalb der gesamten Spieleindustrie. In den späten 1990er- und frühen 2000er-Jahren verlagerte sich der Markt zunehmend hin zu actionorientierten und Open-World-Spielen. Die einst blühende Adventure-Szene geriet dadurch in einen starken Konkurrenzkampf mit neuen Trends, die ein breiteres Publikum anzusprechen wussten. Viele Entwickler setzten darauf, dass die Modernisierung des Genres durch den Einsatz von 3D-Technologien neue Spieler anziehen würde.

Doch anstatt den erhofften Erfolg zu erzielen, führte dieser Versuch häufig zum Verlust der treuen Fangemeinde, die den klassischen Look, die handgezeichnete Ästhetik und die intuitive Point-&-Click-Steuerung schätzte. Hinzu kamen die hohen Produktionskosten, die mit der Entwicklung von 3D-Adventures einhergingen, was das wirtschaftliche Risiko zusätzlich erhöhte. Gutsche (2019) beschreibt diese wirtschaftlichen Herausforderungen als einen der zentralen Gründe für den vorübergehenden Niedergang des Genres, da selbst etablierte Studios Schwierigkeiten hatten, profitabel zu bleiben.

Ein besonders prägnantes Beispiel ist LucasArts, das bis 1995 in seinen letzten 2D-Adventures Vollgas – *Full Throttle* und *The Dig* Millionen investierte. Zwar waren beide Spiele hochwertige Titel und verkauften sich ordentlich, aber die Investitionen zahlten sich letztlich nicht aus: Der kommerzielle Misserfolg trug zum Niedergang des Genres und zum Ausstieg aus PCAs bei. LucasArts probierte es mit 3D und veröffentlichten noch *Grim Fandango* (1998), *Escape from Monkey Island* (2000) und schließlich 2009 noch das episodische *Tales of Monkey Island,* bereits mit Telltale Games zusammen, das von ehemaligen LucasArts-Mitarbeitern gegründet worden war. Aber da war es eigentlich schon zu spät.

6.5 Spieler- und Kritikerreaktionen: Der Bruch mit den Fans

Die Reaktionen der Spieler und Kritiker auf den Umstieg zu 3D fielen überwiegend negativ aus. Viele Fans, die über Jahre hinweg eine umfangreiche Verbindung zu den detailverliebten 2D-Adventures aufgebaut hatten, empfanden den Perspektivwechsel als radikalen Bruch. Es war nicht nur eine technische Umstellung, sondern ein psychologischer Einschnitt: Die vertraute, nostalgische Welt, in der jede Szene wie ein liebevoll komponiertes Gemälde wirkte, verschwand plötzlich und wurde durch oft sterile, unpersönliche 3D-Darstellungen ersetzt. Jesper Juul argumentiert, dass die Sehnsucht nach handgezeichneter Ästhetik eng mit dem Wunsch nach spielerischer Echtheit verbunden ist – Spieler sehen diese Designs nicht nur als grafischen Stil, sondern als eine Form von künstlerischem Ausdruck, der dem Medium treu bleibt (Juul, 2019). Sie mussten zudem plötzlich mit veränderten Blickwinkeln und dynamischen Kamerafahrten zurechtkommen – ein Konzept, das vor allem diejenigen überforderte, die an die klare, direkte Darstellung gewohnt waren.

Für viele Spieler waren die 2D-Adventures weit mehr als nur Unterhaltung – sie waren ein fester Bestandteil ihrer Jugend und ihrer kulturellen Erinnerung. Die nostalgische Bindung an diese Spiele schuf einen emotionalen Rahmen, in den die neuen 3D-Ansätze schlicht nicht passten. Die bewusste Ästhetik und die klar komponierten Bilder der 2D-Welten lösten positive Assoziationen aus, während die 3D-Darstellungen das Gefühl von Wärme und Vertrautheit vermissen ließen. Der erzwungene Perspektivwechsel führte daher oft zu einem Gefühl der Desorientierung und Entfremdung, da das gewohnte visuelle Bezugssystem verloren ging.

Neben den psychologischen Effekten wurden vor allem die bereits diskutierte, umständliche Steuerung, das veränderte Interaktionsdesign und die technischen Schwächen der frühen 3D-Umsetzungen kritisiert. All diese Faktoren summierten sich zu einem überwältigenden Gefühl der Unnatürlichkeit und Fremdheit – Eigenschaften, die bei einem Genre, das so stark auf Atmosphäre und narrative Tiefe angewiesen ist, den Spielspaß massiv beeinträchtigten.

Zwar erlangten einige 3D-Adventures wie *Grim Fandango* oder *The Longest Journey* im Laufe der Zeit einen Kultstatus, doch insgesamt führte die negative Resonanz dazu, dass viele Entwickler das Genre zeitweise aufgaben.

6.6 Zwischenfazit: Hätte 3D das Genre fast zerstört?

Die Antwort ist so komplex wie das Genre selbst: Ja und nein. Der Umstieg auf 3D brachte eine Vielzahl an unterschiedlichen Herausforderungen mit sich und war gleichsam ein Paradigmenwechsel. Die Spieleindustrie wandelte sich eh gerade grundlegend und so schien der Sprung in die dritte Dimension trotz einiger hervorragender Spiele das unausweichliche Ende der PCAs einzuläuten.

Andererseits war der Niedergang des Genres nicht allein der 3D-Technologie zuzuschreiben. Vielmehr handelte es sich um einen fehlgeleiteten Übergang, bei dem die grundlegenden Stärken der Adventures – die klare Bildsprache, die intuitive Interaktion und die erzählerische Tiefe – aus den Augen verloren gingen. Die Geschichte z. B. von *Escape from Monkey Island* war unterhaltsam und bis auf die episodische Verbreitung in sechs Teilen war es ein guter vierter Teil. Aber im Jahr 2000 waren viele Spieler bereits weitergezogen, beschäftigen sich vielleicht mit Rollenspielen, Open-World-Games oder den neuen Walking Simulatoren in 3D. *Firewatch* aus dem Jahr 2016 etwa macht sehr viel richtig: Interessante Story, schöne Grafik, tolle Präsentation.

Die späte Rückbesinnung auf den 2D- bzw. 2.5D-Stil zeigt jedoch, dass das Genre keineswegs zum Tode verurteilt war. Indem man sich wieder auf die Wurzeln besann, gelang es, das verloren geglaubte Feuer neu zu entfachen.

6.7 Die Rückkehr: Ästhetik, Bedienung und Nostalgie von 2D

Die Rückkehr zu bzw. der weitere Einsatz von klassischen Designelementen und Mechaniken in 2D-Darstellung markierte eine regelrechte Renaissance bei PCAs – sowohl grafisch als auch narrativ oder auch in der Bedienphilosophie. Statt sich an den 3D-Umsetzungen zu orientieren, kehrten die Entwickler zurück zu den Wurzeln, die das Genre einst so erfolgreich gemacht haben. Beispiele dafür sind:

- Die *Blackwell*-Reihe (2006–2014) – Recht früh veröffentlichte Dave Gilbert von Wadjet Eye Games die narrativ anspruchsvollen, handgezeichneten Blackwell-Spiele, in denen es um mystische Themen um eine starke Protagonistin geht.
- Die *Deponia*-Reihe (2012–2016) – Diese Serie von Daedalic Entertainment verbindet handgezeichnete 2D-Grafik mit modernen Adventure-Mechaniken und behandelt kontroverse Themen mit einem durchaus ambivalenten Protagonisten.
- *Broken Age* (2014) – Von Tim Schafer entwickelt, war es eines der ersten großen Crowdfunding-Abenteuer, das sich explizit an die Ästhetik der alten LucasArts-Spiele anlehnte, sie aber grafisch stark modernisierte.
- *Thimbleweed Park* (2017) – Ein Spiel von Ron Gilbert und Gary Winnick, den Machern von *Maniac Mansion* und *Monkey Island*. Es setzt konsequent auf eine pixelige Retro-Ästhetik und eine klassische SCUMM-ähnliche Steuerung.

Alle Spielen haben die direkte Steuerung der Figuren gemein, eine 2.5D-Ansicht und eine umfangreiche, rätselbasierte Narration.

6.8 Wir trotzen der narrativen Konkurrenz

In den 2000er- und frühen 2010er-Jahren dominierten Action- und Open-World-Spiele den Markt, doch mit dem Aufstieg narrativ getriebener Spiele wie *The Walking Dead* (2012) von Telltale Games oder *Life is Strange* (2015) wurde deutlich, dass Spieler doch Wert auf emotionale und storybasierte Erlebnisse legen und nicht nur auf Action. Auch wenn diese beiden Titel nach der in Kap. 1 aufgestellten Taxonomie keine reinen PCAs sind, trugen sie dazu bei, die Akzeptanz für langsamer erzählte, detailreiche Geschichten in Videospielen wieder zu erhöhen. Beide Spiele sind 3D-PCAs aus der Ich-Perspektive, sodass einige der Eigenschaften von PCAs zutreffen. Die große Fanbasis und die Qualität der Umsetzungen machten die Spiele schließlich auch zu einem kommerziellen Erfolg.

Im Umfeld dieser modernen narrativen Adventures konnten traditionelle PCAs wieder stärker Fuß fassen. Die nach wie vor große und treue Fangemeinde für Rätsel, spannende Erzählungen und charaktergetriebene Dialoge erhoffte sich neues Material, neue Spiele, bitte in 2D! Während aber große Studios meist zögerten oder gar das Genre aufgaben, übernahmen Indie-Entwickler die Mission, die klassischen Adventures neu zu beleben.

Mit begrenzten Budgets, aber viel Leidenschaft und Kreativität nutzten sie alternative Finanzierungsmöglichkeiten wie Crowdfunding, z. B. über Kickstarter, um Projekte zu realisieren, die den Geist vergangener Zeiten atmen. Spiele wie *Broken Age* von Tim Schaefer oder *Thimbleweed Park* von Ron Gilbert und Gary Winnick – alle übrigens ehemalige LucasArts-Mitarbeiter – haben eindrucksvoll gezeigt, dass es nach wie vor einen Markt für PCAs gibt. Und, dass der direkte Draht zu einer treuen Fangemeinde und das Eingehen auf deren (emotionale) nostalgische Bedürfnisse ein erfolgreicher Ansatz sein kann.

6.9 Fazit: Wiederbelebung durch Rückbesinnung

Zusammengefasst zeigt sich, dass die Rückkehr zu klassischem 2D-Design und Point-&-Click-Gameplay weit mehr als nur ein nostalgischer Rückschritt war – sie erwies sich als eine pragmatische Antwort auf die Probleme der 3D-Ära. Viele der Herausforderungen, die durch ungenaue Steuerung, technische Limitierungen und unfertige Konzepte in den frühen 3D-Adventures entstanden, konnten durch den bewussten Schritt zurück zu den Stärken der klassischen Adventures umgangen werden – allem voran vielleicht das Loswerden einer halben bis ganzen Raumrichtung (von 3D auf 2.5d) und der Tank-Steuerung. Indie-Entwickler, alternative Finanzierungswege, die Community, Rätsel ohne Mondlogik. Das alles waren die Faktoren der Wiederbelebung.

Die Geschichte des Genres zeigt: Innovationen sind wertvoll – aber nur, wenn sie die grundlegenden Stärken eines Genres respektieren. Tradition und Fortschritt müssen keine Gegensätze sein müssen, denn die erfolgreichsten modernen PCAs verbinden nostalgische Elemente mit zeitgemäßen Technologien.

Es bleibt spannend zu beobachten, wie sich das Genre weiterentwickeln wird. Vielleicht eröffnet ein gelungenes Zusammenspiel von klassischem 2D-Design und modernen Technologien – etwa durch den Einsatz von VR oder KI-gestützten Dialogen – künftig ganz neue Wege für PCAs. Eines ist jedoch sicher: Wenn sich das Genre auf seine bewährten Stärken besinnt, bleibt es nicht nur lebendig, sondern bietet auch weiterhin Raum für kreative Innovationen.

Zitate

Gilbert, Ron (2022), In rare interview, Monkey Island designers tell Ars about long-awaited Return, https://arstechnica.com/gaming/2022/04/in-rare-interview-monkey-island-designers-tell-ars-about-long-awaited-return/

Schafer, Tim (2012). *LucasArts' Secret History #13: Grim Fandango Tim Schafer, Project Leader,* Website, https://mixnmojo.com/features/sitefeatures/LucasArts-Secret-History-13-Grim-Fandango/7

Literatur

Gutsche, M. (2019). *The Rise, Fall, and Return of Adventure Games: A History of Interactive Storytelling.* Game Studies Journal, 19(2).
Juul, J. (2019). *Handmade Pixels: Independent Video Games and the Quest for Authenticity.* MIT Press.
Nitsche, M. (2008). *Video game spaces: Image, play, and structure in 3D worlds.* MIT Press.

Ludographie

Daedalic Entertainment. (2012–2016). *Deponia*-Reihe [PC]. Daedalic Entertainment.
Firewatch (2016) [PC, PlayStation 4, Xbox One, Nintendo Switch]. Campo Santo.
Gilbert, R., & Winnick, G. (2017). *Thimbleweed Park* [PC, PlayStation 4, Xbox One, Nintendo Switch, Mobile]. Terrible Toybox.
Gilbert, D. (2006–2014). *Blackwell*-Reihe [PC]. Wadjet Eye Games.
LucasArts. (1998). *Grim Fandango* [PC]. LucasArts.
LucasArts. (2000). *Escape from Monkey Island* [PC, PlayStation 2]. LucasArts.
LucasArts. (1990). *The Secret of Monkey Island* [PC]. LucasArts.
LucasArts. (1997). *The Curse of Monkey Island* [PC]. LucasArts.
LucasArts & Telltale Games. (2009). *Tales of Monkey Island* [PC, PlayStation 3, Wii]. Telltale Games.
Nomality Inc. (1996) [PC]. Gremlin Interactive.
Sierra On-Line. (1987–1995). *Space Quest*-Reihe [PC]. Sierra On-Line.
Sierra On-Line. (1987). *Maniac Mansion* [PC]. Lucasfilm Games.
Telltale Games. (2012). *The Walking Dead* [PC, PlayStation 3, Xbox 360]. Telltale Games.
Telltale Games. (2015). *Life is Strange* [PC, PlayStation 4, Xbox One]. Dontnod Entertainment.
The Longest Journey (1999) [PC]. Funcom.
The Whispered World (2009) [PC]. Daedalic Entertainment.
Tim Schafer (2014). *Broken Age* [PC, PlayStation 4, Mobile]. Double Fine Productions.

Escape Room vs. PCAs

Inhaltsverzeichnis

7.1 Was sind Escape Rooms und wie unterscheiden sie sich von PCAs? 94
7.2 Games Studies und wissenschaftlicher Hintergrund 95
7.3 Psychologie von Escape Rooms und Kooperation 96
7.4 Ensemble-Dynamik: PCAs mit mehreren Charakteren vs. Escape Rooms 98
7.5 Sind PCAs mit mehreren Charakteren automatisch ein Escape Room? 100
Literatur 101

> Mein erster selbst gespielter Escape Room spielte in einem Mini-Bergwerk. Zwei Kommilitonen entwickelten den und ich war Betatester. Es war eine sehr intensive Erfahrung, denn zu zweit alle Rätsel zu lösen, war schon eine Herausforderung. Im Endeffekt benötigten wir zwar nur einen einzigen Hinweis vom Game Master, um den Raum in der vorgegebenen Zeit verlassen zu können. Aber ohne den Hinweis, hätten wir es gar nicht geschafft…

Escape Rooms und PCAs sind zwei unterschiedliche, aber in ihrer spielmechanischen Struktur eng verwandte Spielkonzepte. Beide setzen auf Rätselmechaniken, Umgebungsinteraktion und eine Progression, die auf dem Lösen von Aufgaben basiert. Während PCAs digitale Erlebnisse für Einzelspieler sind, sind Escape Rooms physische Räume, in denen Gruppen gemeinsam Rätsel lösen müssen, um innerhalb einer vorgegebenen Zeit ein Ziel zu erreichen.

Der Vergleich dieser beiden Spielformen ist nicht nur aus ludologischer Sicht interessant, sondern auch aus psychologischer und narrativer Perspektive. PCAs, besonders Titel von LucasArts mit mehreren Protagonisten, wie *Maniac Mansion* (1987), *Zak McKracken and the Alien Mindbenders* (1988), *Day of the Tentacle* (1993) oder *The Dig* (1995) sind bis heute Referenzpunkte für Spieldesign und Narration. Integraler Bestandteil dieser Ensembles von Charakteren ist der Wechsel zwischen den einzelnen Protagonisten, die meist unterschiedliche Fähigkeiten beisteuern.

Escape Rooms sind ein recht junges Phänomen. Sie haben ihren Ursprung in den frühen 2000er Jahren mit Online-„Escape-the-Room"-Flashspielen wie Toshimitsu Takagis *Crimson Room* und wurden wahrscheinlich erstmals 2007 als physisches Erlebnis von Takao Kato in Japan in seinem *Real Escape Game* (REG) umgesetzt – zuvor gab es so etwas wie Schnitzeljagden oder Gruselkabinette auf Jahrmärkten, die aber meist auf Rätsel oder Puzzle verzichten. Seit dem REG hat sich das Konzept weltweit verbreitet und wird heute sowohl als Freizeitaktivität als auch in Bereichen wie Bildung und Teambuilding genutzt (Nicholson, 2015). Die Grundmechaniken eines Escape Rooms – das Suchen und Kombinieren von Objekten, das Entschlüsseln von Codes und das interaktive Lösen von Rätseln – weisen starke Parallelen zu den Mechaniken klassischer PCAs auf.

7.1 Was sind Escape Rooms und wie unterscheiden sie sich von PCAs?

Escape Rooms sind physische, interaktive Spiele, bei denen eine Gruppe von Spielern innerhalb eines begrenzten Zeitraums verschiedene Rätsel lösen muss, um aus einem Raum zu entkommen oder eine bestimmte Mission zu erfüllen. Das Konzept kombiniert Elemente aus Rätseldesign, Umgebungsinteraktion und Teamarbeit (Nicholson, 2015). Escape Rooms sind weltweit verbreitet und ein beliebtes Freizeiterlebnis mit unterschiedlichsten Themensettings, darunter Horror, Abenteuer, Science-Fiction und historische Szenarien (Garcia, 2019).

Escape Rooms setzen auf eine Kombination verschiedener spielmechanischer Elemente, die ein immersives und involvierendes Rätselerlebnis ermöglichen:

- **Rätsel und Logikaufgaben:** Spieler müssen Hinweise kombinieren, Zahlen- oder Symbolcodes entschlüsseln und Muster erkennen.
- **Interaktion mit Objekten:** Viele Escape Rooms setzen physische Mechanismen ein, bei denen Spieler Türen, versteckte Fächer oder geheime Schalter betätigen müssen.
- **Kooperative Aufgaben:** Escape Rooms sind so gestaltet, dass Spieler zusammenarbeiten müssen – sei es durch geteilte Informationen, paralleles Lösen von Rätseln oder das Kombinieren von gefundenen Objekten.
- **Zeitlimit:** Im Gegensatz zu klassischen PCAs gibt es meist eine festgelegte Spielzeit (häufig 60 min), was Druck, Spannung und einen Flow erzeugt (Csikszentmihalyi, 1990).
- **Narrative Einbettung:** Viele Escape Rooms nutzen eine übergeordnete Geschichte, die durch Rätsel, Raumgestaltung und versteckte Hinweise vermittelt wird (Garcia, 2019).

Neben ihrer Unterhaltungsfunktion werden Escape Rooms auch in Bildungs- und Unternehmenskontexten genutzt. Durch den Einsatz spielerischer Elemente zur Förderung von Problemlösungsstrategien, Teamarbeit und kritischem Denken gelten sie als effektive Lernmethode (Wiemker et al., 2015). Besonders in der beruflichen Weiterbildung werden Escape Rooms als Gamification-Ansatz verwendet, um Lerninhalte interaktiver und motivierender zu gestalten (Nicholson, 2015).

Vergleich zu Escape Rooms
Beide Genres setzen auf das Kombinieren von Hinweisen und Objekten, wobei die Interaktion in Escape Rooms auf physische Art und Weise geschieht, während PCAs sich durch ihren Digitalität auf Maussteuerung beschränken. In Escape Rooms wird oft auf environmental Storytelling gesetzt, etwa Kratzer auf dem Boden vor einer Geheimtür oder Aufkleber von Fluggesellschaften auf einem Koffer. PCAs hingegen erzählen ihre Geschichten zusätzlich meist explizit durch Dialoge und Skripte.

7.2 Games Studies und wissenschaftlicher Hintergrund

Die wissenschaftliche Betrachtung von Escape Rooms und PCAs erfordert eine interdisziplinäre Herangehensweise. Beide Spielarten können sowohl aus ludologischer als auch narratologischer Perspektive analysiert werden. Während die Ludologie sich mit den strukturellen und mechanischen Aspekten von Spielen befasst (Juul, 2005), konzentriert sich die Narratologie darauf, wie Geschichten innerhalb interaktiver Medien vermittelt werden (Murray, 1997).

Ludologische Perspektive: Mechaniken und Interaktionsformen
Ludologisch betrachtet basieren sowohl Escape Rooms als auch PCAs auf explorativem Rätseldesign. Sie verlangen von den Spielern, Hinweise zu sammeln, logische Zusammenhänge zu erkennen und Lösungen durch Versuch und Irrtum zu finden. Dabei unterscheiden sie sich jedoch in ihrer Interaktionsform. Escape Rooms nutzen physische Manipulationsmöglichkeiten: Spieler müssen reale Objekte untersuchen, Codes eingeben, Türen öffnen oder versteckte Mechanismen aktivieren. Diese körperliche Einbindung verstärkt die Involviertheit (Wilson, 2002). PCAs hingegen setzen auf Maussteuerung und verbale Interaktion: Durch das Anklicken von Objekten und Dialogoptionen erkunden Spieler die Umgebung und interagieren mit Charakteren. Und schließlich werden in Escape Rooms kognitive Problemlösungen durch physische Handlungen ergänzt, während PCAs sich auf mentale Simulationen stützen (Wilson, 2002).

Narratologische Perspektive: Storytelling in Escape Rooms und PCAs
Die Form, in der die beiden Spielformen ihre Geschichten erzählen, unterscheidet sich grundlegend. PCAs verwenden explizites Storytelling, in dem Spieler Informationen durch Dialoge, Skripte und Zwischensequenzen erhalten (Murray, 1997). Escape Rooms setzen eher auf Environmental Storytelling. Dabei wird die Geschichte durch Objekte, die Raumgestaltung und subtile Hinweise vermittelt. Das Konzept des Erzählraums beschreibt Spiele als interaktive Umgebungen, in denen Spieler die Handlung selbst entdecken. Während klassische PCAs eine festgelegte Story vorgeben, lassen Escape Rooms die Spieler durch ihre Aktionen selbst Narrative rekonstruieren (Jenkins, 2004).

Psychologische Theorien: Flow und soziale Interaktion
Beide Formate erzeugen Flow-Zustände durch herausfordernde, aber lösbare Rätsel. Escape Rooms verstärken dies durch ein Zeitlimit. Wie gesagt, beschreibt Csikszentmihalyi dies in seiner Flow-Theorie (Csikszentmihalyi, 1990). Auch die „Social Identity Theory" – die Identifizierung mit einer Gruppe von Spielern – lässt sich anwenden, denn Escape Rooms fördern Gruppendynamik und Teamgefühl, da sie auf direkter Kooperation basieren (Tajfel & Turner, 1979). Dies trifft auf PCAs nicht zu, da sie als Einzelspielererfahrung konzipiert sind.

Der Vergleich der genannten Merkmale zeigt, dass Escape Rooms und PCAs viele Mechaniken teilen, aber unterschiedliche Erzähl- und Interaktionsformen nutzen. Escape Rooms könnten von PCAs die narrative Tiefe übernehmen, während PCAs durch die physische Interaktion in Escape Rooms inspiriert werden.

7.3 Psychologie von Escape Rooms und Kooperation

Die psychologische Dynamik in Escape Rooms unterscheidet sich grundlegend von PCAs, da Escape Rooms auf direkte soziale Interaktion setzen. Während PCAs meist als Einzelspieler-Erfahrungen konzipiert sind, sind Escape Rooms von Natur aus kooperative Herausforderungen, die Teamwork, Kommunikation und Problemlösung in Echtzeit erfordern (Deci & Ryan, 1985).

Motivation und Spielerfahrung: Selbstbestimmungstheorie
Die Selbstbestimmungstheorie (Self-Determination Theory, SDT) von Deci & Ryan (1985) erklärt, warum Escape Rooms oft als besonders motivierend empfunden werden. Sie basiert auf drei psychologischen Grundbedürfnissen:

- **Autonomie:** Spieler haben die Freiheit, selbst zu entscheiden, welche Rätsel sie lösen und welche Strategien sie verfolgen.
- **Kompetenz:** Der Erfolg beim Lösen eines Rätsels verstärkt das Gefühl der eigenen Fähigkeiten und führt zu Flow-Erlebnissen.

- **Soziale Eingebundenheit:** Durch die Kooperation mit anderen Spielern entsteht ein starkes Teamgefühl, das in Einzelspieler-PCAs oft fehlt.

Teamdynamik und Rollenverteilung
In Escape Rooms entwickeln sich häufig natürliche Teamrollen, ähnlich wie in anderen kooperativen Gruppenprozessen. Diese Rollenverteilung kann mit dem Belbin-Teamrollen-Modell (1981) erklärt werden. Dazu gehören:

- **The Brain:** Analytische Denker, der Muster erkennt und komplexe Rätsel löst.
- **The Doer:** Person, die direkt mit Objekten interagiert und Aufgaben umsetzt.
- **The Caretaker:** Koordinierende Figur, die den Überblick behält kommuniziert.
- **The Wild Card:** Bringt kreative Ideen, die zu unerwarteten Lösungen führen.

Diese Rollen ergeben sich oft spontan, was Escape Rooms eine hohe soziale Dynamik verleiht. In PCAs hingegen wird die Rollenverteilung durch das Spieldesign vorgegeben – z. B. in *Day of the Tentacle*, wo unterschiedliche Charaktere spezifische Aufgaben haben.

Social Identity Theory: Escape Rooms als Gruppenerfahrung
Die Social Identity Theory (Tajfel & Turner, 1979) beschreibt, wie sich Menschen durch Gruppenzugehörigkeit identifizieren. Escape Rooms verstärken dieses Phänomen, indem sie eine „Wir-gegen-den-Raum"-Dynamik erzeugen:

- **Gemeinsames Ziel:** Die Spieler arbeiten zusammen gegen eine externe Herausforderung (das Spielsystem).
- **Zeitdruck als Verstärker:** Die limitierte Spielzeit intensiviert das Gruppenerlebnis und erhöht die emotionale Bindung zwischen den Spielern.
- **Erfolgs- und Misserfolgserlebnisse:** Ein gemeinsamer Sieg stärkt das Teamgefühl, während eine Niederlage oft reflektiert und als Lernprozess wahrgenommen wird (Festinger, 1954).

Gamemaster als psychologisches Hilfesystem
Ein weitere Unterschied zwischen Escape Rooms und PCAs ist die Möglichkeit, in schwierigen Situationen Hilfe zu erhalten. In den 1980er- und 1990er-Jahren nutzten Spieler von PCAs Lösungsbücher oder riefen kostenpflichtige Hotlines an, um an schwierigen Stellen weiterzukommen. *Thimbleweed Park* (2017) griff dieses Prinzip mit einer In-Game-Hotline als Hommage an die alten LucasArts-Spiele auf. Dieses Prinzip wurde von Burbach postuliert (Burbach, 2015).

In Escape Rooms übernimmt die Hilfe-Funktion der Gamemaster, der in Echtzeit auf den Spielfortschritt reagiert und individuelle Hinweise gibt. Während ein Lösungsbuch in PCAs statische Tipps bietet, kann der Gamemaster den Schwierigkeitsgrad dynamisch anpassen und gezielt eingreifen (Hunicke, 2005). Dies macht Escape Rooms flexibler, aber auch weniger frustrierend als klassische PCAs mit „Dead Ends" oder unüberwindbaren Rätseln (Tab. 7.1).

Tab. 7.1 Psychologische Unterschiede zwischen Escape Rooms und PCAs

Psychologischer Aspekt	Escape Rooms	PCAs
Motivation	Starke soziale Eingebundenheit, Zeitdruck steigert Spannung	Eher individuelle Fortschrittsmotivation
Rollenverteilung	Spontan, flexibel, hängt von Teamdynamik ab	Vom Spieldesign vorgegeben (z. B. mehrere steuerbare Charaktere)
Soziale Dynamik	Starke Identifikation mit der Gruppe	Einzelspieler-Erlebnis, gelegentlich Ensemble-Mechaniken
Hilfesystem	Gamemaster passt Hinweise dynamisch an	Statische Hotlines, Lösungsbücher oder In-Game-Tipps

7.4 Ensemble-Dynamik: PCAs mit mehreren Charakteren vs. Escape Rooms

Eine wichtige Parallele zwischen Escape Rooms und PCAs liegt in der Ensemble-Dynamik. Während Escape Rooms von realen Gruppen gespielt werden, die kooperativ Rätsel lösen, gibt es in PCAs zahlreiche Beispiele für steuerbare Charakterensembles, die gemeinsam an einer Aufgabe arbeiten. Diese Mechanik erlaubt es, Informationen zu verteilen, spezialisierte Aufgaben zu schaffen und verschiedene Lösungsansätze zu ermöglichen (Burbach, 2024).

Mehrere steuerbare Charaktere in PCAs als Vorläufer des Escape Room-Teams
Bereits in frühen PCAs wurden mehrere Charaktere spielerisch integriert. Diese konnten unterschiedliche Fähigkeiten besitzen und mussten in bestimmten Situationen zusammenarbeiten. In *Maniac Mansion* muss der Spieler ein Team aus drei Protagonisten wählen, wobei jede Figur über spezielle Eigenschaften verfügt, die bestimmte Rätsel auf unterschiedliche Weise lösen können. *Day of the Tentacle* setzt zusätzlich auf eine Kooperation über Zeitebenen: Die drei spielbaren Charaktere sind in unterschiedlichen Jahrhunderten gefangen und müssen Objekte und Informationen austauschen, um Rätsel über die Zeit hinweg zu lösen (Schafer, 1993).

In PCAs sorgt die Ensemble-Mechanik dafür, dass Informationen zwischen den Charakteren „weitergegeben" werden müssen. Dieses Konzept ist eine direkte Parallele zu Escape Rooms, in denen Spieler Hinweise miteinander teilen und koordinieren müssen.

Escape Rooms als Live-Version eines Ensemble-Spiels
Escape Rooms übertragen diese Dynamik auf die reale Welt: Während PCAs den Wechsel zwischen Charakteren ermöglichen, müssen Spieler in Escape Rooms miteinander kommunizieren und Aufgaben verteilen. Dies verstärkt das kooperative Element und fordert eine aktive soziale Interaktion (Tajfel & Turner, 1979). Weiter oben wurden bereits die Team-Rollen nach Belbin erläutert.

7.4 Ensemble-Dynamik: PCAs mit mehreren Charakteren vs. Escape Rooms

Vergleich mit Ensembles aus anderen Medien

Diese Dynamik ist nicht nur in PCAs, sondern auch in anderen Medienformaten zu finden. Im Film und den Comics *The Avengers* bringt jeder Held eine besondere Fähigkeit mit, die für den Gesamterfolg des Teams entscheidend ist – vergleichbar mit Escape Rooms, in denen jeder Spieler zur Lösung beiträgt.

In der Fernsehserie *The Big Bang Theory* haben die Charaktere unterschiedliche Stärken und müssen ihre Fähigkeiten kombinieren, um Herausforderungen zu meistern – ähnlich wie Spieler in Escape Rooms.

Sowohl im Buch als auch im Film *Harry Potter* schließlich besteht die Gruppe aus Harry, Hermine und Ron, die alle auf ihre eigene Art zur Problemlösung beitrage – genau wie in PCAs mit mehreren Charakteren oder in Escape Rooms mit aufgeteilten Rätseln.

Schlussfolgerung: Sind PCAs mit mehreren Charakteren Escape Rooms in digitaler Form?

Obwohl PCAs mit mehreren steuerbaren Figuren Escape Rooms in gewisser Weise ähneln, gibt es deutliche Unterschiede:

Während also Escape Rooms die Ensemble-Mechanik von PCAs aufgreifen, nutzen sie sie auf eine völlig neue Art und Weise. Escape Rooms fordern echte Teamarbeit, während PCAs ihre Kooperation meist durch Mechaniken simulieren. Dennoch zeigt sich, dass beide Formate auf ähnliche Grundprinzipien zurückgreifen, die für ein immersives und kooperatives Spielerlebnis sorgen (Tab. 7.2).

Tab. 7.2 Merkmale von Escape Rooms und PCAs mit mehreren Charakteren

Merkmal	Escape Rooms	PCAs mit mehreren Charakteren
Kooperation	Echtzeit-Kommunikation mit Mitspielern	Spieler wechselt zwischen Charakteren
Interaktion	Physische Manipulation von Objekten	Klickbasierte Steuerung
Erzähldynamik	Umgebung und Rätsel erzählen die Story	Dialoge und Skripte treiben die Geschichte voran
Flexibilität	Rollen entstehen natürlich	Charakterfähigkeiten sind vorgegeben

7.5 Sind PCAs mit mehreren Charakteren automatisch ein Escape Room?

Die strukturellen Parallelen zwischen PCAs mit mehreren steuerbaren Charakteren und Escape Rooms werfen die Frage auf, ob eines dieser Formate als direkte Übersetzung des anderen betrachtet werden kann. Beide Spielarten beruhen auf Rätseldesign, explorativer Problemlösung und oft auch einer kooperativen Dynamik – sei es zwischen realen Spielern oder innerhalb einer Gruppe steuerbarer Charaktere (Burbach, 2024). Dennoch gibt es zentrale Unterschiede, die verhindern, dass man ein PCA automatisch als digitalen Escape Room oder umgekehrt interpretieren kann.

Ähnlichkeiten zwischen Escape Rooms und PCAs mit mehreren Charakteren

- In beiden Formaten müssen Hinweise gesammelt, Gegenstände kombiniert und **Rätsel gelöst** werden, um **voranzukommen**.
- In PCAs müssen Charaktere zusammenarbeiten, ähnlich wie es Spieler in einem Escape Room tun. Es entsteht eine Ensemble-Dynamik.
- Sowohl in Escape Rooms als auch in PCAs gibt es oft mehrere, **nicht-lineare Ansätze**, um ein Problem zu lösen.
- Spieler interagieren mit der Welt, indem sie nach **versteckten Hinweisen suchen** und deren Bedeutung entschlüsseln.

Unterschiede zwischen Escape Rooms und PCAs mit mehreren Charakteren

- In Escape Rooms werden Objekte **physisch manipuliert**, während PCAs digital per Mausklick bedient werden.
- In Escape Rooms gibt es eine direkte Kommunikation mit einer Rollenverteilung unter Spielern mit entsprechender **Kooperation**. In PCAs wechselt ein Spieler zwischen Charakteren und koordiniert sie selbst.
- Escape Rooms basieren oft auf einem **Zeitlimit**, um eine gewissen Spannung zu erzielen, während es in PCAs selten Zeitlimits gibt: Spieler können in eigenem Tempo erkunden und rätseln.
- Die **Narration** in Escape Rooms wird oft durch die Umgebung vermittelt, während in PCAs die Geschichte über Dialoge und geskriptete Aktionen erzählt werden.

Ein wichtiger Faktor ist die physische Interaktion: Während PCAs es erlauben, die Welt durch Mausklicks zu beeinflussen, setzen Escape Rooms auf haptische Erlebnisse. Spieler müssen Schlüssel drehen, Schalter umlegen oder physische Rätsel lösen, was ein anderes immersives Erleben schafft (Wilson, 2002).

Gamemaster als Escape-Room-Äquivalent zur Spielehotline
Ein weiteres Unterscheidungsmerkmal ist das Hinweissystem, das weitere oben bereits beschrieben wurde: Während PCAs lange Zeit auf Lösungsbücher oder Hotlines angewiesen waren, um Spielern bei schwierigen Rätseln zu helfen, haben Escape Rooms den Gamemaster als integrierten „Live-Hilfedienst". In den 1980er- und 1990er-Jahren konnten Spieler kostenpflichtige Hotlines anrufen, wenn sie in PCAs nicht weiterkamen. Spiele wie *Thimbleweed Park* (2017) griffen dieses System mit einer In-Game-Hotline humorvoll auf. Escape Rooms hingegen haben eine direkte Hilfeinstanz, die individuell auf Spieler eingeht, Hinweise gibt oder Schwierigkeitsstufen anpasst (Hunicke, 2005). Damit sind sie flexibler als klassische PCAs, die feste Hilfestrukturen haben. Im Prinzip funktioniert ein Escape Room jedoch durch das gesetzte harte Zeitlimit selten ohne Hilfesystem.

Schlussfolgerung
Während Escape Rooms und PCAs mit mehreren steuerbaren Charakteren viele Gemeinsamkeiten aufweisen, sind sie nicht vollständig austauschbar. PCAs sind für Einzelspieler konzipiert und nutzen Ensemble-Mechaniken über multiple steuerbare Figuren, während Escape Rooms auf echte soziale Dynamik und physische Interaktion setzen. Dennoch sind beide Formate in ihrer Kernmechanik verwandt und könnten in Zukunft weiterhin voneinander profitieren.

Literatur

Belbin, M. (1981). Management Teams: Why They Succeed or Fail. Oxford: Butterworth-Heinemann.
Csikszentmihalyi, M. (1990). Flow: The Psychology of Optimal Experience. Harper & Row.
Deci, E. L., & Ryan, R. M. (1985). Intrinsic motivation and self-determination in human behavior. Springer Science & Business Media.
Festinger, L. (1954). A theory of social comparison processes. Human Relations, 7(2),
Garcia, A. (2019). Immersive Design and Escape Room Narratives. Journal of Game Design & Development, 12(3), 45-62.
Hunicke, R. (2005). The case for dynamic difficulty adjustment in games. Proceedings of the ACM SIGCHI Conference on Human Factors in Computing Systems.
Jenkins, H. (2004). Game Design as Narrative Architecture. In: First Person: New Media as Story, Performance, and Game. MIT Press.
Juul, J. (2005). Half-Real: Video Games between Real Rules and Fictional Worlds. MIT Press.
Murray, J. (1997). Hamlet on the Holodeck: The Future of Narrative in Cyberspace. MIT Press.
Nicholson, S. (2015). Peeking behind the locked door: A survey of escape room facilities. White Paper. Syracuse University School of Information Studies.
Schafer, T. (1993). The Design of Day of the Tentacle. LucasArts Game Development Conference Proceedings.
Tajfel, H., & Turner, J. C. (1979). An integrative theory of intergroup conflict. In W. G. Austin & S. Worchel (Eds.), The social psychology of intergroup relations. Brooks/Cole.

Wiemker, M., Elumir, E., & Clare, A. (2015). Escape Room Games: Can you transform an activity into a game? Proceedings of the Game Design Research Symposium.

Wilson, M. (2002). Six views of embodied cognition. Psychonomic Bulletin & Review, 9(4), 625–636.

Ludographie

LucasArts (1987): Maniac Mansion. Lucasfilm Games.
LucasArts (1988): Zak McKracken and the Alien Mindbenders. Lucasfilm Games.
LucasArts (1993): Day of the Tentacle. LucasArts.
LucasArts (1995): The Dig. LucasArts.
SCRAP (2007): Real Escape Game. Kyoto, Japan.
Infocom (1980): Zork. Infocom.
Sierra (1984): King's Quest. Sierra On-Line.
LucasArts (1990): The Secret of Monkey Island. LucasArts.
Amanita Design (2009): Machinarium. Amanita Design.
Terrible Toybox (2017): Thimbleweed Park. Terrible Toybox.
Total Mayhem Games (2017): We Were Here. Total Mayhem Games.

Filmographie

Lorre, C. & Prady, B. (2007–2019): The Big Bang Theory (TV-Serie).
Marvel Studios (2012–2023): The Avengers (Filmreihe).
Warner Bros. (2001–2011): Harry Potter (Filmreihe).

Weibliche Protagonisten in Point & Click Adventures

8

Inhaltsverzeichnis

8.1	Narrative Besonderheiten und Design	104
8.2	Einfluss der Autorenschaft	105
8.3	Unterschiede zwischen männlichen und weiblichen Hauptfiguren	107
8.4	Simon the Sorcerer und The Legend of Kyrandia 2	109
8.5	Broken Sword und Syberia	111
8.6	Fazit: Gibt es umfangreiche Unterschiede?	114
8.7	Übersicht: Spiele mit weiblichen Hauptfiguren	114
Literatur		117

> Dass es im Vergleich wenige Point & Click-Adventure mit Protagonistinnen gibt, war mir als Teenie nicht bewusst. Ich wollte unterhalten werden, da ist mir die Titelfigur als Solche wichtig, nicht das Geschlecht. Im Nachhinein betrachtet, war es aber gut, in *The Legend of Kyrandia 2* mal einen weiblichen Charakter durch die Gegend zu klicken. Zanthia wirkte vielschichtiger als etwa Guybrush. Aber Westwood brachte in *Kyrandia III* mit Malcolm ja einen Bösewicht als Hauptfigur, der auch sehr vielschichtig war – vielleicht lag es an den Entwicklern bei Westwood. In der Beschäftigung mit dem Thema wurde mir aber einiges klar: Die Darstellung der weiblichen Hauptrolle unterscheidet sich meist von der des männlichen Protagonisten.

Dieses Kapitel basiert auf einem Paper, das der Autor zusammen mit Prof. Nadine Trautzsch veröffentlicht hat. Vielen Dank dafür! Es ist in der weiblichen Form verfasst und umfasst auch die männliche Form, falls nicht anders vermerkt.

In diesem Kapitel wird untersucht, wie weibliche Hauptfiguren in klassischen und modernen PCAs dargestellt werden – und wie sich diese Darstellungen von den oft eher stereotyp gezeichneten männlichen Protagonisten unterscheiden. Eine Analyse der entsprechenden Spiele zeigt, dass weibliche Charaktere häufig komplexe, emotional vielschichtige Persönlichkeiten darstellen. Das hängt auch von der Autorenschaft ab und deren Einfluss auf die Erzählweise.

In Spielen wie *The Legend of Kyrandia 2: Hand of Fate* von 1993 setzten die Entwicklerinnen Impulse: Weibliche Figuren erschienen als Detektivinnen, Zauberinnen oder Suchende – oft in einer Welt, in der männliche Protagonisten als humorvolle oder tollpatschige Helden agiert hätten, wie z. B. in *The Secret of Monkey Island* oder *Broken Sword*.

8.1 Narrative Besonderheiten und Design

Protagonistinnen in PCAs heben sich oft durch weitere spezifische Erzählstrukturen und Charakterisierungen von ihren männlichen Pendants ab. Weibliche Charaktere verfolgen oft eine persönlichere Entwicklung, mit emotionalen Konflikten – also eigentlich eher eine klassische Heldinnenreise, während die „Jungs" einfach da sind und oft als selbstbewusst und kompetent auftreten. „Ich bin Guybrush Threepwood und möchte Pirat werden".

Emotionale Tiefe & Selbstfindung
Viele Protagonistinnen starten oft als unsichere oder ihre Identität suchende Figuren und gewinnen über die Geschichte hinweg an Selbstvertrauen und Stärke. Beispielsweise ist April Ryan aus *The Longest Journey* zu Beginn eine gewöhnliche Kunststudentin, die sich erst schrittweise ihrer übernatürlichen Fähigkeiten bewusst wird. Kate Walker aus *Syberia* ist anfangs eine nüchterne Anwältin, die nur einen geschäftlichen Auftrag erledigen will, sich aber zunehmend von gesellschaftlichen Erwartungen löst. Fran Bow aus dem gleichnamigen Spiel kämpft mit Traumata und psychischer Verwirrung, während sie versucht, den Mord an ihren Eltern zu verstehen.

Investigativer Ansatz & Detektivarbeit
Ein weiteres auffälliges Muster bei Protagonistinnen ist die starke Betonung auf investigative Elemente. Weibliche Figuren müssen sich oft in einem Umfeld behaupten, das sie unterschätzt oder ihnen Steine in den Weg legt. So muss die Protagonistin von *The Colonel's Bequest* Laura Bow als junge Reporterin in einem von Männern dominierten Umfeld Indizien sammeln und sich durchsetzen. Victoria McPherson aus *Still Life* ist eine FBI-Agentin, die sich als Frau in einem harten Berufsfeld beweisen muss. Und Kathy Rain aus dem gleichnamigen Spiel kombiniert ihre persönliche Familiengeschichte mit klassischen Detektivmotiven.

Dieser narrative Ansatz hebt weibliche Charaktere oft als kluge, intuitive und hartnäckige Ermittlerinnen hervor, die durch Logik und Empathie zum Ziel kommen – im Gegensatz zu männlichen Charakteren, die oft durch Charme oder Glück weiterkommen, wie etwa George Stobbard in *Broken Sword*.

Magische, märchenhafte Settings
Weibliche Hauptfiguren treten außerdem überdurchschnittlich oft in magischen oder märchenhaften Welten auf und versuchen, sich aus eingeschränkten sozialen Rollen zu befreien oder innere Ängste und Zweifel zu überwinden. Diese Settings ermöglichen nicht nur fantasievolle Abenteuer, sondern erlauben es den Charakteren auch, traditionelle Rollenbilder zu hinterfragen. So nutzt Zanthia aus *The Legend of Kyrandia 2* Magie, um das Verschwinden ihres Heimatlandes aufzuhalten und muss dabei gegen patriarchale Strukturen kämpfen. Anna aus *Anna's Quest* ist ein junges Mädchen mit übernatürlichen Fähigkeiten, das sich gegen dunkle Mächte behauptet und April Ryan im bereits erwähnten *The Longest Journey* bewegt sich zwischen zwei Welten – der realistischen Zukunft und einer magischen Parallelwelt.

8.2 Einfluss der Autorenschaft

Wie weibliche Hauptfiguren dargestellt werden, hängt oft stark von der Autorenschaft ab. Während viele Adventures von männlichen Autoren geschrieben wurden, zeigt sich, dass weibliche Entwicklerinnen oft komplexere Frauenfiguren erschaffen. Zu den wichtigsten Autorinnen gehören:

- Roberta Williams (Sierra On-Line) entwickelte *King's Quest IV*, das erste Adventure mit einer Protagonistin (Rosella). Auch *The Colonel's Bequest* (Laura Bow) legte den Fokus auf eine smarte, investigative Heldin (Williams, 1989).
- Jane Jensen (*Gabriel Knight*-Serie) schrieb komplexe Charaktere – sogar ihre männlichen Figuren (z. B. *Gabriel Knight*) wurden differenzierter dargestellt als typische männliche Helden (Jensen, 1999).
- Natalia Martinsson *(Fran Bow)* erschuf eine weibliche Hauptfigur, die nicht nur mit äußeren Gegnern, sondern auch mit ihrer eigenen Psyche kämpft.

Diese Spiele zeichnen sich oft durch eine stärkere psychologische und emotionale Tiefe aus, da die Figuren mit inneren Konflikten und sozialen Hürden konfrontiert werden und so näher an realen Personen sind.

Männliche Autoren und weibliche Hauptfiguren

Männliche Autoren neigen dazu, weibliche Figuren oft entweder als „starke Frauencharaktere" (aber mit stereotypisch, männlichen Charakteristika) oder als unsichere Figuren mit großem Selbstzweifel darzustellen.

- April Ryan (*The Longest Journey,* geschrieben von Ragnar Tørnquist) ist eine starke Protagonistin, die mit anhaltenden Selbstzweifeln kämpft (Tørnquist, 1999).
- Kate Walker (*Syberia,* von Benoît Sokal) ist eine Figur, die erst durch ihr Abenteuer aus ihrer angepassten Rolle ausbricht, quasi ihr Call-to-Action.
- Anna (*Anna's Quest,* von Dane Krams) ist eine kindliche, aber willensstarke Figur, die aus klassischen Märchentropes heraus geschrieben wurde und an die Märchen der Gebrüder Grimm erinnert.

Bei genauer Betrachtung fällt auf, dass diese Figuren erst durch äußere Ereignisse zur Selbstfindung gezwungen werden – im Gegensatz zu männlichen Helden, die ihr Abenteuer oft selbst aktiv suchen.

Narrative Muster: Stereotype vs. Innovation

Protagonistinnen wurden lange Zeit durch die bereits erwähnten Muster definiert. Diese Stereotype wurden und werden zunehmend gebrochen. Während früher oft eine Damsel in Distress zu retten war, etwa Elaine Marley in *The Secret of Monkey Island,* agieren in moderneren Settings selbstbestimmte Heldinnen, die aktiv agieren, wie etwa Kate Walker in *Syberia.* Nebenbei bemerkt, ist Elaine Marley keine klassische Damsel in Distress, aber das wird erst im Laufe des Spiels klar, wenn die Spielerin Elaine das erste Mal trifft…

In vielen älteren Geschichten sind nach wie vor Liebesgeschichten das zentrale Motiv der Erzählung, oft gepaart mit emotionaler Schwäche oder Unsicherheit als Hauptmerkmal. In den ersten beiden *King's Quest*-Teilen etwa, die auf dem Märchen Rapunzel basieren, muss Prinzessin Valanice von der Spielerin gerettet werden – durch den männlichen Protagonisten, König Graham. In modernen Varianten der Geschichten und auch des Märchens steht eher die persönliche Entwicklung im Mittelpunkt. Hier sei auf den Film *Rapunzel – Neu verföhnt* hingewiesen. Aus den unsicheren, zu rettenden Damen werden komplexe Persönlichkeiten und mit ihnen werden auch die PCAs anspruchsvoller und vielseitiger.

Fazit: Warum sind weibliche Adventure-Protagonistinnen oft tiefgründiger?

Weibliche Figuren müssen sich oft erst beweisen und wachsen stärker im Laufe der Geschichte, es steht die Charakterentwicklung im Fokus. Die männlichen Hauptdarsteller sind bereits mutig oder draufgängerisch und müssen sich nicht unbedingt weiterentwickeln, die Narration erfordert das nicht. Die investigative Rolle der Protagonistinnen ermöglicht aber komplexere Geschichten und gesellschaftliche Reflexion, sodass die Figuren eher Ermittlerinnen statt Draufgängerinnen sind. In Fantasy-Welten hilft Magie dabei, traditionelle Geschlechterrollen zu hinterfragen und so die märchenhaften Settings für Meta-Kommentare zu nutzen. Und schließlich ist der Einfluss der Autorenschaft zu bedenken: Weibliche Autoren erschaffen tendenziell die komplexeren weiblichen Hauptfiguren.

8.3 Unterschiede zwischen männlichen und weiblichen Hauptfiguren

Die Darstellung von Hauptfiguren in PCA folgt oft bestimmten Mustern, die sich über Jahrzehnte hinweg etabliert haben – das wurde ja im vorigen Kapitel schon besprochen. Während männliche Protagonisten meist als abenteuerlustige Helden oder charmante Anti-Helden dargestellt werden, die sich mit Witz und Dreistigkeit durch ihre Welten schlagen, stehen weibliche Hauptfiguren häufig vor Herausforderungen, die nicht nur auf Rätseln basieren, sondern auch auf der eigenen Selbstfindung, gesellschaftlichen Erwartungen oder persönlichen Transformationen.

Allgemeine Charakteristika: Männliche vs. weibliche Hauptfiguren
Die Unterschiede zwischen männlichen und weiblichen Hauptfiguren lassen sich anhand verschiedener Aspekte analysieren. Männliche Protagonisten wie Guybrush Threepwood *(The Secret of Monkey Island)* oder George Stobbart *(Broken Sword)* sind von Anfang an selbstbewusst, humorvoll und charismatisch. Sie stolpern zwar in ihre Abenteuer hinein, aber meistern sie mit einem Augenzwinkern und ohne große Selbstzweifel. Ihr Humor ist oft sarkastisch oder zynisch, und sie stehen meist für eine klassische Heldenreise, in der sie äußerliche Herausforderungen bewältigen müssen, ohne sich dabei zu stark zu verändern.

Weibliche Hauptfiguren hingegen beginnen oft als Figuren mit einer unklaren Identität. April Ryan *(The Longest Journey)* muss erst lernen, ihre Rolle als Retterin zweier Welten zu akzeptieren, während Kate Walker *(Syberia)* sich aus ihrem monotonen Anwaltsdasein lösen und ihre wahre Bestimmung finden muss. Ihre (Heldinnen-)Reise ist oft mehr als eine physische – sie ist eine innere Entwicklung, in der sie sich von gesellschaftlichen Zwängen oder persönlichen Ängsten befreien müssen. Diese Charaktere werden oft unterschätzt oder müssen sich erst beweisen, während ihre männlichen Gegenstücke von Beginn an ernst genommen werden.

Ein weiteres auffälliges Merkmal ist der Humor. Während männliche Protagonisten häufig eine respektlose, flapsige Art haben, sind weibliche Hauptfiguren in ihrem Humor meist subtiler und selbstironischer. Sie reflektieren sich und ihre Umgebung, anstatt die Dinge nur als lockeren Witz abzutun. Dies zeigt sich etwa daran, wie Guybrush Threepwood sich frech durch seine Abenteuer klickt, während April Ryan oder Kate Walker oft in stillen Monologen ihre eigenen Gefühle und Entscheidungen hinterfragen.

Fallstudien: Konkrete Beispiele für die Unterschiede
Guybrush Threepwood vs. April Ryan
Guybrush Threepwood ist ein klassischer Anti-Held: Tollpatschig, sarkastisch und mit einem fast kindlichen Optimismus gesegnet, bewegt er sich durch seine Abenteuer und überlebt eher durch Glück als durch echte Fähigkeiten. Seine Geschichte ist weniger eine Reise der Selbstfindung als vielmehr eine humorvolle Parodie auf klassische Piratengeschichten.

April Ryan hingegen ist eine ernsthafte Protagonistin, die von Zweifeln und Unsicherheiten geplagt ist. Ihr Abenteuer ist nicht nur die Rettung zweier Welten, sondern auch eine Reise zu sich selbst. Sie muss ihre eigene Rolle erst verstehen und akzeptieren, bevor sie die ihr gestellte Aufgabe bewältigen kann. Diese Entwicklung unterscheidet sie grundlegend von Guybrush, der sich selbst kaum hinterfragt.

George Stobbart vs. Kate Walker
George Stobbart, ein amerikanischer Tourist und studierter, aber nicht praktizierender Jurist, wird unfreiwillig in eine Verschwörung verwickelt, die ihn auf eine weltumspannende Schatzsuche führt. Obwohl er als Detektivfigur agiert, bleibt er weitgehend derselbe charmante, schlagfertige Held, von Beginn bis Ende. Ohne seine „Sidekick" Nicole „Nico" Collard würde *Broken Sword* jedoch nicht funktionieren, denn George hat als Figur zu wenige Ecken und Kanten, um ein Spiel zu tragen – das Ensemble macht den Reiz des Spiels aus.

Kate Walker hingegen beginnt ihre Reise als angepasste Anwältin, die nur einen Vertragsabschluss begleiten soll. Doch im Verlauf des Spiels entdeckt sie eine ganz andere Seite an sich und entscheidet sich, ihre alte Welt hinter sich zu lassen. Diese Transformation macht sie zu einer weitaus tiefgründigeren Figur als George, dessen Charakter relativ konstant bleibt.

Fazit: Was unterscheidet männliche von weiblichen Hauptfiguren wirklich?
Die größten Unterschiede lassen sich wie folgt zusammenfassen:

- Männliche Helden sind oft von Anfang an kompetent und selbstsicher – ihre Geschichte dreht sich mehr um Abenteuer und Herausforderungen als um ihre eigene Entwicklung.
- Weibliche Hauptfiguren beginnen oft mit Selbstzweifeln oder innerer Unsicherheit und wachsen im Laufe der Geschichte, indem sie ihre Identität finden und an ihren Erfahrungen reifen.
- Humor und Erzählweise unterscheiden sich: Während männliche Helden oft auf Sarkasmus und Dreistigkeit setzen, erleben weibliche Figuren eine tiefere, emotionalere Reise.
- Männliche Autoren tendieren dazu, weibliche Figuren mit vielen Selbstzweifeln zu schreiben, während weibliche Autoren oft differenziertere und authentischere Protagonistinnen erschaffen.

Die Frage bleibt: Sollte es mehr weibliche Autoren in der Spieleentwicklung geben, um vielschichtigere weibliche Hauptfiguren zu etablieren? Die Tendenz zeigt: Je diverser die Narrative Designerinnen hinter einem Spiel sind, desto nuancierter und einzigartiger werden die Charaktere – unabhängig vom Geschlecht.

8.4 Simon the Sorcerer und The Legend of Kyrandia 2

Ein Vergleich zwischen *Simon the Sorcerer* (1993) und *The Legend of Kyrandia 2: Hand of Fate* (1993) ist besonders spannend, weil beide Spiele im gleichen Jahr erschienen sind und sich dem Fantasy-Genre widmen. Trotz dieser Gemeinsamkeit könnten sie unterschiedlicher kaum sein – sowohl in ihrer Erzählweise als auch in der Charakterisierung der Hauptfigur und dem Gameplay.

Während *Simon the Sorcerer* als satirische Parodie auf klassische Fantasy-Tropes angelegt ist, erzählt *The Legend of Kyrandia 2* eine ernstere Geschichte, eingebettet in ein märchenhaftes Setting. Beide Spiele präsentieren sich mit einem eigenen Humor, setzen aber unterschiedliche Schwerpunkte: *Simon the Sorcerer* lebt von Sarkasmus und respektlosem Witz, während *Kyrandia 2* subtileren, situativen Humor mit einer stringenteren Handlung verbindet.

Hauptfigur: Simon vs. Zanthia

Der wohl markanteste Unterschied zwischen den Spielen liegt in der Gestaltung ihrer Protagonisten. Simon, ein Teenager aus der realen Welt, wird zufällig in eine magische Dimension gezogen. Er tritt als zynischer, großmäuliger Antiheld auf, dessen zentrales Motiv meist darin besteht, sich über die Welt lustig zu machen. Sein Abenteuer wirkt nicht wie eine heroische Mission, sondern eher wie eine Abfolge von Späßen und chaotischen Ereignissen.

Zanthia hingegen ist eine kompetente und ernsthafte Zauberin, die ihre Welt vor dem Verschwinden retten muss. Ihre Geschichte ist klar strukturiert: Sie muss magische Artefakte sammeln und gegen dunkle Mächte kämpfen. Sie ist zielstrebig und durchdacht – ein Kontrast zu Simon, der sich mit Sarkasmus durch seine Abenteuer hangelt und Probleme oft eher zufällig löst.

Setting und Storytelling

Die Welten von *Simon the Sorcerer* und *The Legend of Kyrandia 2* sind beide magisch, doch ihre Atmosphäre könnte kaum unterschiedlicher sein.

Simon the Sorcerer spielt in einer überdrehten Fantasy-Welt, die voller popkultureller Anspielungen steckt. Klassische Märchenfiguren wie Zauberer, Orks oder Kobolde werden hier ins Lächerliche gezogen. Die Story folgt keinem festen roten Faden, sondern besteht aus einzelnen Episoden, die Simon eher passiv erlebt.

The Legend of Kyrandia 2 hingegen hat ein zusammenhängendes Märchen-Setting, das trotz seiner Magie und humorvollen Momente eine gewisse Ernsthaftigkeit bewahrt. Die Bedrohung für *Kyrandia* ist real und Zanthia nimmt ihre Aufgabe ernst. Das Spiel setzt stärker auf eine immersive Welt, während *Simon the Sorcerer* sich über die Genre-Konventionen lustig macht.

Gameplay und Rätseldesign
Auch spielmechanisch gibt es große Unterschiede. *Simon the Sorcerer* nutzt eine klassische LucasArts-ähnliche Steuerung, bei der verschiedene Aktionsverben ausgewählt werden müssen (z. B. „Benutzen", „Reden", „Schauen"). Die Rätsel sind oft absichtlich absurd, manchmal auch frustrierend, weil sie sich nicht immer logisch erschließen. Oft hilft nur „Trial and Error", um weiterzukommen.

The Legend of Kyrandia 2 verfolgt ein anderes Konzept: Es verzichtet auf Verben und bietet ein intuitiveres Point-&-Click-Gameplay. Viele Rätsel basieren auf Magie – Zanthia muss Tränke brauen oder magische Objekte finden, um weiterzukommen. Hierbei sind die Lösungen oft logischer als in *Simon the Sorcerer,* was das Spiel für Neulinge zugänglicher macht.

Ein weiterer bedeutender Unterschied ist die Konsequenz bei Fehlern: In *Simon the Sorcerer* kann die Spielerin nicht sterben, während sie in *Kyrandia 2* durchaus für Fehler bestraft wird – ein klassisches Sierra-Element.

Humor und Tonalität
Beide Spiele setzen auf Humor, doch ihre Herangehensweise ist völlig verschieden.

Simon the Sorcerer lebt von Sarkasmus, Respektlosigkeit und popkulturellen Anspielungen. Simon beleidigt NPCs, reagiert oft überheblich und scheint selten echtes Interesse an den Ereignissen zu haben.

The Legend of Kyrandia 2 bietet zwar ebenfalls humorvolle Momente, doch diese sind eher subtil und situationsbedingt. Zanthia hat trockene, clevere Kommentare, doch ihre Reise bleibt eine ernsthafte, klassische Fantasy-Story. Der Humor entsteht oft durch die Interaktionen mit ihrer Umgebung oder durch absurde Situationen – nicht durch Sarkasmus (Tab. 8.1).

Tab. 8.1 Unterschiede zwischen Simon the Sorcerer und Legend of Kyrandia 2

Kategorie	Simon the Sorcerer	The Legend of Kyrandia 2: Hand of Fate
Protagonist(in)	Zynischer Antiheld, respektlos	Zielstrebige, kompetente Zauberin
Storystruktur	Episodisch, ohne klaren roten Faden	Durchgehende, ernste Bedrohung
Welt	Satirische Märchenwelt voller Anspielungen	Stimmige Fantasy-Welt mit märchenhafter Atmosphäre
Rätsel	Absurd, teilweise unlogisch	Magie-basiert, oft intuitiver
Steuerung	Klassische LucasArts-Verben	Einfaches Inventar-Handling, weniger Komplexität
Führung der Spielerin	Viel "Trial and Error"	Logischere Lösungsansätze, aber auch mögliches Scheitern
Tonalität	Sarkastisch, respektlos, Comedy-lastig	Humorvoll, aber mit ernsthafter Geschichte

Warum Simon the Sorcerer spielen?

- Es ist ein witziges Parodie-Adventure mit vielen popkulturellen Anspielungen.
- Es bietet viele zynische Kommentare und respektlosen Humor.
- Es nutzt klassische LucasArts-ähnliche Inventarrätsel mit absurden Lösungen.

Warum The Legend of Kyrandia 2 spielen?

- Es ist ein stimmungsvolles Fantasy-Abenteuer mit Magie.
- Die Heldin ist sympathisch und entschlossen.
- Es bietet zugänglichere, logischere Rätsel ohne unnötige Komplexität.

8.5 Broken Sword und Syberia

Die *Broken Sword*-Reihe (seit 1996) und *Syberia* (2002) gehören zu den bekanntesten Adventure-Spielen von Indie-Entwicklerinnen. Beide bieten umfangreiche Geschichten, eine fesselnde Atmosphäre und eine markante Hauptfigur, doch sie unterscheiden sich grundlegend in ihrer Erzählweise, Thematik und Charakterdarstellung.

Während *Broken Sword* klassische Verschwörungstheorien, Abenteuer und humorvolle Dialoge mit historischen Mysterien verbindet, ist *Syberia* eine introspektive Reise voller Melancholie und Selbstfindung.

Ein besonders spannender Aspekt ist der Vergleich der Protagonisten: George Stobbart, der charmante, schlagfertige Amerikaner aus *Broken Sword,* und Kate Walker, die reflektierte, nachdenkliche Anwältin aus *Syberia.*

Während George sich in eine weltumspannende Verschwörung verwickelt sieht, begibt sich Kate auf eine ganz andere Art von Reise – eine, die nicht nur geografisch, sondern auch emotional ist.

Charakterisierung der Protagonisten: George Stobbart vs. Kate Walker

George ist der klassische Abenteurer: ein humorvoller, charmanter Ermittler, der sich unbeirrt in Gefahren stürzt und mit schlagfertigen Sprüchen aus jeder Situation herausmanövriert. Er verfolgt seine Ziele mit Neugier und einem starken Sinn für Gerechtigkeit, während er sich von einem unbeteiligten Touristen zum engagierten Ermittler entwickelt.

Kate hingegen beginnt als eine angepasste, gestresste Karrierefrau, die in ihrer durchgeplanten Welt feststeckt. Während ihr ursprüngliches Ziel rein beruflicher Natur ist – der Kauf einer alten Spielzeugfabrik für ihren Arbeitgeber –, wird sie zunehmend von der Faszination für die geheimnisvolle Welt, die sie entdeckt, in den Bann gezogen. Ihr Abenteuer ist eine Reise der Selbstfindung, in der sie gesellschaftliche Erwartungen hinter sich lässt und ihre wahre Bestimmung erkennt.

Während George im Kern seiner Persönlichkeit relativ konstant bleibt, erlebt Kate eine radikale Transformation. Ihr Weg ist nicht von actiongeladenen Konfrontationen geprägt, sondern von innerer Reflexion, Verlust und Veränderung.

Narrative Struktur und Themen: Rätsel vs. Reflexion
Während *Broken Sword* eine spannende Mischung aus Krimi, Verschwörung und historischen Rätseln bietet, ist *Syberia* eine ruhige, fast poetische Reise.

Die *Broken Sword*-Spiele basieren stark auf realen historischen Mysterien, wie den Tempelrittern oder den Maya, und verbinden diese mit einer modernen Ermittlergeschichte voller unerwarteter Wendungen. George reist von einer Stadt zur nächsten, trifft zwielichtige Charaktere und deckt dabei oft weltumspannende Verschwörungen auf. Der Humor lockert die Handlung auf und macht selbst gefährliche Situationen unterhaltsam.

Im Gegensatz dazu ist *Syberia* eine langsamer erzählte, introspektive Geschichte, die sich mit Themen wie Verlust, Selbstverwirklichung und gesellschaftlicher Erwartung auseinandersetzt. Kate Walker reist nicht durch belebte Städte, sondern durch verlassene Orte, die eine mystische, fast melancholische Atmosphäre verströmen. Die Welt fühlt sich oft einsam und entrückt an, was perfekt zu ihrer persönlichen Entwicklung passt.

Während George aktiv gegen äußere Bedrohungen kämpft, stellt sich Kate den Herausforderungen in ihrem eigenen Inneren.

Gameplay-Mechaniken: Klassisches vs. narratives Adventure
Die beiden Spiele unterscheiden sich auch in ihrem Gameplay.

Broken Sword setzt auf klassische Point-&-Click-Mechaniken, mit vielen Inventarrätseln, interaktiven Dialogen und Detektivarbeit. Die Spielerin sammelt Beweise, kombiniert Gegenstände und führt scharfsinnige Gespräche, um die Wahrheit hinter den Verschwörungen aufzudecken. Das Spieltempo ist zügig, mit vielen Ortswechseln und einer aktiven Ermittlungsstruktur.

Syberia hingegen fühlt sich mehr wie eine interaktive Reise an. Die Steuerung ist minimalistischer, die Rätsel sind oft in die Umgebung integriert und erfordern keine komplexen Kombinationen. Das Spieltempo ist langsam, es gibt viele ruhige Momente, in denen die Spielerin einfach die melancholische Welt auf sich wirken lassen kann. In *Syberia* gibt es kein klassisches „Game Over" – der Fokus liegt auf der Immersion, nicht auf Herausforderungen.

Während *Broken Sword* von Action, Humor und cleveren Rätseln lebt, ist *Syberia* ein emotionales Abenteuer, das weniger auf traditionelle Puzzle-Mechaniken setzt.

Einfluss der Autorenschaft: Charles Cecil vs. Benoît Sokal
Die kreativen Köpfe hinter diesen Spielen, Charles Cecil *(Broken Sword)* und Benoît Sokal *(Syberia),* prägen den Stil und Ton ihrer Werke entscheidend.

8.5 Broken Sword und Syberia

Cecil ist ein Meister des klassischen Adventure-Genres, das er mit einer Mischung aus Detektivarbeit, Humor und historischen Verschwörungen bereichert. Seine Spiele erinnern an Indiana Jones oder Dan Brown, mit charismatischen Helden und spannenden Rätseln (Cecil, 1996).

Sokal hingegen kommt ursprünglich aus dem Bereich der visuellen Kunst und Grafikromane, was sich in *Syberia* deutlich widerspiegelt. Seine Welt ist stilisiert, melancholisch und atmosphärisch dicht, mit einer fast meditativen Spielerfahrung. Sein Fokus liegt nicht auf Rätseln oder Action, sondern auf Emotion, Immersion und der künstlerischen Gestaltung der Spielwelt (Sokal, 2002).

Während Cecil ein typisches Adventure-Erlebnis mit Spannung und Rätseln bietet, schafft Sokal ein Kunstwerk, das die Spielerin zum Nachdenken anregt.

Die Rolle des Geschlechts: Männer als Abenteurer, Frauen als Suchende?

Ein weiterer bemerkenswerter Unterschied zwischen den Spielen liegt in der Geschlechterdarstellung.

George Stobbart ist von Anfang an ein handlungsfähiger Protagonist, dessen Fähigkeiten von der Spielwelt respektiert werden. Er agiert aktiv, stellt Fragen, setzt sich durch und findet mit Witz und Verstand einen Weg aus jeder Situation.

Kate Walker hingegen wird zunächst unterschätzt – von ihrem Arbeitgeber, ihrer Umwelt und sogar von sich selbst. Ihre Reise ist nicht nur eine äußere, sondern vor allem eine innere. Während George gegen übermächtige Organisationen kämpft, kämpft Kate gegen ihre eigene Unsicherheit und ihre Abhängigkeit von gesellschaftlichen Erwartungen (Tab. 8.2).

Tab. 8.2 Broken Sword vs Syberia

Kategorie	Broken Sword	Syberia
Held(in)	Charismatischer Abenteurer	Nachdenkliche Suchende
Geschichte	Verschwörungen und Action	Poetik und Selbstfindung
Spielmechanik	Klassische Point-&-Click-Rätsel	Langsame Erkundung und Immersion
Ton	Humorvoll, spannend	Melancholisch, philosophisch
Erzähltempo	Schnell, viele Ortswechsel	Ruhig, oft einsam
Themen	Historische Geheimnisse, Gerechtigkeit	Freiheit, Loslösung von gesellschaftlichen Zwängen
Steuerung	Klassische Adventure-Mechaniken	Reduziertes, filmisches Gameplay
Zielgruppe	Fans von klassischen Abenteuern und spannenden Rätseln	Spielerinnen, die emotionale, visuell beeindruckende Geschichten mögen

Welche Reihe ist die richtige für dich?

- Ein spannende,s humorvolles Detektiv-Abenteuer mit Action? → *Broken Sword*
- Eine nachdenkliche, melancholische Geschichte mit Tiefe? → *Syberia*

8.6 Fazit: Gibt es umfangreiche Unterschiede?

Die Analyse zeigt, dass männliche und weibliche Hauptfiguren in PCAs oft nach bestimmten Mustern gestaltet werden. Männliche Protagonisten sind meist von Beginn an selbstbewusst, humorvoll und kompetent. Sie erleben klassische Abenteuergeschichten voller Action, Witz und klarer Zielsetzungen – etwa Guybrush Threepwood, George Stobbart oder Simon the Sorcerer. Weibliche Hauptfiguren hingegen beginnen ihre Reise oft in einer unsicheren oder limitierten Position und müssen sich erst beweisen, innere Konflikte bewältigen oder gesellschaftliche Erwartungen hinter sich lassen – wie Kate Walker in *Syberia* oder April Ryan in *The Longest Journey*.

Diese Unterschiede sind nicht zufällig, sondern spiegeln tief verwurzelte Erzähltraditionen und gesellschaftliche Rollenbilder wider. Spiele mit männlichen Hauptfiguren setzen stärker auf Abenteuer und Kriminalgeschichten, während Protagonistinnen oft introspektive Selbstfindungsreisen erleben. Ein wichtiger Faktor ist dabei die Autorenschaft: Weibliche Autorinnen wie Jane Jensen oder Roberta Williams neigen dazu, vielschichtige Charakterstudien zu schreiben, während männliche Autoren weibliche Figuren oft mit Unsicherheiten oder Selbstzweifeln versehen.

Doch müssen diese Muster so bleiben? Die Entwicklung des Adventure-Genres zeigt, dass mit wachsender Vielfalt in der Spielentwicklung auch die Darstellung von Charakteren facettenreicher wird. Mehr weibliche Autorinnen in der Branche könnten dazu beitragen, dass Frauenfiguren nicht nur auf Identitätskrisen reduziert werden – und dass auch männliche Helden komplexere emotionale Entwicklungen durchlaufen.

Letztlich zeigt sich: Die besten Adventures entstehen, wenn Charakterentwicklung, Humor und erzählerische Tiefe miteinander in Balance stehen – unabhängig vom Geschlecht der Hauptfigur.

8.7 Übersicht: Spiele mit weiblichen Hauptfiguren

Im Folgenden findet sich eine konsolidierte Tabelle, in der zentrale PCAs mit Protagonistinnen aufgelistet sind (Tab. 8.3).

Tab. 8.3 PCAs mit weiblichen Hauptdarstellerinnen

Titel	Jahr	Publisher	Protagonistin	Beschreibung	Autorin
King's Quest IV: The Perils of Rosella	1988	Sierra On-Line	Rosella	Mutig, entschlossen	Roberta Williams
Laura Bow: The Colonel's Bequest	1989	Sierra On-Line	Laura Bow	Neugierig, scharfsinnig	Roberta Williams
King's Quest VII: The Princeless Bride	1994	Sierra On-Line	Rosella & Valanice	Abenteuerlustig, mutig	Roberta Williams
Phantasmagoria	1995	Sierra On-Line	Adrienne Delaney	Verängstigt, entschlossen	Roberta Williams
The Longest Journey	1999	Funcom	April Ryan	Neugierig, mutig	Ragnar Tørnquist
Gray Matter	2010	dtp entertainment	Samantha Everett	Geheimnisvoll, entschlossen	Jane Jensen
Fran Bow	2015	Killmonday Games	Fran Bow	Verwirrt, mutig	Natalia Martinsson
Kathy Rain	2016	Raw Fury	Kathy Rain	Tough, entschlossen	Joel Staaf Hästö
Unavowed	2018	Wadjet Eye Games	Spieler(innen)wahl	Geplagt, entschlossen	Dave Gilbert
Syberia-Serie	2002–2017	Microids	Kate Walker	Intelligent, entschlossen	Benoît Sokal
Blackwell-Serie	2006–2014	Wadjet Eye Games	Rosangela Blackwell	Nachdenklich, empathisch	Dave Gilbert
Laura Bow 2: The Dagger of Amon Ra	1992	Sierra On-Line	Laura Bow	Mutig, entschlossen	-
Still Life	2005	Microids	Victoria McPherson	Scharfsinnig, entschlossen	-
Keepsake	2006	Wicked Studios	Lydia	Neugierig, loyal	-
Culpa Innata	2007	Strategy First	Phoenix Wallis	Analytisch, skeptisch	-
Nelly Cootalot: Spoonbeaks Ahoy!	2007	Alasdair Beckett-King	Nelly Cootalot	Witzig, abenteuerlustig	-
A Vampyre Story	2008	The Adventure Company	Mona De Lafitte	Träumerisch, entschlossen	-
Edna & Harvey: The Breakout	2008	Daedalic Entertainment	Edna	Unkonventionell, entschlossen	-
So Blonde	2008	dtp entertainment	Sunny Blonde	Naiv, abenteuerlustig	-

(Fortsetzung)

Tab. 8.3 (Fortsetzung)

Titel	Jahr	Publisher	Protagonistin	Beschreibung	Autorin
Emerald City Confidential	2009	Wadjet Eye Games	Petra	Zynisch, hartnäckig	-
Alter Ego	2010	bitComposer Games	Detektivin	Unerschrocken, entschlossen	-
AR-K	2011	Gato Salvaje Studio	Alicia	Witzig, hartnäckig	-
Edna & Harvey: Harvey's New Eyes	2011	Daedalic Entertainment	Lilli	Schüchtern, gehorsam	-
Captain Morgane and the Golden Turtle	2012	Reef Entertainment	Morgane Castillo	Abenteuerlustig, mutig	-
Cognition: An Erica Reed Thriller	2012	Phoenix Online Studios	Erica Reed	Tough, entschlossen	-
Primordia	2012	Wadjet Eye Games	-	Rätselhaft, entschlossen	-
The Cat Lady	2012	Screen 7	Susan Ashworth	Depressiv, mutig	-
Anna's Quest	2015	Daedalic Entertainment	Anna	Mutig, neugierig	Dane Krams (inspiriert von Märchen)
Charnel House Trilogy	2015	Owl Cave	Alex Davenport	Neugierig, mutig	-
Nelly Cootalot: The Fowl Fleet	2016	Application Systems Heidelberg	Nelly Cootalot	Humorvoll, entschlossen	-
Shardlight	2016	Wadjet Eye Games	Amy Wellard	Resilient, entschlossen	-
Memoranda	2017	Bit Byterz	Mizuki	Verwirrt, introspektiv	-
Nairi: Tower of Shirin	2018	Hound Picked Games	Nairi	Unschuldig, abenteuerlustig	-
Whispers of a Machine	2019	Raw Fury	Vera Englund	Tough, analytisch	-
Crowns and Pawns: Kingdom of Deceit	2022	Thunderful Publishing	Milda	Neugierig, mutig	-
Nancy Drew-Serie	1998–heute	Her Interactive	Nancy Drew	Scharfsinnig, mutig	-
Carol Reed-Serie	2004–heute	MDNA Games	Carol Reed	Scharfsinnig, beharrlich	-

(Fortsetzung)

Tab. 8.3 (Fortsetzung)

Titel	Jahr	Publisher	Protagonistin	Beschreibung	Autorin
Secret Files (Geheimakte)-Serie	2006–2012	Deep Silver	Nina Kalenkow	Neugierig, mutig	-
Chronicles of Mystery-Serie	2008–2010	City Interactive	Sylvie Leroux	Intelligent, abenteuerlustig	-

Literatur

Cecil, C. (1996). *Entwicklung von Adventure-Spielen und die Erzählstruktur*. Revolution Software.

Jensen, J. (1999). *Narrative in Adventurespielen – Von Gabriel Knight bis Gray Matter*. Sierra On-Line.

Sokal, B. (2002). *Interaktive Erzählkunst : Die Welt von Syberia*. Microids.

Tørnquist, R. (1999). *Welten zwischen Realität und Fantasie – The Longest Journey als interaktive Fiktion*. Funcom.

Williams, R. (1989). *Weibliche Hauptfiguren im Adventure-Genre – Von King's Quest bis Laura Bow*. Sierra On-Line.

Ludographie

Adventure Soft. (1993). *Simon the Sorcerer* [PC]. Adventure Soft.
Daedalic Entertainment. (2015). *Anna's Quest* [PC]. Daedalic Entertainment.
Funcom. (1999). *The Longest Journey* [PC]. Funcom.
Killmonday Games. (2015). *Fran Bow* [PC]. Killmonday Games.
LucasArts. (1990). *The Secret of Monkey Island* [PC]. LucasArts.
Microids. (2002). *Syberia* [PC]. Microids.
Microids. (2005). *Still Life* [PC]. Microids.
Raw Fury. (2016). *Kathy Rain* [PC]. Raw Fury.
Revolution Software. (1996). *Broken Sword: The Shadow of the Templars* [PC]. Revolution Software.
Sierra On-Line. (1989). *The Colonel's Bequest* [PC]. Sierra On-Line.
dtp entertainment. (2010). *Gray Matter* [PC]. dtp entertainment.
Westwood Studios. (1993). *The Legend of Kyrandia 2: Hand of Fate* [PC]. Westwood Studios.

9 Vorher / Nachher – Remakes von Point & Click-Adventures

Inhaltsverzeichnis

- 9.1 Remakes von PCAs: Bereicherung oder Schaden? 120
- 9.2 Potenzielle negative Auswirkungen von Remakes 121
- 9.3 Alternativen zu Remakes: Emulation und Fan-Projekte 121
- 9.4 Fallstudien zu Remakes im Detail 122
  - 9.4.1 Day of the Tentacle Remastered 122
  - 9.4.2 The Secret of Monkey Island I & II: Special Edition 124
  - 9.4.3 Space Quest I VGA Remake 125
  - 9.4.4 Broken Sword: Director's Cut & Broken Sword Reforged 127
- 9.5 Erkenntnisse aus den Fallstudien 129
  - 9.5.1 Bewährte Konzepte und gelungene Modernisierungen 129
- Literatur 130

> Meine erste Berührung mit einem Remake war das von *The Secret of Monkey Island*. Mit Sprachausgabe, neuer Grafik, neuem Interface und der Möglichkeit, in die Original-Grafik zurückzuspringen. Was ich auch sofort gemacht habe – es fühlte sich einfach zu anders, sogar falsch, an. Einfache Gewohnheit? Oder was war da passiert?

Die Diskussion um Remakes im Genre der PCAs ist seit Jahren ein kontroverses Thema. Die einen sehen sie als wichtigen Bestandteil der Bewahrung und Modernisierung von Klassikern. Andere kritisieren, dass durch technische und inhaltliche Anpassungen der ursprüngliche Charme und die Intention der Originalentwickler verwässert werden könnten.

9.1 Remakes von PCAs: Bereicherung oder Schaden?

Remakes sind dabei mehr als nur technische Neuinterpretationen – sie sind auch kulturelle Wiederveröffentlichungen, die das Erbe des Genres in ein modernes Licht rücken (sollen). Die zentrale Frage bleibt: Haben Remakes das Genre bereichert oder ihm geschadet? Um dieser Frage auf den Grund zu gehen, lohnt sich ein Blick auf die verschiedenen Aspekte, die für und gegen die Neuerungen sprechen.

Remakes sind kein Phänomen der „Neuzeit". Schon in den 1990er-Jahren begann Sierra, ältere Titel mit aktualisierter Grafik und verbesserter Benutzeroberfläche neu aufzulegen, etwa durch die VGA-Remakes ihrer frühen Adventures aus den Reihen *King's Quest, Space Quest* und *Leisure Suit Larry*. Diese Neuauflagen verbesserten die visuelle Darstellung und fügten ein PCA-Steuerung hinzu. Sie verzichteten jedoch auf Änderungen an der Geschichte. Doch erst mit dem Aufkommen leistungsfähigerer Hardware und der wachsenden Bedeutung digitaler Distributionsplattformen wie Steam (Steam, n. d.) oder GOG (GOG, n. d.) wurden Remakes populärer und lukrativer.

LucasArts veröffentlichte 2009 *The Secret of Monkey Island: Special Edition*. Dieses Remake führte nicht nur überarbeitete Grafiken und Sprachausgabe ein, sondern bot auch die Möglichkeit, nahtlos zwischen Original- und Remake-Version zu wechseln. So sprach es sowohl Nostalgiker als auch neue Spieler gleichermaßen an (Eurogamer, 2009).

Remakes machen so klassische Titel für ein jüngeres Publikum zugänglich, das mit moderner Grafik oder auch anderen, eventuell intuitiveren Bedienkonzepten vertraut ist. Viele Spieler, die ohne die historischen Originale aufgewachsen sind, erhalten so die Gelegenheit, die Klassiker zu erleben.

Technische und narrative Modernisierung

Die technischen Verbesserungen durch Remakes sind vielfältig:

- **Grafik:** Höhere Auflösungen, neu gezeichnete Hintergründe, detailliertere Animationen
- **Sounddesign:** Vollständige Sprachausgabe, orchestrale Musik, überarbeitete Soundeffekte
- **Steuerung:** Anpassung an moderne Bedienkonzepte, oft mit Unterstützung für Controller oder Touchscreens
- **Quality-of-Life-Features:** Schnellspeicherfunktionen, optionale Hilfssysteme, überarbeitete Menüs

Diese Neuerungen tragen dazu bei, das Spielerlebnis zu optimieren, ohne zwangsläufig den narrativen Kern zu verändern. Gleichzeitig bieten sie die Möglichkeit, ursprüngliche Design-Limitationen zu überwinden. Charaktermodelle können detaillierter, Zwischensequenzen dynamischer und die Spielwelt lebendiger wirken – alles Aspekte, die ursprünglich durch technische Einschränkungen begrenzt waren.

Bewahrung und Erweiterung des Kulturerbes
Remakes können zunächst als Hommage an die Originale verstanden werden. Durch sorgfältige Rekonstruktion und Remastering werden nicht nur visuelle und akustische Verbesserungen erzielt, sondern auch das kulturelle und künstlerische Erbe der frühen Computerspiele bewahrt. Dies stellt sicher, dass frühe Titel nicht in Vergessenheit geraten und weiterhin als Inspirationsquelle für neue Generationen von Entwicklern dienen können.

9.2 Potenzielle negative Auswirkungen von Remakes

Eine der größten Herausforderungen bei Remakes ist die Balance zwischen technischer Verbesserung und dem Erhalt der ursprünglichen Atmosphäre. Viele Klassiker lebten von ihrer einzigartigen Ästhetik, den teils skurrilen Animationen und der charmanten Unperfektion ihrer Zeit. Eine zu starke Modernisierung kann diese Elemente überzeichnen oder sie durch zu glatte, standardisierte Grafikstile ersetzen.

Bei *The Secret of Monkey Island: Special Edition* bestach das Original durch seinen pixeligen Look und handgezeichnete Hintergründe. Das Redesign wirkte jedoch auf viele Fans als zu generisch und nicht mehr im Geiste der ursprünglichen Ästhetik. Es war näher an den schwülstigen Zeichnungen des dritten Teils, *The Curse of Monkey Island* (1997), ohne dessen Charme und Stil zu erreichen.

Narrative Eingriffe und Modernisierungen
Ein Risiko liegt in der Anpassung der Narration. *Gabriel Knight: Sins of the Fathers – 20th Anniversary Edition* beispielsweise führte neue Vertonungen und subtile Story-Änderungen ein, die nicht von allen Spielern positiv aufgenommen wurden. Insbesondere dann, wenn die Neuinterpretation nicht den Ton oder Humor des Originals trifft, kann dies zu einer Entfremdung der Fans führen. Im Original wurde Gabriel Knight z. B. von Tim Curry gesprochen, dessen charismatischer, leicht überdrehter Südstaaten-Akzent viel zur Persönlichkeit der Figur beitrug. Im Remake hingegen wurde ein anderer Sprecher gewählt, dessen nüchternerer Ton von vielen Fans als blasser und weniger charmant empfunden wurde.

9.3 Alternativen zu Remakes: Emulation und Fan-Projekte

Angesichts der Risiken von Remakes stellt sich die Frage, ob nicht alternative Methoden zur Bewahrung klassischer PCAs effektiver sein könnten. Dies könnte z. B. eine digitale Neuveröffentlichungen durch eine Plattform wie GOG.com sein, die das Original für moderne Betriebssystem-Versionen aufbereiten und spielbar machen. Oder durch ein Tool wie ScummVM, für das die Originale analysiert wurden und die Spiele aus LucasArts' SCUMM oder Sierras SGI mit neuprogrammierten Umgebungen spielbar werden. Wer die Originaldateien eines Spiels hat, kann sie in ScummVM spielen (ScummVM, n. d.).

Zudem gibt es zahlreiche Fanprojekte, die sich der Aufgabe verschrieben haben, Klassiker zu modernisieren, oft mit originalgetreuer Grafik, verbesserten Steuerungen und Zusatzinhalten. So gibt es von Maniac Mansion ein Remaster namens *Maniac Mansion Deluxe* und AGD Interactive haben bereits einige der *King's Quest*-Spiele modernisiert.

9.4 Fallstudien zu Remakes im Detail

Im Folgenden werden nun verschiedene Beispiele von Remakes beleuchtet. Dabei wird jeweils analysiert, inwiefern die Neuauflagen den Geist des Originals bewahren, modernisieren und wo sie eventuell in die Kritik geraten sind.

9.4.1 Day of the Tentacle Remastered

Day of the Tentacle Remastered ist eine Neuauflage des 1993 erschienenen Klassikers von LucasArts. Entwickelt von Double Fine Productions und veröffentlicht im Jahr 2016, zielte dieses Remake darauf ab, das Abenteuer in eine moderne Form zu bringen, ohne die Originalität zu verlieren.

Visuelle und akustische Modernisierung
Die größte sichtbare Veränderung in *Day of the Tentacle Remastered* betrifft die grafische Gestaltung. Dabei wurde der ursprüngliche Look bewahrt, jedoch in hochauflösender Qualität neu gezeichnet. Diese Modernisierung bringt die detaillierten und liebevoll gestalteten Charaktere und Hintergründe besser zur Geltung, ohne das ursprüngliche Design zu verfremden.

- **Hintergründe und Charakterdesign:** Alle Grafiken wurden handgezeichnet und in höherer Auflösung neu umgesetzt, wobei die Farbpalette und der Zeichenstil möglichst nah am Original gehalten wurden.
- **Animationen:** Bewegungen wirken flüssiger, und Charakteranimationen wurden optimiert, um einen zeitgemäßeren Eindruck zu vermitteln.
- **Soundtrack und Soundeffekte:** Neben der visuellen Aufwertung wurde auch der Sound überarbeitet. Die Musik, die im Original als MIDI-Komposition vorlag, wurde in orchestraler Qualität neu aufgenommen. Die Soundeffekte wurden ebenfalls modernisiert und sorgen für eine klarere und dynamischere Klangkulisse.
- **Sprachausgabe:** Das Remake enthält die originalen Synchronaufnahmen, die in höherer Qualität neu abgemischt wurden. Dies trägt zur authentischen Atmosphäre bei und ermöglicht es, den einzigartigen Humor und Charme des Spiels in bester Qualität zu erleben

Per Knopfdruck können Spieler zwischen der klassischen Pixelgrafik und der neuen hochauflösenden Version zu wechseln.

Gameplay und Benutzeroberfläche
Während die grundsätzliche Spielmechanik von *Day of the Tentacle* unverändert blieb, wurden einige Anpassungen vorgenommen, um die Benutzerfreundlichkeit zu verbessern und die Steuerung intuitiver zu gestalten.

- **Überarbeitung der Steuerung:** Das klassische Point-&-Click-Interface wurde modernisiert, um es an heutige Eingabemethoden anzupassen. So wurde ein vereinfachtes Kontextmenü eingeführt, das es ermöglicht, Objekte schneller und intuitiver zu verwenden.
- **Verbesserte Benutzeroberfläche:** Das Inventarsystem wurde optimiert, sodass sich Gegenstände leichter verwalten lassen. Zudem wurden einige Menüs neu gestaltet, um das Spielerlebnis für moderne Plattformen angenehmer zu machen.
- **Hinweissystem:** Eine optionale Hilfefunktion wurde hinzugefügt, die Spielern auf Wunsch Tipps gibt, ohne zu viel vorwegzunehmen. Dies kann insbesondere für neue Spieler hilfreich sein, die mit der klassischen Adventure-Logik nicht vertraut sind.
- **Controller-Unterstützung:** Erstmals kann *Day of the Tentacle* vollständig mit einem Gamepad gespielt werden, was den Zugang für Konsolenspieler erleichtert.

Trotz dieser Verbesserungen bleibt das ursprüngliche Design der Rätsel unverändert. Die kreative Mechanik des Spiels, bei der Spieler drei Charaktere durch verschiedene Zeitepochen steuern, um Rätsel durch Manipulation der Vergangenheit zu lösen, bleibt erhalten und ist nach wie vor ein Alleinstellungsmerkmal des Spiels.

Fazit
Day of the Tentacle Remastered ist ein Musterbeispiel dafür, wie ein Remake eines klassischen Adventures ideal umgesetzt werden kann. Die überarbeitete Grafik, die verbesserte Benutzerfreundlichkeit und die akustische Modernisierung sorgen für ein frisches Erlebnis, ohne den Originalcharakter zu beeinträchtigen. Die Möglichkeit, zwischen alter und neuer Grafik zu wechseln, zeigt, dass die Entwickler das Erbe des Spiels respektieren, während sie es für eine neue Generation zugänglich machen.

Die Neuauflage stellt einen gelungenen Kompromiss zwischen Nostalgie und Modernität dar. Sie bewahrt den Humor, die cleveren Rätsel und die charmante Ästhetik des Originals, während sie das Spielerlebnis durch sinnvolle Verbesserungen optimiert. Das Spiel ist damit nicht nur eine Hommage an einen Klassiker, sondern auch ein Lehrstück dafür, wie Remakes gestaltet werden sollten: mit Respekt, Fingerspitzengefühl und einem Verständnis für das ursprüngliche Spielgefühl.

9.4.2 The Secret of Monkey Island I & II: Special Edition

Die *Special Editions* von *The Secret of Monkey Island* (2009) und *Monkey Island 2: LeChuck's Revenge* (2010) gehörten zu den ersten Spielen, die überarbeitet wurden. Entwickelt von LucasArts, zielten diese Neuauflagen darauf ab, zwei der bekanntesten Point-&-Click-Klassiker mit moderner Technik in ein zeitgemäßes Gewand zu kleiden, ohne die Essenz der Originale zu verlieren. Die beiden Remakes teilen sich eine einheitliche Designphilosophie und ein ähnliches Konzept, weshalb sie in dieser Analyse gemeinsam betrachtet werden.

Visuelle und akustische Modernisierung

Die auffälligste Veränderung in beiden Special Editions betrifft die grafische Gestaltung. Während die Originalversionen mit klassischer Pixelkunst und begrenzter Farbpalette auskamen, entschied sich LucasArts für eine vollständige Überarbeitung der Grafiken:

- **Grafikstil:** Die ursprüngliche Pixelästhetik wurde durch handgezeichnete Hintergründe und neu designte Charaktermodelle ersetzt. Während dieser Ansatz für neue Spieler ansprechend sein mag, empfanden viele Fans den neuen Stil als zu glatt, schwülstig oder unpassend zur ursprünglichen Ästhetik.
- **Animationen:** Die Bewegungen der Charaktere wurden flüssiger gestaltet, jedoch wirkte die neue Optik auf einige Fans steril oder gar uninspiriert, da sie nicht den handgefertigten Charme des Originals einfing.
- **Sprachausgabe:** Erstmals wurde beiden Spielen eine vollständige Sprachausgabe hinzugefügt, mit Dominic Armato als Stimme von Guybrush Threepwood. Die Vertonung wurde allgemein positiv aufgenommen und fügte den Dialogen eine neue Dimension hinzu.
- **Musik & Soundeffekte:** Die Soundtracks wurden orchestriert neu aufgenommen, um eine qualitativ hochwertigere Klanglandschaft zu schaffen. Dies trug zur immersiven Atmosphäre bei, blieb aber stets nah an den Originalkompositionen.
- **Umschaltfunktion:** Eine wichtige Funktion beider Remakes ist die Möglichkeit, per Knopfdruck zwischen der neuen und der klassischen Grafik zu wechseln. Dies erlaubte Nostalgikern, das Spiel im Originalstil zu erleben, während neue Spieler eine modernisierte Variante genießen konnten.

Gameplay und Benutzeroberfläche

Beide Remakes behielten die grundlegenden Gameplay-Mechaniken der Originale bei, brachten aber einige Veränderungen mit sich:

- **Steuerung:** Die klassische Point-&-Click-Steuerung wurde beibehalten, aber durch eine moderne Variante ergänzt, die auf Gamepads zugeschnitten war. Dies erleichterte das Spielen auf Konsolen, führte jedoch zu gemischten Reaktionen bei PC-Spielern.

- **Verbesserte Benutzeroberfläche:** Die Menüs und das Inventarsystem wurden überarbeitet, um intuitiver und benutzerfreundlicher zu sein. Gleichzeitig wurde darauf geachtet, dass die neuen Elemente sich nicht zu stark von der ursprünglichen Vision entfernen.
- **Hinweissystem:** Eine optionale Hilfefunktion wurde integriert, um Frustmomente zu reduzieren. Dies erwies sich als nützlich für neue Spieler, wurde von Veteranen jedoch oft als überflüssig erachtet.

Die Meinungen über die Umsetzungen waren gespalten. Während viele Spieler die Modernisierungen begrüßten, kritisierten andere, dass der grafische Stil den Charme des Originals nicht einfangen konnte. Dennoch bewiesen die Special Editions, dass es möglich ist, klassische Adventures erfolgreich in die Moderne zu überführen, solange man einen respektvollen Umgang mit dem Ausgangsmaterial pflegt.

Fazit
Die *Special Editions* sind gelungene, wenn auch nicht unumstrittene Remakes. Sie bieten zahlreiche technische Verbesserungen, eine vollständige Vertonung und eine überarbeitete Steuerung, was sie für neue Spieler zugänglicher macht. Gleichzeitig bleibt die Möglichkeit, das klassische Erlebnis per Knopfdruck wiederherzustellen, ein Highlight dieser Neuauflagen.

9.4.3 Space Quest I VGA Remake

Das 1991 von Sierra veröffentlichte *Space Quest I* VGA Remake war eine der ersten umfassenden Neuauflagen eines klassischen PCAs. Es modernisierte das ursprüngliche *Space Quest: The Sarien Encounter* aus dem Jahr 1986, indem es von der textbasierten Steuerung zu einer grafischen Point-&-Click-Oberfläche überging und eine verbesserte Präsentation bot. Ziel war es, den klassischen Humor und das unverwechselbare Science-Fiction-Setting zu bewahren, während das Spiel gleichzeitig für eine neue Spielergeneration zugänglicher gemacht wurde.

Visuelle und akustische Modernisierung
Das VGA-Remake brachte erhebliche technische Verbesserungen mit sich, die die Präsentation des Spiels grundlegend veränderten:

- **Grafik:** Das Spiel wurde vollständig in VGA-Grafik mit 256 Farben überarbeitet. Dadurch erhielten die Hintergründe mehr Tiefe, Details und Atmosphäre, was die Welt von Space Quest lebendiger machte.
- **Charakterdesign und Animationen:** Die Charaktere wurden neu gezeichnet und animiert, wodurch sie flüssiger und ausdrucksstärker wirkten. Dies half dabei, die humorvollen Interaktionen und Slapstick-Elemente des Spiels besser zur Geltung zu bringen.

- **Soundtrack & Sprachausgabe:** Die ursprünglichen Pieps- und MIDI-Sounds wurden durch einen überarbeiteten Soundtrack ersetzt, der auf AdLib- und Roland-Soundkarten optimiert war. Dies führte zu einer reichhaltigeren akustischen Atmosphäre. Allerdings gab es keine vollständige Sprachausgabe, was später bei Remakes von LucasArts als Standard etabliert wurde.

Gameplay und Benutzeroberfläche

Die größte spielmechanische Veränderung bestand in der Umstellung von einer textbasierten Eingabe zu einer vollständig grafischen Point-&-Click-Steuerung:

- **Point-&-Click-Interface:** Anstelle der originalen Parser-Eingabe, bei der Befehle wie „Open door" oder „Look around" getippt werden mussten, setzte das Remake auf das moderne Sierra-Icon-Interface, das aus anderen VGA-Adventures wie *King's Quest V* bekannt war. Dies vereinfachte die Steuerung erheblich und machte das Spiel für ein breiteres Publikum zugänglich.
- **Interaktionsmöglichkeiten:** Während die grundlegende Rätselstruktur des Spiels erhalten blieb, führte das neue Interface zu einer leicht veränderten Herangehensweise an einige Rätsel. Spieler konnten nun mit verschiedenen Symbolen (z. B. Auge für „Ansehen", Hand für „Benutzen") durch die Umgebung navigieren.
- **Spielgeschwindigkeit und Komfortfunktionen:** Das Spiel profitierte von verbesserten Animationsgeschwindigkeiten und einer flüssigeren Interaktion. Zusätzlich gab es nun ein kontextsensitives Inventarsystem, das den Zugriff auf Gegenstände erleichterte.

Narrative und Atmosphäre

Obwohl die grundlegende Geschichte und der humorvolle Stil erhalten blieben, führten einige der Modernisierungen zu einem leicht veränderten Spielerlebnis:

- **Dialoge und Humor:** Die überarbeiteten Dialogfenster und die verbesserte Präsentation verstärkten den einzigartigen Humor von *Space Quest*. Einige Texte wurden geringfügig angepasst, um besser in das neue Interface zu passen.
- **Weltgestaltung:** Die detailreicheren Hintergründe und Charaktermodelle trugen dazu bei, dass sich das Universum von Roger Wilco immersiver anfühlte.
- **Zensur und Änderungen:** In einigen Fällen wurden Inhalte aus der Originalversion leicht verändert oder entschärft, um einer breiteren Spielerschaft zu gefallen.

Kulturelle Bedeutung und Erbe

Das *Space Quest I* VGA Remake zeigt, dass klassische Spiele erfolgreich modernisiert werden können, ohne ihren Charme zu verlieren. Gleichzeitig führte es die Debatte darüber, ob Point-&-Click-Interfaces tatsächlich eine Verbesserung gegenüber textbasierten Parser-Systemen darstellen. Während viele Spieler das neue Interface als benutzerfreundlicher empfanden, argumentierten einige, dass die ursprüngliche Parser-Eingabe kreativere Lösungswege ermöglichte.

In der Retrospektive wird das Remake oft als gelungene Neuinterpretation angesehen, die das Spiel für neue Spieler erschloss, während frühere Spieler sich über die detailreiche Aufbereitung freuen konnten. Allerdings blieb es bei diesem einzelnen Remake – spätere Titel der *Space Quest*-Reihe wurden nicht mehr auf ähnliche Weise überarbeitet.

Fazit
Das *Space Quest I* VGA Remake ist ein gelungenes Beispiel dafür, wie ein klassisches Adventure modernisiert werden kann, ohne seinen Kern zu verlieren. Die überarbeitete Grafik, das neue Interface und die verbesserte Musik machten das Spiel zugänglicher und angenehmer zu spielen, während der Humor und die ursprüngliche Geschichte erhalten blieben.

9.4.4 Broken Sword: Director's Cut & Broken Sword Reforged

Die *Broken Sword*-Reihe von Revolution Software zählt zu den bekanntesten und beliebtesten PCAs. Mit *Broken Sword: Director's Cut* (2009) und dem im Jahr 2024 veröffentlichten *Broken Sword: Reforged* (2024) liegen nun zwei verschiedene Neuauflagen des ersten Teils der Reihe vor. Während der Director's Cut eher auf eine behutsame Erweiterung setzte, wurde mit Reforged eine deutlich modernere Interpretation des Klassikers geschaffen. Diese Analyse beleuchtet die Unterschiede zwischen den beiden Neuauflagen und ihre jeweiligen Auswirkungen auf das Spielerlebnis.

Director's Cut: Bewahrung der klassischen Erfahrung
Der *Broken Sword: Director's Cut* von 2009 legte den Fokus auf eine sanfte Modernisierung des Originals, ohne dessen Atmosphäre oder Spielmechanik drastisch zu verändern:

- **Grafik und Animationen:** Die visuelle Präsentation wurde überarbeitet, jedoch weitgehend an den handgezeichneten Stil des Originals angelehnt. Charakterporträts wurden detaillierter ausgearbeitet, und einige Animationen erhielten eine flüssigere Darstellung.
- **Neue Inhalte:** Der Director's Cut fügte zusätzliche Szenen hinzu, insbesondere eine erweiterte Einführung mit Nico Collard als spielbarem Charakter. Dies ergänzte die Hintergrundgeschichte und gab der Figur mehr Präsenz.
- **Steuerung und Benutzeroberfläche:** Eine modernisierte Point-&-Click-Steuerung sowie ein überarbeitetes Interface verbesserten den Spielfluss. Zudem wurden neue Komfortfunktionen wie ein Hinweis-System integriert, um Frustmomente zu reduzieren.
- **Audio:** Die Musik wurde neu abgemischt, und einige Dialoge wurden neu aufgenommen oder erweitert, um das narrative Erlebnis zu verbessern.

Der Director's Cut wurde überwiegend positiv aufgenommen, da er das Spiel für neue Spieler zugänglicher machte, ohne die Essenz des Originals grundlegend zu verändern. Fans schätzten die behutsame Herangehensweise und die Möglichkeit, ein erweitertes *Broken Sword*-Erlebnis zu genießen.

Broken Sword Reforged: Eine tiefgehende Modernisierung
Mit *Broken Sword Reforged* von 2024 ging Revolution Software einen deutlich mutigeren Weg. Hier wurde nicht nur die Technik modernisiert, sondern auch Gameplay-Elemente grundlegend überarbeitet:

- **Grafik & Animationen:** Im Gegensatz zum *Director's Cut* setzt *Reforged* auf vollständig neu gestaltete 2.5D-Grafiken mit modernen Licht- und Schatteneffekten. Charaktermodelle wurden überarbeitet, und Hintergründe erhielten deutlich mehr Details und Lebendigkeit.
- **Steuerung & Interaktion:** Während das klassische Point-&-Click-Gameplay erhalten blieb, wurden moderne Eingabemethoden integriert, darunter Steuerung per Controller und Touchscreen.
- **Sprachausgabe & Musik:** Alle Dialoge wurden mit den originalen Synchronsprechern neu aufgenommen und das Sounddesign überarbeitet, um eine filmreife Atmosphäre zu schaffen.
- **Gameplay-Anpassungen:** Neben einer verbesserten Benutzerführung und neuen Animationen gibt es auch subtile Veränderungen im Rätseldesign. Einige Puzzles wurden modernisiert, um sie intuitiver zu gestalten, während andere erhalten blieben, um Veteranen des Spiels nicht zu entfremden.

Broken Sword Reforged sorgt für geteilte Meinungen: Während einige Spieler die visuelle und spielerische Modernisierung begrüßen, empfinden andere die Überarbeitung als zu weitreichend und fürchten einen Verlust des ursprünglichen Charmes.

Fazit: Zwei Neuauflagen, zwei Philosophien
Die beiden Neuauflagen von *Broken Sword* verdeutlichen, wie unterschiedlich Remakes gestaltet werden können. Beide Versionen haben ihre Daseinsberechtigung, und welche bevorzugt wird, hängt stark von den individuellen Erwartungen ab.

- Der *Director's Cut* bleibt der klassischen Spielweise treu und erweitert das Original nur in Maßen. Er ist ideal für Spieler, die das klassische *Broken Sword*-Erlebnis mit kleineren Verbesserungen genießen möchten.
- *Reforged* stellt eine tiefgehende Überarbeitung dar, die das Spiel in eine moderne Form überträgt. Es richtet sich vor allem an eine neue Generation von Spielern, die eine zeitgemäße Spielerfahrung bevorzugen.

9.5 Erkenntnisse aus den Fallstudien

Remakes und Remaster im PCA-Genre sind ein zweischneidiges Schwert. Sie bieten die Möglichkeit, Klassiker für neue Generationen spielbar zu machen, doch sie bergen auch das Risiko, das ursprüngliche Spielerlebnis zu verfälschen. In den vorangegangenen Analysen wurden verschiedene Neuauflagen untersucht, die jeweils unterschiedliche Herangehensweisen und Resultate aufzeigen.

9.5.1 Bewährte Konzepte und gelungene Modernisierungen

Einige Remakes haben es geschafft, den Geist des Originals zu bewahren und gleichzeitig Verbesserungen zu liefern:

- *Day of the Tentacle Remastered* beweist, dass eine vorsichtige Überarbeitung mit verbesserter Grafik, modernisierter Steuerung und dem Erhalt der Originalästhetik eine erfolgreiche Strategie sein kann. Besonders die Möglichkeit, zwischen neuer und klassischer Darstellung zu wechseln, macht es für Fans und neue Spieler gleichermaßen attraktiv.
- *Full Throttle Remastered* setzt auf eine ähnliche Strategie, indem es den ikonischen Stil beibehält, Sound und Grafik überarbeitet und die Steuerung optimiert. Die Modernisierung der Action-Elemente macht das Spiel zugänglicher, ohne den Schwierigkeitsgrad zu stark zu senken.
- Das *Space Quest I VGA* Remake war eines der ersten seiner Art und setzte erfolgreich auf eine Umstellung von Textparser- auf Point-&-Click-Steuerung. Die grafische Überarbeitung brachte das Spiel näher an moderne Standards, ohne seinen nostalgischen Charme zu verlieren.
- *Broken Sword: Director's Cut* erwies sich als vorsichtige, aber gelungene Erweiterung des Originals. Die zusätzliche Storyline mit Nico und die überarbeitete Steuerung trugen dazu bei, das Spiel für neue Spieler attraktiver zu machen, ohne das klassische Feeling zu verlieren.

Umstrittene oder problematische Neuauflagen
Während einige Remakes als gelungen gelten, gibt es auch Beispiele, die auf starke Kritik gestoßen sind:

- *Monkey Island: Special Editions* lieferten hochauflösende Neuinterpretationen der Grafik, eine vollständige Sprachausgabe und ein verbessertes Interface. Dennoch empfanden viele Spieler den neuen Zeichenstil als unpassend und zu glatt, wodurch der handgezeichnete Charme der Originale verlorenging.

- *Broken Sword Reforged* brachte umfassende Modernisierungen, doch einige Spieler empfanden sie als zu radikal. Die neuen Effekte und das überarbeitete Gameplay spalteten die Community in jene, die die technische Aufwertung begrüßten, und jene, die eine zu starke Abweichung vom Original kritisierten.

Was macht ein gutes Remake aus?

Aus den betrachteten Beispielen lassen sich einige Schlüsselkriterien für ein gelungenes Remake ableiten:

1. **Respekt vor der Originalästhetik**: Eine Neuauflage sollte sich daran orientieren, was das Original ausmachte – sei es Grafikstil, Atmosphäre oder Charakterdesign. *Day of the Tentacle Remastered* ist ein Beispiel für diesen Ansatz.
2. **Technische Verbesserungen ohne Verfälschung**: Höhere Auflösung, verbesserter Sound und optimierte Steuerung können das Erlebnis verbessern, dürfen jedoch nicht das ursprüngliche Gameplay verändern und die Wirkung verändern. Die *Monkey Island Special Editions* sind Beispiele dafür.
3. **Flexibilität durch Umschaltfunktion**: Die Möglichkeit, zwischen alter und neuer Grafik zu wechseln, stellt sicher, dass Fans selbst entscheiden können, wie sie das Spiel erleben möchten.
4. **Erhalt der Kernmechaniken**: Rätsel, Dialoge und Spiellogik sollten nicht grundlegend verändert werden. Anpassungen an moderne Standards sind sinnvoll, doch eine zu starke Vereinfachung kann den Charme des Spiels untergraben.

Schlussfolgerung: Remakes als Chance und Risiko

Remakes sind eine wichtige Möglichkeit, klassische Spiele für neue Generationen zugänglich zu machen. Sie können dazu beitragen, ein Spiel zu bewahren, es technisch zu optimieren und neue Features hinzuzufügen. Doch sie sind auch ein Balanceakt: Zu viele Änderungen oder eine fehlerhafte Umsetzung können dazu führen, dass das Remake als schlechter als das Original wahrgenommen wird.

Letztlich hängt der Erfolg eines Remakes davon ab, wie behutsam und respektvoll die Entwickler mit dem Ausgangsmaterial umgehen. Die besten Neuauflagen modernisieren ein Spiel, ohne seinen Geist zu verfälschen – ein Ansatz, den zukünftige Remakes hoffentlich als Vorbild nehmen werden.

Literatur

Eurogamer. (2009). *LucasArts to remake Monkey Island*. https://www.eurogamer.net/lucasarts-to-remake-monkey-island

Steam. (n.d.). *Maniac Mansion Deluxe* [Fan-Remake]. Abgerufen am 24. März 2025, von https://store.steampowered.com/app/70970/Maniac_Mansion_Deluxe/

GOG (n.d.). *Classic PC Adventure Games – DRM-free Downloads.* Abgerufen am 24. März 2025, von https://www.gog.com

ScummVM. (n.d.). *What is ScummVM?* Abgerufen am 24. März 2025, von https://www.scummvm.org

Ludography

Double Fine Productions. (2016). *Day of the Tentacle Remastered* [PC]. Double Fine Productions.
LucasArts. (1990). *The Secret of Monkey Island* [PC]. LucasArts.
LucasArts. (1991). *Monkey Island 2: LeChuck's Revenge* [PC]. LucasArts.
LucasArts. (2009). *The Secret of Monkey Island: Special Edition* [PC]. LucasArts.
LucasArts. (2010). *Monkey Island 2: LeChuck's Revenge – Special Edition* [PC]. LucasArts.
Revolution Software. (1996). *Broken Sword: The Shadow of the Templars* [PC]. Revolution Software.
Revolution Software. (2009). *Broken Sword: Director's Cut* [PC]. Ubisoft.
Revolution Software. (2024). *Broken Sword: Reforged* [PC]. Revolution Software.
Sierra On-Line. (1986). *Space Quest: The Sarien Encounter* [PC]. Sierra On-Line.
Sierra On-Line. (1991). *Space Quest I: VGA Remake* [PC]. Sierra On-Line.

Kurioses und Skurriles 10

Inhaltsverzeichnis

10.1 Kurioses aus Spielen 134
    10.1.1 Das Gummihuhn mit Flaschenzug – Ein Running-Gag für die Ewigkeit 134
    10.1.2 Die Tentakel-Überraschung in Day of the Tentacle 134
    10.1.3 Gabriel Knight und die nicht ganz so gefährliche Schlange 135
10.2 Anekdoten aus der Entwicklung 135
    10.2.1 Der Sierra-vs.-LucasArts-Kampf – Das Ende der unfairen Tode 135
    10.2.2 Larry Laffer war ein Platzhalter – und wurde zur Kultfigur 136
    10.2.3 Grim Fandango und das Problem mit der Festplatte 136
10.3 Feelies & Sammlerausgaben – Abenteuer zum Anfassen 136
10.4 Warum Adventures in manchen Ländern erfolgreicher sind 137
    10.4.1 Deutschland: Die Hochburg der Adventures 138
    10.4.2 Japan: Visual Novels statt klassischer Adventures 138
    10.4.3 Russland & Osteuropa: Die Quest-Tradition 138
    10.4.4 Spanien & Pendulo Studios – Eine unterschätzte Adventure-Nation 139
10.5 Easter Eggs & versteckte Insider-Witze 139
    10.5.1 LucasArts' Liebe zu versteckten Anspielungen 140
    10.5.2 Monkey Island 2: Das absurde Ende und der LucasFilm-Gag 140
    10.5.3 Entwickler verstecken sich selbst in Spielen 140
    10.5.4 Verrückte Rätsel 141
    10.5.5 Mondlogik: Der wahre Tod der PCAs? 142
Literatur 142

© Der/die Autor(en), exklusiv lizenziert an Springer Fachmedien Wiesbaden GmbH, ein Teil von Springer Nature 2025
J. Burbach, *Das ultimative Buch über Point & Click-Adventures*,
https://doi.org/10.1007/978-3-658-48728-7_10

> In meiner Erinnerung waren die meisten Point & Click-Adventure entweder lustig oder frustrierend schwer. Lustig, weil der Humor der Entwickler genau auf meiner Linie lag, etwa, wenn Gybrush in *Monkey Island* von der Klippe fällt, wieder hochspringt und lapidar meint „unten stand ein Gummibaum". Und schwer, weil ich in *Space Quest* gefühlt 1.000 verschiedene Todesarten erlebt habe.

PCAs sind für viele Spieler ein einzigartiges Genre – sie bieten packende Geschichten, charmante Charaktere und oft eine ordentliche Prise Humor. Doch mit diesen Stärken kamen auch einige der frustrierendsten Rätsel, die Gamer je erlebt haben.

Neben den Spielen selbst gibt es aber auch hinter den Kulissen viele witzige, überraschende und manchmal unglaubliche Geschichten. Dieses Kapitel berichtet von einigen der kuriosesten Momente aus fast 50 Jahren PCAs – sowohl aus den Spielen selbst als auch aus ihrer Entwicklung.

10.1 Kurioses aus Spielen

10.1.1 Das Gummihuhn mit Flaschenzug – Ein Running-Gag für die Ewigkeit

Kaum ein Item wirkt so merkwürdig wie das „Gummihuhn mit einem Flaschenzug in der Mitte" aus *The Secret of Monkey Island*. Während sich Spieler in den frühen 90ern fragten, welchen Zweck dieses absurde Objekt in einem Piratenspiel erfüllen sollte, hatten die Entwickler eine ganz einfache Antwort: Es sollte einfach nur lustig sein.

Doch was als kleine humorvolle Idee begann, entwickelte sich schnell zu einem Running-Gag. Das Gummihuhn tauchte in vielen anderen LucasArts-Spielen als Easter Egg wieder auf, etwa in *Monkey Island 2*. Selbst in neueren Adventures gibt es oft Anspielungen darauf – als eine Art versteckte Hommage an die goldene Ära des Genres. In *The Book of Unwritten Tales* zum Beispiel muss ein Gummihuhn mit einem Foltergerät verbunden werden.

10.1.2 Die Tentakel-Überraschung in Day of the Tentacle

Wer sich in *Day of the Tentacle* durch das Haus kämpfte, konnte an einem bestimmten Punkt eine Überraschung erleben: ein spielbares *Maniac Mansion* im Spiel. Dies war damals eine absolute Seltenheit – schließlich handelte es sich nicht nur um eine kurze Anspielung oder ein Easter Egg, sondern um das komplette Originalspiel. Dazu mussten die Spieler nur auf Weird Eds Computer zugreifen.

Die Idee dahinter war sowohl eine technische Herausforderung als auch eine Liebeserklärung an den Vorgänger. *Maniac Mansion* hatte LucasArts in den 80ern auf herausgebracht, und die Entwickler fanden es nur passend, das Spiel für neue Spieler zugänglich zu machen. Fans feierten dieses Feature – und es bleibt bis heute eines der bekanntesten Meta-Gags in der Spielegeschichte.

10.1.3 Gabriel Knight und die nicht ganz so gefährliche Schlange

Übersetzungen können eine knifflige Angelegenheit sein – besonders, wenn sie den Tonfall einer Szene völlig verändern. Ein perfektes Beispiel dafür findet sich in *Gabriel Knight: Sins of the Fathers*.

In einer besonders dramatischen Szene begegnet Gabriel einer Voodoo-Schlange. Während er sich im englischen Original angespannt und vorsichtig gibt, klingt die deutsche Synchronisation fast schon lässig: „Hallo, Schlange!" Ein einziger Satz, und die ganze Atmosphäre kippt. Diese Übersetzungs-Panne wurde von Spielern schnell bemerkt und zum Running-Gag in Adventure-Kreisen. Es zeigt, wie sehr eine unpassende Lokalisierung die Wirkung einer Szene zerstören kann – manchmal sogar mit unfreiwillig komischem Effekt.

10.2 Anekdoten aus der Entwicklung

10.2.1 Der Sierra-vs.-LucasArts-Kampf – Das Ende der unfairen Tode

In den 80er- und frühen 90er-Jahren beherrschten zwei große Firmen den Adventure-Markt, wie bereits in Kap. 4 umfangreich dargelegt: Sierra On-Line und LucasArts. Doch es gab einen entscheidenden Unterschied zwischen den beiden Studios: Sierra-Spiele waren berüchtigt für ihre vielen Todesfälle, während LucasArts bewusst darauf verzichtete, den Spieler durch dumme Fehler sterben zu lassen.

Ron Gilbert, der kreative Kopf hinter *Monkey Island*, fand es frustrierend, wenn ein Spiel Spieler für kleine Fehlentscheidungen brutal bestrafte. Während Sierra die Spieler bei jeder falschen Bewegung sterben ließ, entschied sich Gilbert für einen anderen Weg: In *Monkey Island* konnte Guybrush Threepwood nicht sterben – mit einer berühmten Ausnahme, wenn er mehr als zehn Minuten unter Wasser blieb. Dann veränderte sich die Verben in diverse Schwimm-Befehle, wie „Schwebe", „Quell auf" oder „Verwese".

10.2.2 Larry Laffer war ein Platzhalter – und wurde zur Kultfigur

Die *Leisure Suit Larry*-Reihe gehört zu den schrägsten Adventure-Serien überhaupt. Doch eigentlich war der kultige Frauenheld Larry Laffer nie als Hauptfigur geplant!

Der erste *Leisure Suit Larry*-Teil basierte auf einem alten, textbasierten Spiel namens *Softporn Adventure*, das eine sehr simple Story hatte. Als Sierra-Entwickler Al Lowe das Spiel in ein modernes Grafik-Adventure umwandelte, nutzte er Larry zunächst nur als Platzhalter für den eigentlichen Protagonisten. Doch mit der Zeit fanden die Entwickler Gefallen an dem schmierigen Möchtegern-Casanova – und beschlossen, ihn zur Hauptfigur zu machen.

Aus der Not machte Sierra ein Spiel, das heute Kult ist: *Leisure Suit Larry in the Land of the Lounge Lizards* wurde ein riesiger Erfolg und brachte eine ganze Serie hervor, die bis heute weiterlebt und in den Jahren 2018 und 2020 zwei Fortsetzungen aus Deutschland erhielt.

10.2.3 Grim Fandango und das Problem mit der Festplatte

Grim Fandango war eines der ersten LucasArts-Adventures mit 3D-Charakteren, was die Entwicklung extrem anspruchsvoll machte. Die Entwickler standen vor technischen Herausforderungen und ein technisches Detail sorgte für Frust.

Tim Schafer, der kreative Kopf hinter dem Spiel, erinnerte sich später, dass das Team immer wieder mit langen Ladezeiten zwischen einzelnen Räumen bis hin zu Abstürzen des Spiels kämpfte. Wochenlang probierte das Team verschiedene Lösungen aus – doch nichts half. Aber eine Lösung gab es: Da das Spiel ausschließlich auf CD-Rom vertrieben wurde, wurden Daten zu langsam vom Medium geladen: Die Übertragungsgeschwindigkeit einer CD ist der einer Festplatte wesentlich unterlegen. Abhilfe schaffte, einige der Spieldaten auf die Festplatte zu kopieren. In 1998 war jedoch der durchschnittliche PC mit 4,3 GB Festplattenplatz ausgestattet und *Grim Fandango* benötigte über 1 GB auf dem Datenträger (Adventuregames, 2005, DosDays, 1998).

10.3 Feelies & Sammlerausgaben – Abenteuer zum Anfassen

In den 80er- und 90er-Jahren waren Adventure-Spiele oft mehr als nur eine Diskette oder CD-ROM – sie kamen mit liebevoll gestalteten Extras, den sogenannten Feelies. Besonders Infocom war für ihre aufwendigen Verpackungen bekannt:

- *Zork* enthielt eine detaillierte Karte der Spielwelt und die *Encyclopaedia Frobozzica* mit Spielhinweisen.

- *Hitchhiker's Guide to the Galaxy* kam z. B. mit einer Tüte, in der die „*offizielle mikroskopische kleine Raumflotte*" enthalten war. Die Tüte war leer.
- *Leather Goddesses of Phobos* hatte eine 3D-Brille für das mitgelieferte Comicbuch.

Aber auch LucasArts und Sierra setzten auf physische Gimmicks, etwa:

- *Zak McKracken and the Alien Mindbenders* kam mit einer fiktiven Zeitung, dem *National Inquisitor,* voller In-Game-Hinweise. Die Hauptfigur Zak ist Reporter.
- *Monkey Island 2* enthielt den berühmten Kopierschutz „Mix'n'Mojo", einer Scheibe, in der Piraten zusammengesetzt wurden, um einen Code zu erhalten.
- *Indiana Jones and the Fate of Atlantis* hatte ein Code-Wheel, mit dem man Rätsel entschlüsseln musste. In der CD-Version fehlte das Code-Wheel jedoch.
- Wer in *Indiana Jones and the Last Crusade* zu Beginn den falschen Code eingab, spielte eine Demo: In der Schlüsselszene zum Start der Suche sprach Indy dann von einem heiligen Kran und Hochhäusern statt dem heiligen Gral.

Diese Extras machten das Spiel nicht nur immersiver oder gaben Hinweise, sondern dienten oft auch als Kopierschutz – denn wer sich das Spiel illegal kopierte, besaß die physischen Rätselhilfen nicht und konnte nicht weiterspielen.

Nach dem Aufstieg der digitalen Distribution verschwanden physische Editionen lange Zeit fast vollständig – doch in den letzten Jahren feiern sie ein Comeback.

Ein gutes Beispiel dafür ist *Thimbleweed Park,* das Adventure von Ron Gilbert aus dem Jahr 2017. Während die meisten Spieler das Spiel digital erwarben, erschien später eine Sonderedition in einer klassischen Big Box, inklusive Disketten-Attrappen, Handbuch und Kopierschutz-Rad – ganz im Stil der 90er.

Auch die *Monkey Island: Special Edition* wurde in einer limitierten Sammleredition mit Soundtrack und Artbook veröffentlicht. *Return to Monkey Island* erhielt eine Big Box mit Postern und Stickern, ganz im Retro-Stil. Und die Firma Limited Run Games bringt alte Adventures in neuem Glanz heraus – u. a. *Grim Fandango Remastered* mit exklusiven Artworks und einem USB-Flashdrive mit dem Spiel in Form einer Piñata.

Die Nostalgie spielt eine große Rolle: Viele Adventure-Fans sind mittlerweile Erwachsene mit eigenem Einkommen, die gerne wieder in ihre Kindheit eintauchen. Eine aufwendige Sammleredition fühlt sich an wie eine Zeitreise zurück in die Ära, in der Spiele noch echte Schätze waren.

10.4 Warum Adventures in manchen Ländern erfolgreicher sind

PCA waren nie ein weltweites Massenphänomen, sondern hatten je nach Region sehr unterschiedliche Erfolge. Während das Genre in manchen Ländern fast verschwunden ist, erfreut es sich in anderen bis heute großer Beliebtheit. Doch warum ist das so?

10.4.1 Deutschland: Die Hochburg der Adventures

Während sich Adventures in den USA nach den 90ern immer schwerer taten, blieben sie in Deutschland durchgehend beliebt. Selbst als LucasArts und Sierra das Genre aufgaben, erschienen hier noch regelmäßig neue Titel.

Warum ist das so?

Die Übersetzungen waren von hoher Qualität: Deutsche Spieler waren es gewohnt, lokalisierten Content zu bekommen. Das gilt jedoch nicht nur für Spiele, sondern auch Filme kommen in Deutschland meist synchronisiert in die Kinos. Auch rätselorientierte Spiele kommen hierzulande gut an. Deutsche Gamer mögen komplexe, durchdachte Spiele. Das erklärt auch die Beliebtheit von Wirtschaftssimulationen wie dem *Landwirtschaftsimulator*. Verlage und Entwickler blieben dran: Firmen wie Daedalic Entertainment hielten das Genre am Leben. Und schließlich ist der Nostalgie-Faktor in Deutschland riesig. Viele der 80er/90er-Spieler blieben Adventures treu und kauften neue Titel.

Heute gilt Deutschland als einer der wichtigsten Märkte für Adventures – ein Grund, warum viele moderne Titel wie *Thimbleweed Park* deutsche Synchronfassungen bekommen.

10.4.2 Japan: Visual Novels statt klassischer Adventures

Während klassische PCAs in Japan nie so erfolgreich waren wie in Europa oder den USA, entwickelte sich dort ein verwandtes Genre: Visual Novels.

Bekannte Serien wie *Ace Attorney* oder *Danganronpa* setzen auf interaktive Geschichten, die mit wenigen Gameplay-Elementen auskommen.

Warum kein Point-&-Click?

Japanische Spieler bevorzugen narrative Spiele mit starkem Fokus auf Story und Dialoge. In Japan dominierte jedoch die Konsolenkultur und Adventures sind oft für den PC und eine Bedienung per Maus optimiert. Zudem haben Lese- und Dialoglastige Spiele eine lange Tradition – klassische japanische Adventure-Spiele *(Famicom Detective Club, Policenauts)* setzten schon früh auf textlastiges Gameplay, sodass Rätsel eher beiläufig gelöst wurden. Immerhin eine Kernfunktion von PCAs.

In gewisser Weise könnte man sagen, dass Visual Novels das japanische Äquivalent zu westlichen PCAs sind – sie setzen eher auf Story als auf Rätsel.

10.4.3 Russland & Osteuropa: Die Quest-Tradition

In Russland und Osteuropa hatten Adventures lange einen besonderen Platz in der Gaming-Kultur. Besonders in den 90ern florierte das Genre hier – aber oft mit einem besonderen Twist.

Warum waren Adventures hier so beliebt?

Die Spiele waren oft leicht zu kopieren und verbreiteten sich daher schnell. Die russische Förderation setzte zudem erst zum 1. Januar 2008 ein Urheberrecht um, sodass bis zu dem Zeitpunkt auf Piraterie keine Strafen standen. PCAs konnten sich dadurch weit verbreiten. Außerdem gibt es starke Einflüsse aus Science-Fiction & Philosophie. Titel wie *Pathologic* oder *The Void* boten eine umfassende Erzählstruktur, ähnlich wie klassische Adventures. Zudem gibt es in Osteuropa eine umfangreiche Indie-Szene mit kreativen Projekten. Dazu gehören unkonventionelle Spiele wie *Machinarium* oder *The Franz Kafka Videogame*.

Besonders in Russland haben sich Adventures bis heute gehalten – oft in Form von Quest-Spielen, die an klassische Adventures angelehnt sind, aber eigene Mechaniken einbauen.

10.4.4 Spanien & Pendulo Studios – Eine unterschätzte Adventure-Nation

Spanien hat sich still und heimlich als eines der aktivsten Länder für moderne Adventures etabliert, vor allem durch Pendulo Studios.

Zu den bekannten Titeln aus Spanien gehören die *Runaway*-Reihe, klassische PCAs mit modernen Animationen und *Yesterday,* eine düstere Adventure-Serie mit einzigartigem Artstyle. Außerdem *Blacksad: Under the Skin,* das auf einem berühmten Comic und im Stil eines Film Noir umgesetzt ist.

Warum ist Spanien eine der wenigen Regionen, in denen Adventures bis heute erfolgreich sind?

Es sind vor allem kleine, aber leidenschaftliche Studios, die auf das Genre setzen. Der europäische Markt hält das Interesse an Adventures am Leben und spanische Entwickler kombinieren klassische Adventure-Mechaniken mit modernen Elementen, z. B. bessere Animationen, dialoglastige Erzählungen.

10.5 Easter Eggs & versteckte Insider-Witze

Ein gutes Adventure lebt nicht nur von seiner Story und seinen Rätseln – oft sind es die kleinen, versteckten Details, die ein Spiel besonders machen. PCAs waren schon immer ein Spielplatz für kreative Entwickler, die an vielen Stellen geheime Insider-Witze, Anspielungen oder versteckte Botschaften hinterließen. Manche waren nur kleine Gags, andere entwickelten sich zu legendären Running Gags.

10.5.1 LucasArts' Liebe zu versteckten Anspielungen

LucasArts war bekannt für seine Easter Eggs – oft mit Verweisen auf frühere oder zukünftige Spiele des Studios. Ein paar der besten Beispiele:

- *Sam und Max* aus dem gleichnamigen Spiel stehen als Statue in Indiana Jones Büro in *Indiana Jones and the Last Crusade.*
- Guybrush klaut in *Monkey Island 2: LeChuck's Revenge* ein Buch. Die Animation sieht aus, wie der Diebstahl einer Figur zu Beginn des Films *Indiana Jones – Jäger des verlorenen Schatzes*. Es fehlt nur der riesige rollende Fels.
- „Chuck", die Pflanze taucht sowohl in *Maniac Mansion* als auch in *Indiana Jones and the Last Crusade* sowie in *Day of the Tentacle* auf.
- Die Möwe aus *Loom* taucht mindestens in *Monkey Island* 1 und 2 sowie *Day of the Tentacle* auf.

Diese Easter Eggs waren oft nicht nur einfache Referenzen, sondern Teil eines größeren Entwickler-Humors – LucasArts-Spiele fühlten sich oft so an, als würden sie alle im selben Universum existieren (Adventuregamesite, n.d.).

10.5.2 Monkey Island 2: Das absurde Ende und der LucasFilm-Gag

Einer der bizarrsten Momente in *Monkey Island 2: LeChuck's Revenge* ist das berüchtigte, das bis heute für Unmut sorgt. Guybrush ist auf der Suche nach Big Whoop, dem legendären Schatz. Big Whoop ist im Englischen ein Synonym für eine riesige Schummelei. Und in *Monkey Island* stellt sich Big Whoop als Ticket für einen Freizeitpark heraus, was viele Spieler als Entmystifizierung empfanden.

Am Ende des Spiels passiert plötzlich Folgendes. Guybrush steht in einer seltsamen, modernen Umgebung, die wie eine Film- oder Freizeitpark-Kulisse aussieht. Im Gespräch mit seinem Bruder gibt es Hinweise darauf, dass alles nur eine „Inszenierung" war.

Viele Fans spekulierten, dass das Ende eine Art Parodie auf Star Wars und die damaligen LucasFilm-Projekte sei. Ron Gilbert, der Schöpfer der Serie, hat nie endgültig erklärt, was das Ende bedeutet – und so bleibt es eines der größten Mysterien der Adventure-Geschichte.

10.5.3 Entwickler verstecken sich selbst in Spielen

Viele Adventure-Entwickler waren nicht nur hinter den Kulissen aktiv – sie verewigten sich auch in ihren eigenen Spielen.

Beispiele:

- Entwickler-Gräber in *Grim Fandango:* Im Spiel gibt es einen Friedhof mit Grabsteinen, auf denen die Namen von LucasArts-Entwicklern stehen – eine makabre, aber lustige Hommage.
- Ron Gilbert als Statue in *Monkey Island:* hier gibt es einen mysteriösen Stein mit der Gravur „Ron Gilbert war hier" – eine selbstironische Botschaft des Schöpfers.
- Al Lowe in *Leisure Suit Larry:* Der Macher der Leisure Suit Larry-Spiele, Al Lowe, taucht in mehreren Spielen als Spielfigur oder als Insider-Gag auf.
- *Space Quest III.* Die verschollenen Two Guys from Andromeda sind Questgeber für Hauptfigur Roger Wilco. Am Ende des Spiels landet Roger Wilco übrigens vor einem Holzhaus, in dem die Zentrale von Sierra untergebracht ist. Die Entwickler Mark Crowe und Scott Murphy empfangen Roger Wilco dort.

10.5.4 Verrückte Rätsel

Ein gutes Adventure-Rätsel sollte herausfordernd, aber lösbar sein – doch einige Entwickler trieben es mit ihren Ideen zu weit. Manche Rätsel waren so absurd, dass sie bis heute als Paradebeispiele für schlechtes Spieldesign oder als Running Gags unter Adventure-Fans gelten.

Eines der absurdesten Rätsel der Adventure-Geschichte stammt aus *Monkey Island 2.* Guybrush braucht einen Schraubenschlüssel, um eine Wasserpumpe zu bedienen, aber es gibt keinen Schraubenschlüssel im Spiel. Die Lösung ist naheliegend: Man findet einen schlafenden Affen namens Jojo. Wenn man ihn aufhebt und auf das Ventil anwendet, dreht der Affe sich um die eigene Achse und funktioniert wie ein Schraubenschlüssel.

> „Selbst wenn man Englisch spricht und aus einem Land kommt, in dem das erforderliche Werkzeug gemeinhin als 'Monkey wrench' bezeichnet wird, und erkennt, dass man genau das braucht, muss man immer noch eine erstaunliche Voraussage darüber treffen, wie man durch seine Handlungen an dieses Werkzeug kommt", sagt Grossman. "Nichts in dem Spiel bereitet angemessen darauf vor."
>
> (Dave Grossmann, 2022).

Es gibt jedoch keine logischen Hinweise darauf, dass ein Affe sich wie ein Schraubenschlüssel verhalten könnte. Das Rätsel funktioniert im Englischen, da Schraubenschlüssel dort „Monkey Wrench" heißen. Wer jedoch die übersetzte Version spielte, fand einen „affenförmigen Schraubenschlüssel" vor.

10.5.5 Mondlogik: Der wahre Tod der PCAs?

Ein Artikel von Old Man Murray prangerte eines der größten Probleme klassischer PCAs an: die absurde Logik vieler Rätsel. Die Autoren Erik Wolpaw und Chet Faliszek argumentierten, dass das Genre nicht durch mangelndes Interesse der Spieler an 3D und Tank-Mechaniken litt, sondern weil es sich durch unfaire und unlogische Rätsel selbst zerstörte.

Der berühmteste Kritikpunkt war ein Rätsel aus *Gabriel Knight 3,* bei dem der Spieler das zuvor erhaltene Fell einer Katze mit Sirup tränken musste, um sich mit dem entstandenen Bart zu tarnen und dann in einem Laden ein Motorrad zu mieten – eine Lösung, die wohl niemand ohne Trial-and-Error finden würde. Laut Old Man Murray lag das Hauptproblem darin, dass Adventure-Games oft nur einen einzigen, meist völlig absurden Lösungsweg zuließen. Wenn man feststeckte, lag es nicht daran, dass man nicht schlau genug war – sondern daran, dass der Spieldesigner ein schlechter Autor war.

Diese Kritik war so überzeugend, dass sie bis heute als ein Schlüsselmoment in der Diskussion um Adventure-Game-Design gilt. Sie zeigte, dass das Genre nicht nur unter dem technologischen Wandel, sondern auch unter seinen eigenen Designfehlern litt. Designfehlern, denen bereits zu Zeiten von LucasArts begegnet wurde, beispielsweise durch das Puzzle Dependency Chart und gesunden Menschenverstand.

Literatur

Adventuregamers (2005). *Grim Fandango Help With Hard Drive.* Forum. https://adventuregamers.com/archive/forums/hint-requests-technical-problems/9742-grim-fandango-help-with-hard-drive.html, abgerufen 2025–03–18

Adventuregamesite (n.d.). *Easter Eggs.* https://www.adventuregamesite.de/la-spezi-eggs.php, abgerufen 2025–03–18

DosDays (n.d.). *Typical PCs Each Year: 1998.* Webseite https://www.dosdays.co.uk/topics/1998.php, abgerufen 2025–03–18

Jakobs, B. (24. Mai 2022). *Monkey Island 2: Es gibt eine Sache, die Ron Gilbert und Dave Grossman bedauern.* https://www.eurogamer.de/monkey-island-2-es-gibt-eine-sache-die-ron-gilbert-und-dave-grossman-bedauern, abgerufen 2025–03–18

Ludographie

LucasArts Adventures
Lucasfilm Games. (1990). *The Secret of Monkey Island* [PC]. Lucasfilm Games.
Lucasfilm Games. (1991). *Monkey Island 2: LeChuck's Revenge* [PC]. Lucasfilm Games.
LucasArts. (1993). *Day of the Tentacle* [PC]. LucasArts.
LucasArts. (1992). *Indiana Jones and the Fate of Atlantis* [PC]. LucasArts.
LucasArts. (1998). *Grim Fandango* [PC]. LucasArts.
Lucasfilm Games. (1987). *Maniac Mansion* [PC]. Lucasfilm Games.

Lucasfilm Games. (1990). *Loom* [PC]. Lucasfilm Games.
Lucasfilm Games. (1988). *Zak McKracken and the Alien Mindbenders* [PC]. Lucasfilm Games.
LucasArts. (1993). *Sam & Max Hit the Road* [PC]. LucasArts.

Sierra On-Line Adventures

Sierra On-Line. (1990). *King's Quest V: Absence Makes the Heart Go Yonder!* [PC]. Sierra On-Line.
Sierra On-Line. (1991). *Space Quest IV: Roger Wilco and the Time Rippers* [PC]. Sierra On-Line.
Sierra On-Line. (1987). *Leisure Suit Larry in the Land of the Lounge Lizards* [PC]. Sierra On-Line.
Sierra On-Line. (1993). *Gabriel Knight: Sins of the Fathers* [PC]. Sierra On-Line.

Andere klassische Adventures

Adventure Soft. (1995). *Simon the Sorcerer 2* [PC]. Adventure Soft.
Perfect Entertainment. (1995). *Discworld* [PC]. Psygnosis.
Nintendo. (1988). *Famicom Detective Club* [Famicom]. Nintendo.
Konami. (1994). *Policenauts* [PC-98]. Konami.
Ice-Pick Lodge. (2005). *Pathologic* [PC]. Buka Entertainment.
Ice-Pick Lodge. (2008). *The Void* [PC]. ND Games.

Moderne und Indie-Adventures

KING Art Games. (2009). *The Book of Unwritten Tales* [PC]. HMH Interactive.
Terrible Toybox. (2017). *Thimbleweed Park* [PC]. Terrible Toybox.
Amanita Design. (2009). *Machinarium* [PC]. Amanita Design.
Denis Galanin. (2017). *The Franz Kafka Videogame* [PC]. Daedalic Entertainment.
Pendulo Studios. (2001). *Runaway: A Road Adventure* [PC]. Dinamic Multimedia.
Pendulo Studios. (2012). *Yesterday* [PC]. Focus Home Interactive.
Pendulo Studios. (2019). *Blacksad: Under the Skin* [PC]. Microids.
Terrible Toybox. (2022). *Return to Monkey Island* [PC]. Devolver Digital.

Die wichtigsten Point & Click-Adventures 11

Inhaltsverzeichnis

11.1	LucasArts	146
11.2	Sierra On-Line	147
11.3	Revolution Software	154
11.4	Daedalic Entertainment	157
11.5	Wadjet Eye Games	159
11.6	Ausgewählte weitere Studios	162
11.7	Spiele, die zwischen 2020 und 2025 erschienen sind	168
11.8	Spiele, die kaum jemand kennt…?	169
11.9	Das Erbe von LucasArts und Sierra On-Line	171
11.10	Spiele mit weiblicher Hauptrolle	174
11.11	Weitere nennenswerte PCAs	177
11.12	Remakes von PCAs	179
11.13	Text-Adventures von Infocom	180

> Spiele sind ja immer eine sehr persönliche Sache. Man bevorzugt vielleicht ein Genre, einen bestimmten Grafikstil, PC oder Konsole, C_{64}, Amiga oder Atari ST. Trotzdem lassen sich einige Dinge mit Sicherheit sagen: Mit über 600 Einzeltiteln und Serien ist das Genre der Point & Click-Adventures keine Eintagsfliege. Und ich kann aus der frühen Erinnerung sagen, dass es kaum jemanden gab, der die nicht mochte oder gespielt hat. Bis auf Jens aus der Grundschule vielleicht…

© Der/die Autor(en), exklusiv lizenziert an Springer Fachmedien Wiesbaden GmbH, ein Teil von Springer Nature 2025
J. Burbach, *Das ultimative Buch über Point & Click-Adventures*,
https://doi.org/10.1007/978-3-658-48728-7_11

11 Die wichtigsten Point & Click-Adventures

In diesem Kapitel werden wichtige PCAs kurz beschrieben und ihr Beitrag zum Genre in einem Satz zusammengefasst. Das Kapitel enthält Spiele der wichtigsten großen Entwicklerstudios, einiger kleinerer Studios sowie einzelner Entwickler. Die Bedingung zur Aufnahme ist einfach: Das Studio muss mindestens 5 Titel veröffentlicht haben und / oder einen Titel mit einer außergewöhnlichen Mechanik oder Geschichte – das sind die in 11.11 genannten Titel.

Da es sich um umfangreiche Tabellen handelt, verzichtet dieses Kapitel auf eine Ludographie am Ende des Kapitels. Als Quellen dienten Steam, GOG.com, MobyGames.com sowie die Seiten der Hersteller, so sie denn noch online sind, mit Stand März 2025.

11.1 LucasArts

LucasArts, das Entwicklerstudio für Spiele von Star Wars-Erfinder George Lucas, bewies bereits mit dem nach Taxonomie ersten PCA Maniac Mansion, dass narrative Spiele mit direkt steuerbaren Charakteren Erfolg haben werden (Tab. 11.1).

Tab. 11.1 Alle PCAs von LucasArts mit kurzer Beschreibung und einer Besonderheit pro Spiel

Jahr	Spiel	Autoren	Beschreibung	Besonderheit	Kapitel
1986	Labyrinth: The Computer Game	Douglas Crockford	Basierend auf dem Film 'Labyrinth', das erste Adventure-Spiel von Lucasfilm Games	Erstes Adventure von Lucasfilm Games	4.2,
1987	Maniac Mansion	Ron Gilbert, Gary Winnick	Ein humorvolles Horror-Adventure, das das SCUMM-System einführte	Erstes SCUMM-Spiel, inspirierte eine TV-Serie	1.0, 1.2, 1.3, 2.2, 2.3, 2.4, 3.0, 3.2, 4.0, 4.2, 5.0, 6.0, 7.0, 7.4, 10.5
1988	Zak McKracken and the Alien Mindbenders	David Fox, Matthew Kane	Ein skurriles Sci-Fi-Abenteuer über eine Alien-Verschwörung	Ursprünglich als FMV-Spiel geplant	1.2, 7.0, 10.3
1989	Indiana Jones and the Last Crusade: The Graphic Adventure	Noah Falstein, David Fox, Ron Gilbert	Ein Adventure basierend auf dem gleichnamigen Film	Das Spiel enthielt das Gralstagebuch als Beilage	2.4, 4.2, 10.5
1990	Loom	Brian Moriarty	Ein Fantasy-Adventure mit innovativer Musiksteuerung	Ein Hörspiel lag der Verpackung bei	2.1, 4.2, 10.5

(Fortsetzung)

Tab. 11.1 (Fortsetzung)

Jahr	Spiel	Autoren	Beschreibung	Besonderheit	Kapitel
1990	The Secret of Monkey Island	Ron Gilbert	Ein humorvolles Piratenabenteuer mit Guybrush Threepwood	Begründer des humorvollen LucasArts-Stils	1.3, 2.1, 2.2, 2.3, 2.6, 3.0, 3.2, 3.3, 3.8, 4.2, 5.4, 8.1, 8.2, 8.3, 9.4, 10.0, 10.1, 10.2, 10.5
1991	Monkey Island 2: LeChuck's Revenge	Ron Gilbert	Die Fortsetzung von 'The Secret of Monkey Island'	Berüchtigter Cliffhanger als Ende	1.3, 2.1, 2.2, 4.2, 9.4, 10.1, 10.3, 10.5
1992	Indiana Jones and the Fate of Atlantis	Hal Barwood, Noah Falstein	Ein originales Abenteuer von Indiana Jones auf der Suche nach Atlantis	Drei verschiedene Lösungswege	1.0, 3.2, 4.2, 10.4
1993	Day of the Tentacle	Dave Grossman, Tim Schafer	Die Fortsetzung von 'Maniac Mansion', mit Zeitreisen	Fortsetzung von 'Maniac Mansion' mit Zeitreisen	3.0, 3.2, 3.8, 4.3, 7.0, 7.3, 7.4, 9.4, 10.1, 10.5
1993	Sam & Max Hit the Road	Steve Purcell	Ein humorvolles Adventure mit dem Duo Sam & Max	Basierend auf Steve Purcells Comicreihe	10.5
1995	Full Throttle / Vollgas	Tim Schafer	Ein Biker-Abenteuer mit dem Anführer Ben	Erstes LucasArts-Adventure mit Sprachausgabe	3.4, 4.3, 6.4
1995	The Dig	Sean Clark (mit Steven Spielberg)	Ein Sci-Fi-Abenteuer über gestrandete Astronauten	Steven Spielberg war an der Story beteiligt	2.1, 2.2, 3.0, 3.4, 4.3, 6.4, 7.0
1997	The Curse of Monkey Island	Jonathan Ackley, Larry Ahern	Der dritte Teil der Monkey-Island-Reihe	Erstes LucasArts-Adventure mit hochauflösender Grafik	3.4, 4.3, 4.5, 6.3, 9.2
1998	Grim Fandango	Tim Schafer	Ein Noir-Adventure in der Unterwelt mit Manny Calavera	Erstes LucasArts-Spiel mit 3D-Charaktermodellen	2.1, 2.2, 3.5, 3.8, 4.4, 4.5, 6.0, 6.2, 6.3, 6.5, 10.2, 10.5
2000	Escape from Monkey Island	Sean Clark, Michael Stemmle	Der 4. Teil, diesmal in 3D	Das letzte Adventure von LucasArts	3.5, 6.0, 6.4, 6.6

11.2 Sierra On-Line

Sierra On-Line, später bekannt als Sierra Entertainment, war ein Pionier im Bereich der Adventure-Spiele und entwickelte zwischen 1980 und 1999 zahlreiche Titel, die das Genre prägten. Viele dieser Spiele zeichneten sich durch innovative Steuerungsmethoden wie Text-Parser oder Full-Motion-Video (FMV) aus. Sierra-Adventures können grob in drei Phasen eingeteilt werden:

- **Spiele vor King's Quest I (1984):** Frühe Adventures, die hauptsächlich auf Texteingabe basierten.
- **Spiele ab King's Quest I (1984):** Titel, die neben der Texteingabe auch grafische Innovationen einführten.
- **Spiele ab King's Quest V (1990):** Titel, die ein Point & Click-Interface nutzten.

Nachfolgend findest du eine chronologische Übersicht ausgewählter Sierra-Adventures mit Angaben zu Autoren, Besonderheiten und verwendeten Technologien (Tab. 11.2, 11.3, 11.4 und 11.5):

Tab. 11.2 alle Text-Adventures von Sierra On-Line

Jahr	Spieltitel	Autoren	Beschreibung	Besonderheit	Kapitel
1980	Mystery House	Roberta Williams	Das erste Grafik-Adventure von Sierra. Spieler erkunden ein mysteriöses Herrenhaus, um einen Mord aufzuklären	Erstes Grafik-Adventure überhaupt	2.2, 4.1
1980	The Wizard and the Princess	Roberta Williams	Ein frühes Adventure mit Farbgrafik. Der Spieler reist durch eine gefährliche Welt, um eine entführte Prinzessin zu retten	Eines der ersten Adventures mit Farbgrafik	
1981	Softporn Adventure	Chuck Benton	Ein textbasiertes Adventure, in dem der Spieler als Single-Mann versucht, in einer fiktiven Stadt romantische (und erotische) Abenteuer zu erleben	Vorläufer und Vorlage zu Leisure Suit Larry	10.2
1981	Cranston Manor	Ken Williams	Ein Einbruch-Abenteuer, in dem der Spieler ein großes Herrenhaus erkundet, um versteckte Schätze zu finden	Basierend auf einem echten Herrenhaus in Kalifornien	

(Fortsetzung)

Tab. 11.2 (Fortsetzung)

Jahr	Spieltitel	Autoren	Beschreibung	Besonderheit	Kapitel
1981	Ulysses and the Golden Fleece	Ken Williams	Ein Abenteuer, das auf griechischer Mythologie basiert. Der Spieler übernimmt die Rolle von Ulysses auf der Suche nach dem Goldenen Vlies	Erste Mythen-Adaption als Adventure	
1982	Time Zone	Roberta Williams	Ein episches Zeitreise-Adventure mit mehreren verschiedenen Zeitzonen, die erkundet werden müssen	Eines der größten und komplexesten Adventures seiner Zeit	
1982	The Dark Crystal	Roberta Williams	Ein Adventure basierend auf dem gleichnamigen Fantasy-Film von Jim Henson	Eines der ersten Film-Adventures überhaupt	

Tab. 11.3 alle hybriden Spiele, also Grafik mit Text-Parser von Sierra On-Line

Jahr	Spieltitel	Autoren	Beschreibung	Besonderheit	Kapitel
1983	King's Quest I: Quest for the Crown	Roberta Williams	Der Ritter Graham sucht nach drei magischen Schätzen, um König von Daventry zu werden	Erstes Adventure mit animierter Grafik in einer 3D-ähnlichen Umgebung	1.3, 2.1, 2.3, 3, 3.3, 4.1, 4.2
1984	King's Quest II: Romancing the Throne	Roberta Williams	König Graham begibt sich auf die Suche nach einer Königin für Daventry	Verbesserte Animationen und größere Spielwelt im Vergleich zum ersten Teil	
1985	King's Quest III: To Heir Is Human	Roberta Williams	Der junge Gwydion entkommt einem bösen Zauberer und entdeckt seine wahre Identität	Enthielt Echtzeit-Elemente und eine anspruchsvollere Handlung als die Vorgänger	
1986	Space Quest I: The Sarien Encounter	Scott Murphy, Mark Crowe	Roger Wilco, ein einfacher Raumpfleger, rettet das Universum vor feindlichen Außerirdischen	Beginn einer humorvollen Sci-Fi-Serie, die zahlreiche Science-Fiction-Klischees parodierte	1.3, 2.2, 3, 3.2, 3.3, 4.1, 6.0, 9.4, 10.0

(Fortsetzung)

Tab. 11.3 (Fortsetzung)

Jahr	Spieltitel	Autoren	Beschreibung	Besonderheit	Kapitel
1986	The Black Cauldron	Al Lowe	Taran, ein junger Schweinehirte, muss verhindern, dass ein dunkler Herrscher die Welt erobert	Basierend auf dem gleichnamigen Disney-Film, mit alternativen Lösungswegen für Rätsel	
1987	Leisure Suit Larry in the Land of the Lounge Lizards	Al Lowe	Larry Laffer versucht, in einer Großstadt sein Liebesleben in Schwung zu bringen	Ein humorvolles Erwachsenen-Adventure mit vielen popkulturellen Anspielungen	2.3, 3.3, 4, 4.1, 10.2, 10.5
1987	Space Quest II: Vohaul's Revenge	Scott Murphy, Mark Crowe	Roger Wilco muss den bösen Sludge Vohaul stoppen, der eine Armee von Klonen auf die Erde loslassen will	Bekannt für seinen humorvollen Sci-Fi-Ansatz	4
1988	King's Quest IV: The Perils of Rosella	Roberta Williams	Prinzessin Rosella sucht ein magisches Artefakt, um ihren Vater zu retten	Erstes Adventure mit weiblicher Protagonistin und Echtzeit-Ereignissen	8.2
1988	Leisure Suit Larry Goes Looking for Love (in Several Wrong Places)	Al Lowe	Larry reist in exotische Länder auf der Suche nach der großen Liebe	Erstes Sierra-Adventure mit EGA-Grafik und erweiterten Animationen	
1988	Police Quest II: The Vengeance	Jim Walls	Sonny Bonds verfolgt einen entflohenen Serienmörder	Düsterere Story mit realistischeren Polizeiprozeduren als der Vorgänger	4.2
1989	The Colonel's Bequest	Roberta Williams	Laura Bow untersucht einen Mordfall in einem alten Herrenhaus	Ein nicht-lineares Mystery-Adventure mit mehreren Enden	8.1, 8.2
1989	Quest for Glory I: So You Want to Be a Hero	Lori Ann Cole	Ein angehender Held muss Rätsel lösen und Monster bekämpfen	Kombinierte erstmals Adventure- und Rollenspiel-Elemente	
1989	Leisure Suit Larry III: Passionate Patti in Pursuit of the Pulsating Pectorals	Al Lowe	Larry trifft auf die Pianistin Passionate Patti, die sein Leben verändert	Erlaubte es dem Spieler, auch aus der Sicht einer weiblichen Figur zu spielen	4.2

(Fortsetzung)

11.2 Sierra On-Line

Tab. 11.3 (Fortsetzung)

Jahr	Spieltitel	Autoren	Beschreibung	Besonderheit	Kapitel
1989	Space Quest III: The Pirates of Pestulon	Scott Murphy, Mark Crowe	Roger Wilco muss sich mit Weltraumpiraten und einem bösen Konzern auseinandersetzen	Erstes Space Quest mit Soundkarten-Unterstützung und verbesserter Animation	4.2, 10.5

Tab. 11.4 Alle PCAs von Sierra On-Line, ohne die VGA-Remakes

Jahr	Spieltitel	Autoren	Beschreibung	Besonderheit	Kapitel
1990	King's Quest V: Absence Makes the Heart Go Yonder!	Roberta Williams	König Graham muss seine entführte Familie retten und das Königreich Daventry vor einem bösen Zauberer bewahren	Erstes Sierra-Spiel mit Point-and-Click-Steuerung und VGA-Grafik	4.2, 9.4
1991	Space Quest IV: Roger Wilco and the Time Rippers	Mark Crowe, Scott Murphy	Roger Wilco reist durch die Zeit, um die Zukunft zu retten und seinen Erzfeind Vohaul zu besiegen	Einführung von Zeitreisen als zentrales Spielelement	
1991	Leisure Suit Larry 5: Passionate Patti Does a Little Undercover Work	Al Lowe	Larry Laffer und Passionate Patti arbeiten verdeckt, um einen Skandal in der Unterhaltungsindustrie aufzudecken	Überspringt in der Nummerierung den vierten Teil als Running Gag	
1992	King's Quest VI: Heir Today, Gone Tomorrow	Roberta Williams, Jane Jensen	Prinz Alexander sucht nach Prinzessin Cassima und muss das Inselreich der Grünen Inseln erkunden	Mehrere mögliche Enden und verzweigte Handlungsstränge	4.3
1992	Space Quest V: The Next Mutation	Mark Crowe	Roger Wilco wird zum Captain befördert und muss eine mutierte Seuche bekämpfen	Parodiert zahlreiche Science-Fiction-Serien, insbesondere Star Trek	

(Fortsetzung)

Tab. 11.4 (Fortsetzung)

Jahr	Spieltitel	Autoren	Beschreibung	Besonderheit	Kapitel
1993	Gabriel Knight: Sins of the Fathers	Jane Jensen	Gabriel Knight, ein Schriftsteller und Buchladenbesitzer, untersucht Voodoo-Morde in New Orleans	Kombination aus Mystery, Horror und historischen Legenden	2.1, 2.3, 3.3, 3.4, 3.6, 4.2, 4.3, 4.5, 8.2, 10.1, 10.5
1993	Police Quest IV: Open Season	Daryl F. Gates	Der Spieler schlüpft in die Rolle eines LAPD-Detektivs, der eine brutale Mordserie aufklären muss	Entwickelt in Zusammenarbeit mit dem ehemaligen LAPD-Chef Daryl F. Gates	4.3
1993	Quest for Glory IV: Shadows of Darkness	Lori Ann Cole, Corey Cole	Der Held findet sich in einem düsteren Land wieder und muss eine alte böse Macht besiegen	Mischung aus Adventure und Rollenspiel mit Gothic-Horror-Thematik	
1993	Freddy Pharkas: Frontier Pharmacist	Al Lowe, Josh Mandel	Freddy Pharkas, ein ehemaliger Revolverheld, arbeitet als Apotheker in einer Westernstadt und muss diese vor verschiedenen Bedrohungen schützen	Humorvolles Western-Adventure mit vielen satirischen Elementen	
1994	King's Quest VII: The Princeless Bride	Roberta Williams, Lorelei Shannon	Königin Valanice und Prinzessin Rosella werden getrennt und müssen sich wiederfinden, während sie ein mysteriöses Land erkunden	Zeichentrickartige Grafik und episodische Kapitelstruktur	4.4
1995	Phantasmagoria	Roberta Williams	Die Schriftstellerin Adrienne Delaney zieht mit ihrem Ehemann in ein altes Herrenhaus, das von übernatürlichen Kräften heimgesucht wird	Enthält Full-Motion-Video (FMV) mit realen Schauspielern und gilt als eines der ersten Horror-Adventures	4.3, 4.5
1995	Space Quest 6: The Spinal Frontier	Josh Mandel, Scott Murphy	Roger Wilco wird in eine Miniaturgröße geschrumpft und muss im Körper eines Crewmitglieds Abenteuer bestehen	Parodiert Science-Fiction-Elemente und enthält zahlreiche popkulturelle Anspielungen	

(Fortsetzung)

Tab. 11.4 (Fortsetzung)

Jahr	Spieltitel	Autoren	Beschreibung	Besonderheit	Kapitel
1995	Gabriel Knight 2: The Beast Within	Jane Jensen	Gabriel Knight untersucht eine Serie von Werwolf-Angriffen in Bayern	Komplett in FMV gedreht mit realen Schauspielern	2.1
1996	Leisure Suit Larry: Love for Sail!	Al Lowe	Larry Laffer nimmt an einer Kreuzfahrt teil und versucht, die Frau seiner Träume zu finden	Letztes Spiel der Serie, das von Al Lowe entwickelt wurde, mit verbesserter Grafik und Sprachausgabe	
1996	Phantasmagoria 2: A Puzzle of Flesh	Lorelei Shannon	Curtis Craig erlebt verstörende Visionen und versucht, die Geheimnisse seiner Vergangenheit aufzudecken	Deutlich düsterer und psychologischer als sein Vorgänger, ebenfalls mit FMV-Sequenzen	
1996	Torin's Passage	Al Lowe	Der junge Torin reist durch verschiedene Welten, um seine entführten Eltern zu retten	Familienfreundliches Adventure mit humorvollen Elementen und farbenfroher Grafik	
1997	The Last Express	Jordan Mechner	Der Spieler übernimmt die Rolle von Robert Cath, der an Bord des Orient-Express kurz vor dem Ersten Weltkrieg ein mysteriöses Verbrechen aufklärt	Echtzeit-Spielmechanik und einzigartiger Art-Déco-Grafikstil	
1998	King's Quest: Mask of Eternity	Roberta Williams	Der junge Abenteurer Connor muss das Königreich Daventry retten, nachdem ein mysteriöses Ereignis alle Bewohner versteinert hat	Kombination aus Adventure- und Action-Rollenspiel-Elementen, Übergang zu 3D-Grafik	3.5, 4.4
1999	Gabriel Knight 3: Blood of the Sacred, Blood of the Damned	Jane Jensen	Ein Mystery-Adventure, in dem Gabriel Knight das Verschwinden eines königlichen Babys untersucht und in eine Verschwörung verwickelt wird	Erstes Spiel der Serie mit 3D-Grafik	2.4, 3.6, 6

Tab. 11.5 Alle PCAs von Sierra On-Line, für die es ein VGA-Remake gibt

Jahr	Spieltitel	Autoren	Beschreibung	Besonderheit	Kapitel
1990	King's Quest I: Quest for the Crown (VGA-Remake)	Roberta Williams	Remake des ersten King's Quest mit verbesserter VGA-Grafik, Point-and-Click-Steuerung und überarbeitetem Interface	Eines der ersten Sierra-Remakes mit VGA-Grafik und verbesserter Benutzerfreundlichkeit	9.1
1991	Space Quest I: Roger Wilco in the Sarien Encounter (VGA-Remake)	Mark Crowe, Scott Murphy	Modernisierte Version des Originals mit neuer VGA-Grafik und überarbeitetem Interface	Enthält einige zusätzliche Animationen und eine verbesserte Benutzerführung	9.1, 9.4, 9.5
1992	Leisure Suit Larry in the Land of the Lounge Lizards (VGA-Remake)	Al Lowe	Neuauflage des ersten Leisure Suit Larry mit VGA-Grafik, Sprachausgabe und Point-and-Click-Steuerung	Grafisch überarbeitet mit handgezeichneten Hintergründen und Charakteren	9.1
1992	Quest for Glory I: So You Want to Be a Hero (VGA-Remake)	Lori Ann Cole, Corey Cole	Überarbeitete Version des ersten Quest for Glory mit VGA-Grafik und Point-and-Click-Interface	Deutlich verbesserte Optik und Sound, während das Rollenspielsystem erhalten blieb	

11.3 Revolution Software

Revolution Software ist besonders für die Broken-Sword-Reihe, aber auch für das Sci-Fi PCA Beneath a Steel Sky bekannt (Tab. 11.6).

Tab. 11.6 Alle PCAs von Revolution Software

Jahr	Spieltitel	Autoren	Beschreibung	Besonderheit	Kapitel
1992	Lure of the Temptress	Charles Cecil, Dave Cummins	In diesem Debütspiel übernimmt der Spieler die Rolle von Diermot, der in einem von einer bösen Zauberin kontrollierten Dorf gefangen ist und versucht, den Widerstand zu unterstützen	Erstes Spiel von Revolution Software; Einführung der Virtual Theatre Engine, die NPCs ermöglicht, sich unabhängig zu bewegen	5.1

(Fortsetzung)

Tab. 11.6 (Fortsetzung)

Jahr	Spieltitel	Autoren	Beschreibung	Besonderheit	Kapitel
1994	Beneath a Steel Sky	Charles Cecil, Dave Cummins	Der Protagonist Robert Foster wird in eine dystopische Stadt entführt und muss deren Geheimnisse aufdecken, um zu entkommen	Zusammenarbeit mit Comic-Künstler Dave Gibbons; kostenlos als Freeware seit 2003 verfügbar	1.3, 2.1, 2.4, 5.1
1996	Broken Sword: The Shadow of the Templars (dt. Baphomets Fluch: Der Schatten der Templer)	Charles Cecil	Der Amerikaner George Stobbart wird in Paris in eine Verschwörung rund um die Tempelritter verwickelt	Beginn der erfolgreichen Broken Sword-Reihe; bekannt für seine tiefgründige Story und handgezeichnete Grafiken	1.4, 2.2, 5.0, 5.1, 5.4, 8.0, 8.1, 8.3, 8.5, 9.4
1997	Broken Sword II: The Smoking Mirror (dt. Baphomets Fluch II: Die Spiegel der Finsternis)	Charles Cecil	George und Nico geraten in ein Abenteuer, das sich um einen Maya-Kult und eine drohende Apokalypse dreht	Fortsetzung des ersten Teils mit erweitertem Gameplay und neuer Storyline	
2000	In Cold Blood (dt. Im Namen des Königs)	Charles Cecil, Steve Ince	Spieler schlüpfen in die Rolle des britischen Spions John Cord, der in einer fiktiven osteuropäischen Nation eine Verschwörung aufdeckt	Mischung aus Adventure und Stealth-Elementen; erzählt die Geschichte in Rückblenden	
2000	Gold and Glory: The Road to El Dorado (dt. Gold und Ruhm: Der Weg nach El Dorado)	Charles Cecil	Basierend auf dem DreamWorks-Animationsfilm folgen die Spieler den Abenteuern von Tulio und Miguel auf ihrer Suche nach der legendären Stadt El Dorado	Einzige Filmadaption von Revolution Software; richtet sich an ein jüngeres Publikum	
2003	Broken Sword: The Sleeping Dragon (dt. Baphomets Fluch: Der schlafende Drache)	Charles Cecil	George und Nico untersuchen eine Serie mysteriöser Morde, die mit einer alten Verschwörung in Verbindung stehen	Wechsel zu 3D-Grafik und direkter Steuerung; erhielt positive Kritiken für Story und Präsentation	

(Fortsetzung)

Tab. 11.6 (Fortsetzung)

Jahr	Spieltitel	Autoren	Beschreibung	Besonderheit	Kapitel
2006	Broken Sword: The Angel of Death (dt. Baphomets Fluch: Der Engel des Todes)	Charles Cecil, Neil Richards	George Stobbart entdeckt ein antikes Manuskript und gerät in ein Abenteuer voller religiöser Mysterien und gefährlicher Kults	Rückkehr zur Point-and-Click-Steuerung; Einführung eines neuen weiblichen Charakters, Anna-Maria	
2009	Broken Sword: The Shadow of the Templars – Director's Cut (dt. Baphomets Fluch: Der Schatten der Templer – Director's Cut)	Charles Cecil	Überarbeitete Version des Originals mit zusätzlichen Szenen und Rätseln, die sich auf Nico Collards Perspektive konzentrieren	Neue Inhalte und verbesserte Grafik; erstmals auch auf Nintendo DS und Wii veröffentlicht	9.4, 9.5
2009	Beneath a Steel Sky: Remastered	Charles Cecil	Aktualisierte Version des Klassikers mit verbesserter Grafik, Sprachausgabe und neuen Animationen	Exklusiv für iOS veröffentlicht; Zusammenarbeit mit Dave Gibbons für neue Inhalte	
2010	Broken Sword II: The Smoking Mirror – Remastered (dt. Baphomets Fluch II: Die Spiegel der Finsternis – Remastered)	Charles Cecil	Überarbeitete Version des zweiten Teils mit verbesserter Grafik, Sprachausgabe und neuen Animationen	Verfügbar für PC, Mac, iOS und Android; enthält Bonusmaterial wie digitale Comics	
2013	Broken Sword 5: The Serpent's Curse (dt. Baphomets Fluch 5: Der Sündenfall)	Charles Cecil	George und Nico untersuchen den Diebstahl eines Gemäldes, der sie in eine Verschwörung um eine gnostische Sekte verwickelt	Erfolgreich über Kickstarter finanziert; Rückkehr zu 2D-Grafik und klassischer Point-and-Click-Steuerung	6.3
2020	Beyond a Steel Sky	Charles Cecil	Fortsetzung von "Beneath a Steel Sky"; Robert Foster kehrt in die Stadt Union City zurück, um ein entführtes Kind zu finden	3D-Grafik und direkte Steuerung; erkundet Themen wie Künstliche Intelligenz und soziale Kontrolle	3.9

11.4 Daedalic Entertainment

Daedalic Entertainment ist vor allem für die Deponia-Reihe bekannt. Das Studio hat aber auch viele weitere atmosphärisch und narrativ anspruchsvolle Titel entwickelt und / oder veröffentlicht (Tab. 11.7).

Tab. 11.7 Alle PCAs von Daedalic Entertainment

Jahr	Spieltitel	Autoren	Beschreibung	Besonderheit	
2008	Edna bricht aus	Jan Müller-Michaelis	Edna erwacht ohne Erinnerung in einer psychiatrischen Anstalt und versucht, gemeinsam mit ihrem sprechenden Stoffhasen Harvey zu entkommen	Ursprünglich als Abschlussarbeit des Autors entwickelt; erhielt mehrere Auszeichnungen	3.6
2009	The Whispered World	Marco Hüllen, Jan Müller-Michaelis	Der junge Clown Sadwick begibt sich auf eine Reise, um das Ende der Welt zu verhindern, wie es in seinen Albträumen prophezeit wurde	Bekannt für seine handgezeichneten Grafiken und melancholische Atmosphäre	5.2, 6.3
2010	A New Beginning	Jan Müller-Michaelis, Sebastian Schmidt	In diesem ökologischen Thriller versuchen ein Wissenschaftler und eine Zeitreisende, eine globale Klimakatastrophe zu verhindern	Thematisiert Umweltschutz und Klimawandel; mehrfach ausgezeichnet	
2011	Harveys neue Augen	Jan Müller-Michaelis	Die schüchterne Klosterschülerin Lilli erlebt bizarre Abenteuer, während sie versucht, den strengen Regeln ihrer Schule zu entkommen	Spin-off zu "Edna bricht aus" mit schwarzem Humor und einzigartigem Grafikstil	5.2

(Fortsetzung)

Tab. 11.7 (Fortsetzung)

Jahr	Spieltitel	Autoren	Beschreibung	Besonderheit	
2012	Deponia	Jan Müller-Michaelis	Rufus, ein exzentrischer Tüftler, plant, den Müllplaneten Deponia zu verlassen und in die schwebende Stadt Elysium zu gelangen	Erster Teil der erfolgreichen Deponia-Trilogie; bekannt für seinen Humor und skurrile Charaktere	1.4, 2.5, 3.0, 3.7, 5.2, 5.4, 6.7
2012	Chaos auf Deponia	Jan Müller-Michaelis	Fortsetzung von "Deponia", in der Rufus erneut versucht, nach Elysium zu gelangen und dabei das Chaos auf Deponia vergrößert	Zweiter Teil der Trilogie; führt neue Charaktere und komplexere Rätsel ein	5.2
2013	Goodbye Deponia	Jan Müller-Michaelis	Im finalen Teil der Trilogie steht Rufus vor seiner letzten Chance, Deponia zu retten und nach Elysium zu gelangen	Abschluss der Trilogie mit emotionaler Tiefe und überraschenden Wendungen	5.2
2013	The Night of the Rabbit	Matthias Kempke	Der junge Jerry wird in eine magische Welt entführt, wo er zum Zauberer ausgebildet wird und ein großes Abenteuer erlebt	Beeindruckt durch seine märchenhafte Erzählweise und detaillierte Grafiken	
2014	1954: Alcatraz	Gene Mocsy	In den 1950er Jahren plant der Häftling Joe seine Flucht aus dem berüchtigten Alcatraz-Gefängnis, während seine Frau Christine draußen mit eigenen Problemen kämpft	Bietet multiple Enden basierend auf den Entscheidungen des Spielers	
2014	Fire – Ungh's Quest	Andreas Jäger	Der Neandertaler Ungh begibt sich auf die Suche nach Feuer, nachdem er es in seiner Heimat verloren hat	Dialogfreies Adventure mit humorvollen Rätseln und charmantem Grafikstil	2.1, 2.3

(Fortsetzung)

Tab. 11.7 (Fortsetzung)

Jahr	Spieltitel	Autoren	Beschreibung	Besonderheit	
2015	Anna's Quest	Dane Krams	Die junge Anna nutzt telekinetische Fähigkeiten, um aus dem Turm einer bösen Hexe zu entkommen und ihre kranke Großmutter zu retten	Kombination aus düsteren Märchenelementen und humorvoller Erzählweise	8.1, 8.2
2016	Deponia Doomsday	Jan Müller-Michaelis	Rufus erlebt in diesem vierten Teil der Serie Zeitreiseabenteuer, die die Ereignisse der ursprünglichen Trilogie beeinflussen	Einführung von Zeitreise-Mechaniken und alternativen Realitäten	5.2, 5.4
2016	Silence	Marco Hüllen	Noah sucht in der Welt von Silence nach seiner verschwundenen Schwester und trifft dabei auf alte und neue Freunde	Fortsetzung von "The Whispered World" mit beeindruckender 3D-Grafik	
2017	Die Säulen der Erde	Kevin Mentz, Matt Kempke	Basierend auf Ken Folletts Bestseller folgt das Spiel den Schicksalen mehrerer Charaktere im mittelalterlichen England	Adaption des Romans in drei Teilen; Entscheidungen des Spielers beeinflussen den Verlauf der Geschichte	5.2
2018	State of Mind	Martin Ganteföhr	In einer dystopischen Zukunft versucht Journalist Richard Nolan, die Wahrheit hinter einer globalen Verschwörung aufzudecken	Thematisiert Transhumanismus und digitale Realitäten; zeichnet sich durch seinen Low-Poly-Grafikstil aus	

11.5 Wadjet Eye Games

Dave Gilbert bringt mit Wadjet Eye Games regelmäßig anspruchsvolle Spiele, oft mit einem mysteriösen Unterton, aber immer unterhaltsam und hervorragend geschrieben (Tab. 11.8).

Tab. 11.8 Alle PCAs von Wadjet Eye Games, als Publisher und / oder Entwickler

Jahr	Spieltitel	Autoren	Beschreibung	Besonderheit	Kapitel
2006	The Shivah	Dave Gilbert	Rabbi Russell Stone steht vor einer Glaubenskrise und untersucht den mysteriösen Tod eines ehemaligen Gemeindemitglieds	Eines der ersten kommerziellen Spiele von Wadjet Eye Games; thematisiert jüdische Kultur und Ethik	5.3
2006	The Blackwell Legacy	Dave Gilbert	Die junge Medienberaterin Rosangela Blackwell entdeckt ihre Fähigkeit, mit Geistern zu kommunizieren, und muss ungelöste Fälle aufklären	Auftakt der fünfteiligen Blackwell-Serie; Einführung der Protagonistin Rosa und ihres Geisterführers Joey	1.4, 3.6, 5.3, 5.4, 6.7
2007	Blackwell Unbound	Dave Gilbert	In diesem Prequel übernimmt der Spieler die Rolle von Lauren Blackwell, Rosas Tante, die ebenfalls mit Geistern kommunizieren kann	Vertieft die Hintergrundgeschichte der Blackwell-Familie; bietet zwei spielbare Charaktere	5.4
2009	Emerald City Confidential	Dave Gilbert	Privatdetektivin Petra untersucht in der Smaragdstadt eine Reihe von Verbrechen und entdeckt dabei dunkle Geheimnisse	Noir-Detektivgeschichte, die in der Welt von L. Frank Baums "Der Zauberer von Oz" spielt	
2009	Blackwell Convergence	Dave Gilbert	Rosa und Joey untersuchen eine Serie mysteriöser Todesfälle, die mit einem alten Feind in Verbindung stehen	Verknüpft Handlungsstränge aus den vorherigen Spielen; verbessert Grafik und Gameplay	5.4
2010	Puzzle Bots	Erin Robinson	Eine Gruppe von Miniaturrobotern entkommt aus einem Labor und erlebt verschiedene Abenteuer	Leichtes, humorvolles Puzzle-Adventure; erstes von Wadjet Eye veröffentlichtes Spiel eines anderen Entwicklers	

(Fortsetzung)

Tab. 11.8 (Fortsetzung)

Jahr	Spieltitel	Autoren	Beschreibung	Besonderheit	Kapitel
2011	Gemini Rue	Joshua Nuernberger	In einer dystopischen Zukunft verflechten sich die Geschichten eines Ex-Killers und eines Gefangenen auf der Suche nach Identität und Freiheit	Cyberpunk-Noir-Setting; erhielt Lob für seine packende Story und Atmosphäre	3.7, 5.3
2011	Blackwell Deception	Dave Gilbert	Rosa und Joey decken eine Verschwörung auf, bei der Menschen durch übernatürliche Mittel manipuliert werden	Einführung neuer Gameplay-Elemente wie die Nutzung von Smartphones zur Recherche	5.4
2012	Da New Guys: Day of the Jackass	Chris Burton	Eine Gruppe von Amateur-Wrestlern gerät in ein chaotisches Abenteuer, als eines ihrer Mitglieder entführt wird	Comedy-Adventure mit einzigartigem Humor und Cartoon-Grafikstil	
2012	Resonance	Vince Twelve	Vier Charaktere müssen zusammenarbeiten, um eine globale Katastrophe zu verhindern, die durch eine neue Technologie ausgelöst wird	Nichtlineare Erzählweise mit wechselnden Perspektiven; komplexe Rätselmechanik	3.6
2012	Primordia	Wormwood Studios	In einer postapokalyptischen Welt sucht der Roboter Horatio nach der gestohlenen Energiequelle seines Schiffs	Tiefgründige Story über Existenz und Bewusstsein; zeichnet sich durch detaillierte Pixel-Art aus	5.4

(Fortsetzung)

Tab. 11.8 (Fortsetzung)

Jahr	Spieltitel	Autoren	Beschreibung	Besonderheit	Kapitel
2013	The Shivah: Kosher Edition	Dave Gilbert	Überarbeitete Version des Originals mit verbesserter Grafik und zusätzlichem Inhalt	Aktualisierte Version des ersten kommerziellen Spiels von Wadjet Eye Games	
2014	Blackwell Epiphany	Dave Gilbert	Im finalen Teil der Serie stehen Rosa und Joey vor ihrer größten Herausforderung, die ihre Existenz bedroht	Abschluss der Blackwell-Reihe mit emotionaler Tiefe und aufschlussreichen Enthüllungen	2.3, 5.4
2014	A Golden Wake	Francisco Gonzalez	In den 1920er Jahren versucht ein Immobilienmakler, im aufstrebenden Miami Karriere zu machen, und gerät dabei in kriminelle Machenschaften	Basierend auf historischen Ereignissen; fängt die Atmosphäre der Prohibitionszeit ein	
2015	Technobabylon	Technocrat Games	In einer futuristischen Stadt verstricken sich ein Polizist, eine Hackerin und eine KI in eine Verschwörung, die die Gesellschaft bedroht	Cyberpunk-Setting mit Themen wie Überwachung und künstlicher Intelligenz	
2016	Shardlight	Francisco Gonzalez, Ben Chandler	In einer von Seuchen geplagten Welt sucht die junge Mechanikerin Amy nach Heilung und stößt auf eine unterdrückerische Regierung	Dystopisches Setting mit gesellschaftskritischen Untertönen; handgezeichnete Grafiken	

11.6 Ausgewählte weitere Studios

Es ist unmöglich, alle über 860 Spiele hier darzustellen, daher folgen noch einige weitere, vor allem Europäische Studios mit ihren Spielen (Tab. 11.9).

11.6 Ausgewählte weitere Studios

Tab. 11.9 Weitere wichtige PCAs von verschiedenen Entwicklern

Jahr	Spieltitel	Autoren	Beschreibung	Besonderheit	Kapitel
1992	The Legend of Kyrandia	Westwood Studios	Spieler übernehmen die Rolle von Brandon, der sein Königreich vor einem bösen Zauberer retten muss	Bekannt für seine farbenfrohe Grafik und einfachen Point-and-Click-Mechaniken	
1993	The Legend of Kyrandia: Hand of Fate	Westwood Studios	Die Hofzauberin Zanthia sucht nach einem magischen Artefakt, um das Verschwinden ihres Landes zu verhindern	Einführung neuer Gameplay-Elemente wie Tränke brauen	7.0, 8.0, 8.1, 8.4
1994	Igor: Objective Uikokahonia	Pendulo Studios	Ein Student versucht, das Herz seiner Kommilitonin zu gewinnen und gerät dabei in ein Abenteuer	Erstes Spiel von Pendulo Studios; klassisches Point-and-Click-Adventure	
1994	The Legend of Kyrandia: Malcolm's Revenge	Westwood Studios	Spieler steuern den Antagonisten der Serie, Malcolm, und erleben seine Perspektive	Möglichkeit, zwischen Gut und Böse zu wählen, was den Spielverlauf beeinflusst	7.0
1995	Discworld	Perfect Entertainment	Humorvolles Adventure basierend auf Terry Pratchetts Romanen. Spieler steuern den Zauberer Rincewind, gesprochen von Eric Idle (Monty Python), der eine verrückte Stadt voller skurriler Charaktere erkundet	Britischer Humor, absurde Rätsel, einer der wenigen erfolgreichen Fantasy-Adventures	

(Fortsetzung)

Tab. 11.9 (Fortsetzung)

Jahr	Spieltitel	Autoren	Beschreibung	Besonderheit	Kapitel
1996	Discworld II: Missing Presumed…!?	Perfect Entertainment	Fortsetzung mit noch aufwendigerer Animation und skurriler Story: Der „Tod" ist im Urlaub, und Rincewind muss herausfinden, warum niemand mehr stirbt	Bessere Grafik, einfachere Steuerung als Teil 1, ebenfalls mit Eric Idle als Sprecher	
1996	9: The Last Resort	Tribeca Interactive	Ein surrealistisches Adventure mit bizarren Rätseln, verrückten Robotern und psychedelischen Umgebungen. Vom Stil her eine Mischung aus Myst und Salvador Dalí	Hochkarätige Besetzung mit Aerosmith, Cher, James Belushi. Eines der „verrücktesten" Adventures der 90er	
1997	Blade Runner	Westwood Studios	Basierend auf dem gleichnamigen Film übernimmt der Spieler die Rolle eines Detektivs, der Replikanten jagt	Dynamische Story mit mehreren Enden; innovative Grafik für die Zeit	2.1, 3.9
1997	Hollywood Monsters	Pendulo Studios	Journalisten untersuchen das Verschwinden von Schauspielern in einer Welt, die von Filmmonstern bevölkert wird	Humorvolles Adventure mit Anspielungen auf klassische Horrorfilme	
1999	Discworld Noir	Perfect Entertainment	Eine düstere Krimi-Geschichte in der Scheibenwelt mit einem Privatdetektiv als Hauptfigur. Parodiert klassische Film-Noir-Elemente	Anderes Gameplay als die Vorgänger, mehr Dialog- & Ermittlungselemente, keine Point-&-Click-Steuerung	2.3
2001	Runaway: A Road Adventure	Pendulo Studios	Ein junger Mann und eine mysteriöse Frau fliehen vor Gangstern quer durch die USA	Internationaler Durchbruch für Pendulo Studios; Beginn der erfolgreichen Runaway-Trilogie	3.0, 3.6

(Fortsetzung)

11.6 Ausgewählte weitere Studios

Tab. 11.9 (Fortsetzung)

Jahr	Spieltitel	Autoren	Beschreibung	Besonderheit	Kapitel
2001	Mystery of the Druids	House of Tales	Ein Detektiv untersucht eine Serie von Ritualmorden in London	Kombination aus Krimi und übernatürlichen Elementen; bekannt für seine komplexen Rätsel	
2004	The Moment of Silence	House of Tales	In einer dystopischen Zukunft untersucht ein PR-Berater das mysteriöse Verschwinden seines Nachbarn	Thematisiert Überwachung und Freiheitsrechte; tiefgründige Story	
2005	Ankh	Deck13 Interactive	Assil, ein junger Ägypter, muss einen Fluch loswerden und erlebt dabei humorvolle Abenteuer im alten Ägypten	Bekannt für seinen humorvollen Stil und die farbenfrohe 3D-Grafik	3.5
2005	Another Code: Two Memories (auch bekannt als "Trace Memory")	Cing	Die 13-jährige Ashley sucht nach ihrem verschollenen Vater auf einer mysteriösen Insel und lüftet dabei Familiengeheimnisse	Nutzt die speziellen Funktionen des Nintendo DS, wie Touchscreen und Mikrofon, für innovative Rätsel	
2006	Runaway 2: The Dream of the Turtle	Pendulo Studios	Die Protagonisten setzen ihre Abenteuer auf einer tropischen Insel fort	Fortsetzung mit verbesserten Grafiken und komplexerer Story	
2007	Ankh: Kampf der Götter	Deck13 Interactive	Dritter Teil der "Ankh"-Reihe, in dem Assil versucht, das Gleichgewicht zwischen den Göttern wiederherzustellen	Beibehaltung des humorvollen Tons; Abschluss der Trilogie	
2007	Hotel Dusk: Room 215	Cing	Ex-Polizist Kyle Hyde untersucht das Verschwinden seines Partners in einem mysteriösen Hotel in Los Angeles	Einzigartiger Grafikstil im Noir-Stil; DS wird wie ein Buch gehalten, um das Spiel zu spielen	

(Fortsetzung)

Tab. 11.9 (Fortsetzung)

Jahr	Spieltitel	Autoren	Beschreibung	Besonderheit	Kapitel
2007	Another Code: R – Die Suche nach der verborgenen Erinnerung	Cing	Ashley, nun 16 Jahre alt, besucht einen Campingplatz, um mehr über den Tod ihrer Mutter zu erfahren	Exklusiv für die Wii; nutzt die Bewegungssteuerung für Rätsellösungen	
2008	Overclocked: Eine Geschichte über Gewalt	House of Tales	Ein Psychiater behandelt fünf junge Patienten mit Amnesie und enthüllt dabei schockierende Ereignisse	Unkonventionelle Erzählstruktur mit Rückblenden; psychologischer Thriller	
2008	Jack Keane	Deck13 Interactive	Der Abenteurer Jack Keane wird angeheuert, um einen geheimnisvollen Auftrag in Indien zu erfüllen, und gerät in ein großes Abenteuer	Hommage an klassische Abenteuerfilme; humorvolle Dialoge und abwechslungsreiche Schauplätze	
2009	Runaway: A Twist of Fate	Pendulo Studios	Abschluss der Trilogie, in dem die Hauptfiguren in eine Verschwörung verwickelt werden	Dunklerer Ton und tiefere Charakterentwicklung	
2009	Venetica	Deck13 Interactive	Scarlett, die Tochter des Todes, begibt sich auf eine Reise, um ihren Vater zu retten und das Gleichgewicht zwischen Leben und Tod wiederherzustellen	Mischung aus Action-Rollenspiel und Adventure-Elementen; spielt in einer fantasievollen Version Venedigs	
2010	Last Window: Das Geheimnis von Cape West	Cing	Kyle Hyde kehrt zurück und untersucht Geheimnisse in einem alten Apartmentkomplex, der bald abgerissen werden soll	Fortsetzung von "Hotel Dusk"; bietet eine tiefgründige Story und charakterzentriertes Gameplay	

(Fortsetzung)

11.6 Ausgewählte weitere Studios

Tab. 11.9 (Fortsetzung)

Jahr	Spieltitel	Autoren	Beschreibung	Besonderheit	Kapitel
2010	Again	Cing	FBI-Agent Jonathan Weaver untersucht eine Serie von Morden, die mit einem ungelösten Fall aus seiner Vergangenheit verbunden sind	Nutzt die Dual-Screen-Funktion des DS, um zwischen Vergangenheit und Gegenwart zu wechseln	
2011	The Next Big Thing	Pendulo Studios	Zwei Reporter decken Geheimnisse in einer Welt auf, in der Monster und Menschen koexistieren	Remake von "Hollywood Monsters" mit aktualisierter Grafik und Story	
2012	Yesterday	Pendulo Studios	Spieler untersuchen eine Serie mysteriöser Morde in New York City	Düsteres Adventure mit erwachsenen Themen und mehreren Enden	10.4
2016	Yesterday Origins	Pendulo Studios	Vorgeschichte und Fortsetzung von "Yesterday", die die Ursprünge der Unsterblichkeit des Protagonisten erforscht	Kombination aus historischer und moderner Handlung; nahtloser Übergang zwischen den Epochen	
2019	Blacksad: Under the Skin	Pendulo Studios	Basierend auf dem Comic folgt das Spiel dem Detektiv John Blacksad bei der Untersuchung eines Vermisstenfalls im New York der 1950er Jahre	Erstes 3D-Adventure von Pendulo; fängt den Noir-Stil der Comics ein	10.4
2021	Alfred Hitchcock – Vertigo	Pendulo Studios	Inspiriert vom Hitchcock-Film "Vertigo" erlebt der Protagonist eine Geschichte voller Täuschung und Wahnsinn	Psychologischer Thriller mit non-linearer Erzählweise	

11.7 Spiele, die zwischen 2020 und 2025 erschienen sind

Siehe Tab. 11.10.

Tab. 11.10 PCAs, die kürzlich erschienen sind

Jahr	Spieltitel	Entwickler	Beschreibung	Besonderheit	Kapitel
2020	VirtuaVerse	Theta Division Games	Ein Cyberpunk-Adventure, in dem der Protagonist Nathan in einer dystopischen Zukunft nach seiner verschwundenen Freundin sucht	Bekannt für seinen Retro-Pixel-Art-Stil und die Integration von Augmented Reality in die Spielmechanik	
2022	Return to Monkey Island	Terrible Toybox	Die lang erwartete Fortsetzung der legendären Monkey-Island-Reihe, die die Abenteuer von Guybrush Threepwood fortsetzt	Entwickelt von den ursprünglichen Schöpfern Ron Gilbert und Dave Grossman; kombiniert klassischen Humor mit modernen Gameplay-Elementen	3.9, 10.3
2022	The Case of the Golden Idol	Color Gray Games	Ein Detektivspiel, in dem Spieler mysteriöse Todesfälle untersuchen und die Wahrheit hinter einem goldenen Idol aufdecken	Gelobt für seine innovativen Rätsel und die einzigartige Erzählweise	
2022	NORCO	Geography of Robots	Ein narratives Adventure, das in einer dystopischen Version von Louisiana spielt, wo Spieler familiäre Geheimnisse und gesellschaftliche Missstände aufdecken	Beeindruckt durch seine tiefgründige Story und die atmosphärische Pixel-Art-Grafik	
2023	Chants of Sennaar	Rundisc	Inspiriert vom Mythos des Turms zu Babel, erkunden Spieler eine Welt, in der sie verlorene Sprachen entschlüsseln müssen, um Geheimnisse zu lüften	Bekannt für sein einzigartiges Grafikdesign und die innovative Sprachentschlüsse-lungsmechanik	

(Fortsetzung)

Tab. 11.10 (Fortsetzung)

Jahr	Spieltitel	Entwickler	Beschreibung	Besonderheit	Kapitel
2023	STASIS: BONE TOTEM	THE BROTHERHOOD	Ein Horror-Adventure, das in einer verlassenen Unterwasseranlage spielt, wo Spieler dunkle Geheimnisse entdecken	Fortsetzung des preisgekrönten Spiels STASIS; bietet packende Atmosphäre und komplexe Rätsel	
2024	Prim	Common Colors	Ein traditionelles Point-and-Click-Adventure, inspiriert von Tim Burtons Werken, in dem Spieler die Tochter des Todes auf ihrem Abenteuer begleiten	Auffällig durch seinen einzigartigen Kunststil und die düstere, aber humorvolle Erzählweise	
2025	Rosewater	Grundislav Games	Ein Western-Adventure, das in der fiktiven Stadt Rosewater spielt, wo die Protagonistin Harley Leger nach einem verlorenen Schatz sucht	Spielt im selben Universum wie "Lamplight City"; erwartet mit einer fesselnden Story und klassischem Adventure-Gameplay	

11.8 Spiele, die kaum jemand kennt...?

Siehe Tab. 11.11.

Tab. 11.11 Verschiedene PCAs, die es lohnt, anzuspielen.

Jahr	Spieltitel	Entwickler	Beschreibung	Besonderheit	Kapitel
1993	Shadow of the Comet	Infogrames	Ein Lovecraft-inspiriertes Adventure, in dem ein Journalist eine Kleinstadt untersucht, die von einem kosmischen Horror heimgesucht wird	Ungewöhnlich schwierige Rätsel und unheimliche Atmosphäre, aber technisch beeindruckend für seine Zeit	
1994	The Labyrinth of Time	Terra Nova Development	Ein First-Person-Adventure mit surrealer Architektur, in dem der Spieler durch ein sich ständig veränderndes Labyrinth reist	Ungewöhnliches, poetisches Spiel mit außergewöhnlicher Atmosphäre, aber kaum beachtet	

(Fortsetzung)

Tab. 11.11 (Fortsetzung)

Jahr	Spieltitel	Entwickler	Beschreibung	Besonderheit	Kapitel
1995	I Have No Mouth, and I Must Scream	Cyberdreams	Adventure basierend auf der Kurzgeschichte von Harlan Ellison, in dem fünf Charaktere psychologische Folter durch eine boshafte KI überstehen müssen	Moralische Entscheidungen beeinflussen das Ende; dunkle, psychologisch anspruchsvolle Story	
1995	Lost Eden	Cryo Interactive	Ein Adventure, das in einer alternativen Fantasy-Welt mit Dinosauriern spielt und strategische Aufbauelemente integriert	Bekannt für seine beeindruckende Grafik, aber kommerziell unterschätzt	
1995	The Dark Eye	Inscape	Ein psychologisches Horror-Adventure, das auf den Werken von Edgar Allan Poe basiert und mit Stop-Motion-Technik erzählt wird	Experimentelle Erzählweise mit wechselnden Perspektiven und verstörender Atmosphäre	
1996	Toonstruck	Burst Studios	Ein surreal-humorvolles Adventure mit Christopher Lloyd in einer Mischung aus Live-Action und Cartoon-Welt	Vergleichbar mit Roger Rabbit, aber schlecht vermarktet und kommerziell gefloppt	1.0, 2.4
1996	Duckman: The Graphic Adventures of a Private Dick	Illusions Gaming Company	Ein Adventure basierend auf der Kult-Zeichentrickserie 'Duckman', in dem der zynische Detektiv in einem absurden Fall ermittelt	Humorvolles, aber kaum bekanntes Spiel, das durch Lizenzprobleme verschwand	
1996	Harvester	DigiFX Interactive	Ein verstörendes Horror-Adventure mit FMV-Sequenzen, in dem der Spieler in einer bizarren, brutalen Stadt ohne Erinnerung erwacht	Bekannt für seinen extremen Gore-Faktor und seine düstere Gesellschaftskritik	
1997	Azrael's Tear	Reality Bytes	Ein First-Person-Adventure in einer dystopischen Zukunft, in der der Spieler als Dieb eine geheimnisvolle Höhle voller Gefahren erkundet	Innovatives Storytelling mit einer Mischung aus Sci-Fi und mittelalterlicher Mythologie	

(Fortsetzung)

Tab. 11.11 (Fortsetzung)

Jahr	Spieltitel	Entwickler	Beschreibung	Besonderheit	Kapitel
1998	Sanitarium	DreamForge Intertainment	Ein düsteres Mystery-Adventure aus der Iso-Perspektive, in dem ein Mann ohne Erinnerung in einer Irrenanstalt aufwacht	Twin Peaks-artige Atmosphäre mit verstörenden Charakteren und unerwartetem Plot-Twist	

11.9 Das Erbe von LucasArts und Sierra On-Line

Die ehemaligen Mitarbeiter der großen beiden Studios waren nach dem Ende der Entwicklung beim jeweiligen Studio nicht untätig. Es gibt einige Titel, die es sich lohnt, anzuspielen (Tab. 11.12).

Tab. 11.12 PCAs, die von ehemaligen LucasArts oder Sierra-Mitarbeitern entwickelt wurden

Jahr	Spieltitel	Entwickler	Beschreibung	Besonderheit	Kapitel
1992	Putt-Putt Saves the Zoo	Humongous Entertainment	Putt-Putt erlebt ein kinderfreundliches Abenteuer, in dem er einem Zoo zu helfen hat – mit einfachen Rätseln und viel Animation	Ein Klassiker unter den Lern-Adventures, der durch seine kindgerechte Aufbereitung besticht	
1994	Freddi Fish and the Case of the Missing Kelp Seeds	Humongous Entertainment	Freddi Fish begibt sich auf die Suche nach den verschwundenen Kelp-Samen in einer farbenfrohen Unterwasserwelt	Ein fesselndes Detektiv-Abenteuer für Kinder mit interaktiven Rätseln	
1996	Pajama Sam: No Need to Hide When It's Dark Outside	Humongous Entertainment	Pajama Sam muss seine Ängste überwinden und begibt sich in fantastische, leicht gruselige Abenteuerwelten	Lernspiel, das Kindern spielerisch hilft, mit Dunkelheit und Ängsten umzugehen	
1997	Spy Fox in "Dry Cereal"	Humongous Entertainment	Der clevere Spion Spy Fox löst in einer Cartoon-Welt knifflige Fälle und bringt dabei jede Menge Humor mit	Ein humorvolles Adventure, das klassische Detektivgeschichten mit spielerischen Rätseln verbindet	

(Fortsetzung)

Tab. 11.12 (Fortsetzung)

Jahr	Spieltitel	Entwickler	Beschreibung	Besonderheit	Kapitel
2005	Bone: Out from Boneville	Telltale Games	Basierend auf den "Bone"-Comics von Jeff Smith folgen die Bone-Cousins in einer fantasievollen Welt ihren Abenteuern	Der Einstieg von Telltale Games ins Adventure-Genre, geprägt von skurrilem Humor und charmanten Zeichnungen	
2006	Sam & Max: Season One	Telltale Games	Die Kultserie um den Hundedetektiv Sam und den hyperaktiven Hasen Max wird in episodischer Form neu aufgelegt – mit verrückten Fällen und witzigen Dialogen	Wiederbelebung einer legendären Serie durch ehemalige LucasArts-Entwickler	
2007	Sam & Max: Season Two	Telltale Games	Die Abenteuer von Sam & Max setzen sich fort – noch skurriler und abwechslungsreicher als zuvor	Vertiefte Charakterentwicklung und noch schräger Humor in fortlaufenden Episoden	
2008	Strong Bad's Cool Game for Attractive People	Telltale Games	Der Kultcharakter Strong Bad aus Homestar Runner erlebt ein interaktives Abenteuer, das voll von parodistischen Elementen und frechem Witz steckt	Kultstatus dank der Verknüpfung von Online-Cartoons und klassischem Point-&-Click-Adventure	
2008	A Vampyre Story	Autumn Moon Entertainment	Mona De Lafitte, eine ehemals gefeierte Opernsängerin, wird in eine Vampirin verwandelt und kämpft um ihr Schicksal in einem humorvollen Abenteuer	Entwickelt von ehemaligen LucasArts-Mitarbeitern – bekannt für seinen schwarzen Humor und charmante, skurrile Dialoge	

(Fortsetzung)

Tab. 11.12 (Fortsetzung)

Jahr	Spieltitel	Entwickler	Beschreibung	Besonderheit	Kapitel
2009	Tales of Monkey Island	Telltale Games	Guybrush Threepwood erlebt in episodischer Form neue Abenteuer und muss sich erneut gegen den finsteren Piraten LeChuck behaupten	Setzt die legendäre Monkey-Island-Reihe klassisch fort – modern aufgearbeitet im Episodenformat	
2010	Puzzle Agent	Telltale Games	Ein unbeholfener FBI-Agent begibt sich auf eine humorvolle Reise, um mysteriöse Fälle zu lösen – unterstützt durch clevere und herausfordernde Rätsel	Verbindet klassischen Point-&-Click-Stil mit innovativen Puzzle-Elementen	
2010	Sam & Max: The Devil's Playhouse	Telltale Games	In einem surrealen Fall ermitteln Sam und Max in einem skurrilen, düsteren Szenario – mit vielen überraschenden Wendungen	Dunkler und experimenteller als die bisherigen Episoden, mit einer Mischung aus Humor und surrealen Elementen	
2012	The Walking Dead	Telltale Games	Ein emotional aufgeladenes, episodisches Adventure, das den Überlebenskampf in einer Zombie-Apokalypse und moralisch schwierige Entscheidungen in den Vordergrund stellt	Berühmt für seine starke Story und die Art, wie Entscheidungen den weiteren Verlauf maßgeblich beeinflussen	
2013	The Wolf Among Us	Telltale Games	In einem düsteren Noir-Adventure, basierend auf der Fables-Comicreihe, untersucht ein abgehalfter Detektiv die dunklen Geheimnisse einer modernen Stadt	Eintauchen in eine Welt, in der Märchenfiguren in einem urbanen Setting agieren – mit intensiver Atmosphäre und Storytelling	

(Fortsetzung)

Tab. 11.12 (Fortsetzung)

Jahr	Spieltitel	Entwickler	Beschreibung	Besonderheit	Kapitel
2014	Broken Age	Double Fine Productions	Zwei parallele Geschichten von Jugendlichen, die versuchen, den Erwartungen ihrer Welt zu entkommen, werden in diesem visuell beeindruckenden Adventure erzählt	Eines der ersten großen Kickstarter-finanzierten Adventures – ein Meilenstein moderner Indie-Entwicklung	3.7, 3.8, 6.7, 6.8
2017	Thimbleweed Park	Terrible Toybox	Zwei FBI-Agenten untersuchen in einer skurrilen Kleinstadt einen mysteriösen Mordfall – voll von Retro-Charme und klassischem Point-&-Click-Feeling	Entwickelt von Ron Gilbert und Gary Winnick, den Schöpfern von "Maniac Mansion" – ein liebevoller Rückblick auf alte Zeiten	1.1, 1.4, 2.4, 2.6, 3.6, 3.8, 3.9, 6.7, 6.8, 7.3, 7.4, 7.5, 10.2, 10.4

11.10 Spiele mit weiblicher Hauptrolle

Einige dieser Spiele werden in Kap. 8 eingehend besprochen (Tab. 11.13).

Tab. 11.13 PCAs mit weiblichen Hauptdarstellerinnen

Jahr	Spieltitel	Publisher	Protagonistin	Beschreibung	Autor:in	Kapitel
1988	King's Quest IV: The Perils of Rosella	Sierra On-Line	Rosella	Mutig, entschlossen	Roberta Williams	
1989	Laura Bow: The Colonel's Bequest	Sierra On-Line	Laura Bow	Neugierig, scharfsinnig	Roberta Williams	
1994	King's Quest VII: The Princeless Bride	Sierra On-Line	Rosella & Valanice	Abenteuerlustig, mutig	Roberta Williams	
1995	Phantasmagoria	Sierra On-Line	Adrienne Delaney	Verängstigt, entschlossen	Roberta Williams	
1999	The Longest Journey	Funcom	April Ryan	Neugierig, mutig	Ragnar Tørnquist	3.6, 5.4, 6.5, 8.1, 8.2, 8.3, 8.6

(Fortsetzung)

Tab. 11.13 (Fortsetzung)

Jahr	Spieltitel	Publisher	Protagonistin	Beschreibung	Autor:in	Kapitel
2010	Gray Matter	dtp entertainment	Samantha Everett	Geheimnisvoll, entschlossen	Jane Jensen	
2015	Fran Bow	Killmonday Games	Fran Bow	Verwirrt, mutig	Natalia Martinsson	8.1, 8.2
2016	Kathy Rain	Raw Fury	Kathy Rain	Tough, entschlossen	Joel Staaf Hästö	8.1
2018	Unavowed	Wadjet Eye Games	Spielerwahl	Geplagt, entschlossen	Dave Gilbert	2.3, 3.9, 5.3
2002–2017	Syberia-Serie	Microids	Kate Walker	Intelligent, entschlossen	Benoît Sokal	3.6, 8.1, 8.2, 8.3, 8.5, 8.6
2006–2014	Blackwell-Serie	Wadjet Eye Games	Rosangela Blackwell	Nachdenklich, empathisch	Dave Gilbert	
1992	Laura Bow 2: The Dagger of Amon Ra	Sierra On-Line	Laura Bow	Mutig, entschlossen	-	
2005	Still Life	Microids	Victoria McPherson	Scharfsinnig, entschlossen	-	
2006	Keepsake	Wicked Studios	Lydia	Neugierig, loyal	-	
2007	Culpa Innata	Strategy First	Phoenix Wallis	Analytisch, skeptisch	-	
2007	Nelly Cootalot: Spoonbeaks Ahoy!	Alasdair Beckett-King	Nelly Cootalot	Witzig, abenteuerlustig	-	
2008	A Vampyre Story	The Adventure Company	Mona De Lafitte	Träumerisch, entschlossen	-	
2008	Edna & Harvey: The Breakout	Daedalic Entertainment	Edna	Unkonventionell, entschlossen	-	
2008	So Blonde	dtp entertainment	Sunny Blonde	Naiv, abenteuerlustig	-	
2009	Emerald City Confidential	Wadjet Eye Games	Petra	Zynisch, hartnäckig	-	
2010	Alter Ego	bitComposer Games	Detektivin	Unerschrocken, entschlossen	-	
2011	AR-K	Gato Salvaje Studio	Alicia	Witzig, hartnäckig	-	
2011	Edna & Harvey: Harvey's New Eyes	Daedalic Entertainment	Lilli	Schüchtern, gehorsam	-	

(Fortsetzung)

Tab. 11.13 (Fortsetzung)

Jahr	Spieltitel	Publisher	Protagonistin	Beschreibung	Autor:in	Kapitel
2012	Captain Morgane and the Golden Turtle	Reef Entertainment	Morgane Castillo	Abenteuerlustig, mutig	-	
2012	Cognition: An Erica Reed Thriller	Phoenix Online Studios	Erica Reed	Tough, entschlossen	-	
2012	Primordia	Wadjet Eye Games	-	Rätselhaft, entschlossen	-	
2012	The Cat Lady	Screen 7	Susan Ashworth	Depressiv, mutig	-	
2015	Anna's Quest	Daedalic Entertainment	Anna	Mutig, neugierig	Dane Krams (inspiriert von Märchen)	
2015	Charnel House Trilogy	Owl Cave	Alex Davenport	Neugierig, mutig	-	
2016	Nelly Cootalot: The Fowl Fleet	Application Systems Heidelberg	Nelly Cootalot	Humorvoll, entschlossen	-	
2016	Shardlight	Wadjet Eye Games	Amy Wellard	Resilient, entschlossen	-	
2017	Memoranda	Bit Byterz	Mizuki	Verwirrt, introspektiv	-	
2018	Nairi: Tower of Shirin	Hound Picked Games	Nairi	Unschuldig, abenteuerlustig	-	
2019	Whispers of a Machine	Raw Fury	Vera Englund	Tough, analytisch	-	
2022	Crowns and Pawns: Kingdom of Deceit	Thunderful Publishing	Milda	Neugierig, mutig	-	
1998–heute	Nancy Drew-Serie	Her Interactive	Nancy Drew	Scharfsinnig, mutig	-	
2004–heute	Carol Reed-Serie	MDNA Games	Carol Reed	Scharfsinnig, beharrlich	-	
2006–2012	Secret Files (Geheimakte)-Serie	Deep Silver	Nina Kalenkow	Neugierig, mutig	-	
2008–2010	Chronicles of Mystery-Serie	City Interactive	Sylvie Leroux	Intelligent, abenteuerlustig	-	

11.11 Weitere nennenswerte PCAs

Im Buch werden noch weitere PCAs besprochen, die bisher nicht in einer Tabelle enthalten waren (Tab. 11.14).

Tab. 11.14 Diverse, nennenswerte PCAs

Jahr	Spiel	Publisher	Beschreibung	Besonderheit	Kapitel
1993	Simon the Sorcerer	Adventure Soft	Ein Teenager wird in eine Fantasy-Welt gezogen und muss einen bösen Zauberer besiegen	Humorvolle Parodie auf Fantasy-Klischees	8.4
1996	Normality, Inc	Gremlin Interactive	Kent Knutson rebelliert gegen ein totalitäres Regime in der Stadt Neutropolis	3D-Adventure mit Ego-Perspektive	6.3
2003	The Black Mirror	Future Games	Ein Horror-Adventure, in dem der Protagonist den mysteriösen Tod seines Großvaters untersucht und dunkle Familiengeheimnisse aufdeckt	Bekannt für seine düstere Atmosphäre und komplexe Handlung	2.4
2003	The Westerner	Revistronic	Ein humorvolles Western-Adventure, in dem der Cowboy Fenimore Fillmore einem Farmer hilft, sich gegen einen tyrannischen Rancher zu wehren	Kombination aus 3D-Grafik und klassischem Point-and-Click-Gameplay	3.6
2003	Samorost	Amanita Design	Ein kurzes PCA, in dem ein kleiner Gnom sein Heimatasteroid vor einer Kollision rettet	Bekannt für seine surrealistische Grafik und Atmosphäre	3.6
2004	Maniac Mansion Deluxe	LucasFan Games	Ein inoffizielles Remake des klassischen PCAs, in dem Spieler ein unheimliches Herrenhaus erkunden, um eine entführte Cheerleaderin zu retten	Fan-Remake mit verbesserter Grafik	9.3

(Fortsetzung)

Tab. 11.14 (Fortsetzung)

Jahr	Spiel	Publisher	Beschreibung	Besonderheit	Kapitel
2005	Still Life	Microids	FBI-Agentin Victoria McPherson untersucht eine Mordserie in Chicago, die mit ungelösten Fällen ihres Großvaters verbunden ist	Wechsel zwischen zwei Zeitlinien und Charakteren	8.1
2005	Pathologic	Ice-Pick Lodge	Ein Survival-Horror-Adventure, in dem drei Charaktere eine von einer Seuche heimgesuchte Stadt retten müssen	Bekannt für seine dichte Atmosphäre und komplexe Handlung	10.4
2008	The Void	Ice-Pick Lodge	Ein abstraktes Adventure, in dem der Spieler eine sterbende Welt erkundet und Farben sammelt, um zu überleben	Einzigartiges Gameplay mit Fokus auf Farben als Ressource	10.4
2009	Machinarium	Amanita Design	Ein handgezeichnetes PCA über einen kleinen Roboter, der seine entführte Freundin rettet und eine Stadt vor bösen Robotern schützt	Bekannt für seine einzigartige Grafik und Musik	2.3, 10.4
2009	The Book of Unwritten Tales	KING Art Games	Ein humorvolles Fantasy-Adventure, das sich über Genre-Klischees lustig macht	Parodiert bekannte Fantasy-Elemente	10.1
2017	The Franz Kafka Videogame	Denis Galanin	Ein Puzzle-Adventure inspiriert von den Werken Franz Kafkas, in dem der Protagonist in surreale Situationen gerät	Surrealistische Atmosphäre und Rätsel	10.4
2018	Leisure Suit Larry: Wet Dreams Don't Dry	CrazyBunch	Larry Laffer navigiert durch die moderne Dating-Welt mit Smartphones und sozialen Medien	Modernisierung der klassischen Serie mit zeitgenössischem Humor	3.9

(Fortsetzung)

Tab. 11.14 (Fortsetzung)

Jahr	Spiel	Publisher	Beschreibung	Besonderheit	Kapitel
2019	Trüberbrook	btf GmbH	Ein Mystery-Sci-Fi-Adventure, in dem ein amerikanischer Physiker in einem deutschen Dorf der 1960er Jahre landet und auf seltsame Ereignisse stößt	Handgefertigte Kulissen und Modelle für einzigartige Optik	3.9
2020	Leisure Suit Larry: Wet Dreams Dry Twice	CrazyBunch	Fortsetzung von Larrys Abenteuern, während er nach seiner verlorenen Liebe Faith sucht	Beibehaltung des klassischen Point-and-Click-Stils mit moderner Grafik	3.9
2024	Harold Halibut	Slow Bros	Ein narratives Adventure über einen Laborassistenten, der auf einem versunkenen Raumschiff lebt und nach einem Weg sucht, den Planeten zu verlassen	Stop-Motion-ähnliche Grafik mit handgefertigten Kulissen	3.9

11.12 Remakes von PCAs

Diverse PCAs erhielten bereits Remakes. Die folgende Tabelle enthält diese Spiele. Die von Sierra selbst in VGA neu veröffentlichen Spiele befinden sich in Tab. 11.15.

Tab. 11.15 Remakes diverser PCAs

Jahr	Spiel	Autoren	Beschreibung	Besonderheit	Kapitel
2009	The Secret of Monkey Island: Special Edition	LucasArts	Ein Remake des klassischen Piraten-Adventures, in dem der Spieler Guybrush Threepwood auf seinem Weg zum Piraten begleitet	Überarbeitete Grafik und Sprachausgabe	9.1, 9.2, 9.4, 9.5, 10.3

(Fortsetzung)

Tab. 11.15 (Fortsetzung)

Jahr	Spiel	Autoren	Beschreibung	Besonderheit	Kapitel
2014	Gabriel Knight: Sins of the Fathers – 20th Anniversary Edition	Pinkerton Road Studio, Phoenix Online Studios	Ein Remake des klassischen Mystery-Adventures, in dem der Buchladenbesitzer Gabriel Knight eine Serie von Voodoo-Morden in New Orleans untersucht	Verbesserte Grafik, neue Rätsel und aktualisierte Musik	9.2
2015	Grim Fandango Remastered	Double Fine Productions	Ein Remaster des Noir-Adventures, in dem ein Reiseberater im Reich der Toten eine Verschwörung aufdeckt	Überarbeitete Grafik und Entwicklerkommentare	10.3
2016	Day of the Tentacle Remastered	Double Fine Productions	Ein Remaster des klassischen Zeitreise-Adventures, in dem drei Freunde die Welt vor einem mutierten Tentakel retten müssen	Überarbeitete Grafik und Entwicklerkommentare	9.4, 9.5
2017	Full Throttle Remastered	Double Fine Productions	Ein Remaster des Biker-Adventures, in dem der Anführer einer Motorradgang in einen Mordkomplott verwickelt wird	Überarbeitete Grafik und Entwicklerkommentare	9.5
2023	Broken Sword: Reforged	Revolution Software	Ein Remake des klassischen Abenteuers, in dem ein Amerikaner und eine französische Journalistin eine Verschwörung aufdecken	Überarbeitete Grafik und neue Inhalte	9.4, 9.5

11.13 Text-Adventures von Infocom

Der Vollständigkeit halber sind hier die besprochenen Text-Adventures von Infocom aufgelistet, die als Vorläufer der Sierra-Titel gelten können (Tab. 11.16).

Tab. 11.16 Text-Adventures von Infocom

Jahr	Spiel	Beschreibung	Besonderheit	Kapitel
1980	Zork	Ein textbasiertes Adventure, in dem Spieler einen Dungeon erkunden und Schätze finden müssen	Eines der ersten Interactive-Fiction-Spiele	10.3
1984	The Hitchhiker's Guide to the Galaxy	Ein textbasiertes Adventure basierend auf Douglas Adams' gleichnamigem Buch, in dem der Spieler als Arthur Dent das Universum erkundet	Bekannt für seinen humorvollen Schreibstil	10.3
1986	Leather Goddesses of Phobos	Ein humorvolles, textbasiertes Science-Fiction-Adventure mit leichten erotischen Anspielungen	Bietet verschiedene "Naughty"-Stufen für den Spieler	10.3

Zwischen Retro und Renaissance 12

Epilog aus der Sicht eines Fans, Designers und Chronisten

Als ich begann, dieses Buch zu schreiben, dachte ich an ein Genre, das viele lange Zeit für tot erklärt hatten. Point & Click-Adventures – das war doch diese alte Spielart mit Pixelgrafik, absurden Rätseln und sprechenden Tentakeln? Ein Überbleibsel aus einer anderen Zeit? Meine Masterarbeit über die zukünftigen Perspektiven der PCAs lag seit 2016 in der Schublade, unveröffentlicht.

Doch je tiefer ich wieder einstieg, desto klarer wurde mir: Dieses Genre ist beileibe nicht tot. Es ist gewachsen, hat sich verändert und vor allem hat es überlebt. Nicht durch lauten Hype oder große Werbekampagnen, sondern durch Leidenschaft. Von Entwicklern, von Fans. Und durch die Erinnerung an eine Form des Spielens, die nicht auf Reflexe, sondern auf Nachdenken, Neugier und Narration setzt.

Ich erinnere mich an die ersten Spielstunden mit *Maniac Mansion*, an den Moment, als Guybrush Threepwood in *Monkey Island* über die Klippe stürzte und einfach wieder hochgeschleudert wurde. Ich erinnere mich an *Discworld*, an *Toonstruck*, an *Deponia* und *Broken Sword*. Aber auch an lange Abende mit unlösbaren Rätseln, mit Lösungsbüchern, mit Frust und später mit dem triumphalen „Aha!".

Das Genre hat sich weiterentwickelt: technisch, ästhetisch, erzählerisch. Es gab Rückschläge – vor allem beim Sprung in die dritte Dimension – aber auch viele Renaissance-Momente. *Thimbleweed Park, Unavowed* oder *Return to Monkey Island*: Point & Click lebt – auch im Jahr 2025 und darüber hinaus. Und es kann sogar politisch, tiefgründig, melancholisch oder wild experimentell sein.

Was bleibt?

Adventures sind nicht schneller geworden, nicht lauter oder spektakulärer. Sie sind das ruhige Gegenstück in der Welt der Games: ein Buch zum Klicken. Eine Einladung, sich Zeit zu nehmen. Vielleicht brauchen wir sie gerade deshalb mehr denn je.

Dieses Buch ist mein Versuch, diesem Genre den Raum zu geben, den es verdient. Ein Spaziergang durch vierzig Jahre Adventure-Geschichte, mit Abzweigungen in Erinnerungen, Anekdoten und Absurditäten. Es ist ein Dank an die Entwickler:innen, die Erzähler:innen und an all die, die dieses Genre nie ganz vergessen haben.

Auch Dir ein großes Danke! Danke, dass du bis hierher gelesen hast.

Vielleicht sehen wir uns im nächsten Adventure – oder im Escape Room.

Anhang A Glossar – Begriffe rund um Point & Click-Adventures

Action-Adventure: Ein Spielgenre, das Elemente aus Actionspielen (z. B. Kämpfen) mit Adventure-typischen Rätseln und Erkundung verbindet.
Adventure Game: Oberbegriff für erzählorientierte Spiele mit Fokus auf Story, Dialogen und Rätsellösen – teils textbasiert, meist grafisch.
AGI (Adventure Game Interpreter): Frühe Engine von Sierra On-Line zur Darstellung von Grafik-Adventures in den 1980er Jahren.
Avatar: Spielbare Figur oder Repräsentation des Spielers in einer virtuellen Welt.
Beta-Test / Betatester: Testphase eines Spiels vor der Veröffentlichung; Tester helfen dabei, Bugs und Balancing-Probleme zu identifizieren.
Breakdown: In Adventure-Spielen: Zerlegung eines komplexen Puzzles oder narrativen Moments in Einzelteile zur Analyse.
Character-Driven: Ein Spiel, bei dem die Handlung stark von der inneren Entwicklung und Entscheidungen der Figur(en) geprägt ist.
Click-and-Die: Bezeichnung für unfair designte Spielelemente, bei denen ein falscher Klick sofort zum Tod führt.
Cliffhanger: Ein offenes, spannungsgeladenes Ende, das auf eine Fortsetzung verweist.
Cursorsteuerun: Steuerung mittels Pfeiltasten oder Mauscursor – oft vor Einführung echter Point-&-Click-Interfaces genutzt.
Cutscene: Nicht interaktive Zwischensequenz zur Darstellung von Story oder Charakterentwicklung.
Cyberpunk: Fiktionales Genre mit dystopischer Zukunft, KI, Überwachung und digitaler Identität.
EGA / VGA: Grafikstandards älterer PCs mit 16 (EGA) bzw. 256 (VGA) Farben.
Emulation: Technik, alte Spiele auf modernen Systemen spielbar zu machen.
Ensemble-Spiel: Adventures mit mehreren steuerbaren Figuren, oft mit unterschiedlichen Fähigkeiten.
Environmental Storytelling: Narration durch die Spielumgebung, etwa durch Hinweise, Objekte, Geräusche – statt durch Dialog oder Text.

Episodisches Spiel: Titel, der in einzelnen, fortlaufenden Kapiteln veröffentlicht wird.

Escape Room: Physisches oder virtuelles Rätselspiel, bei dem Teams gemeinsam Aufgaben lösen müssen.

Fanprojekt / Fan-Remake: Von der Community entwickelte Spielprojekte oder Neuauflagen – meist kostenlos.

FMV (Full Motion Video) Einbindung von real gefilmten Szenen in ein Spiel.

Fourth Wall / Vierte Wand Die Grenze zwischen Spiel und Spieler wird bewusst durchbrochen.

GUI (Graphical User Interface) Grafische Benutzeroberfläche eines Spiels – bei Adventures oft Verbenleiste oder Inventar.

Hotspot Interaktives Objekt oder Bereich in einer Spielszene, mit dem Aktionen ausgelöst werden.

HUD (Heads-Up Display): Überlagernde Benutzeroberfläche mit Spielinformationen.

Hybrides Adventure: Spiel, das eine Grafische Anzeige aber auch eine Text-Eingabezeile verwendet.

Indie: Kurzform für „Independent" – bezeichnet Spiele von kleinen, unabhängigen Studios.

Interactive Fiction: Textbasierte Adventures, bei denen der Spieler durch Eingaben Geschichten steuert.

Interface: Schnittstelle zwischen Spieler und Spiel.

Kickstarter: Crowdfunding-Plattform zur Finanzierung kreativer Projekte.

Ludografie: Auflistung von Spielen als Quellenangabe.

Ludologie: Wissenschaft vom Spiel(en) – untersucht Spielmechanik und Systeme.

Mond Logik: Bezeichnung für extrem unlogische Rätsel.

Mouse Look / Maussteuerung: Bewegung und Aktionen der Spielfigur werden per Maus gesteuert.

Narratologie: Wissenschaft von Struktur und Vermittlung von Geschichten.

NPC (Non-Player Character): Nicht vom Spieler gesteuerte Figur im Spiel.

Parser Text-Eingabesystem von Text- oder hybriden Adventures.

PCA (Point & Click Adventure): Bezeichnung für Spiele mit Maussteuerung, Rätseln und Fokus auf Storytelling.

Pixelhunting: Frustrierende Suche nach schwer erkennbaren Objekten oder Hotspots.

Point & Click: Spielprinzip, bei dem Aktionen per Mausklick ausgelöst werden.

Remake: Neuauflage eines Spiels mit überarbeiteter Technik und ggf. neuen Inhalten.

Remaster: Technisch überarbeitete Version eines Spiels – meist ohne inhaltliche Änderungen.

Retrospiel: Spiel mit bewusst nostalgischer Ästhetik.

SCI (Sierra's Creative Interpreter): Spiele-Engine von Sierra, mit besseren technischen Möglichkeiten und PCA-Steuerung. Löste den AGI ab.

SCUMM: „Script Creation Utility for Maniac Mansion" – Engine von LucasArts für viele Klassiker.

ScummVM: Tool zur Emulation klassischer Adventure-Engines auf modernen Systemen.
Sidekick: Begleiterfigur im Spiel, oft für Rätsel oder Dialoghumor zuständig.
Tank-Steuerung: Steuerungskonzept, bei dem Figuren sich drehen müssen, bevor sie sich bewegen.
Textadventure: Adventure ohne Grafik, bei dem die Spielwelt nur durch Text dargestellt wird.
UI / UX: Design von Benutzeroberfläche (UI) und Nutzererlebnis (UX).
Unlock-Mechanik: Rätselstruktur, bei der Spielabschnitte erst nach bestimmten Aktionen zugänglich werden.
Verbenleiste: Typisches Steuerungselement mit Befehlen wie „Benutze", „Nimm", „Rede mit".
Virtual Theatre Engine: Engine von Revolution Software, bei der NPCs sich selbstständig bewegen.
WASD-Steuerung: Tastaturbelegung für Bewegungssteuerung – typisch für Ego- und 3D-Adventures, siehe auch Tank-Steuerung.
Zeitlimit: Mechanik, bei der bestimmte Aufgaben innerhalb eines Zeitrahmens erfüllt werden müssen.

If you have any concerns about our products,
you can contact us on
ProductSafety@springernature.com

In case Publisher is established outside the EU,
the EU authorized representative is:
**Springer Nature Customer Service Center GmbH
Europaplatz 3, 69115 Heidelberg, Germany**

Printed by Libri Plureos GmbH
in Hamburg, Germany